走向共同富裕

民营企业
向社会企业转变研究

PROGRESS TOWARDS
COMMON
PROSPERITY
STUDY ON TRANSFORMATION
FROM PRIVATE ENTERPRISE TO SOCIAL ENTERPRISE

北京大成企业研究院　编著

社会科学文献出版社
SOCIAL SCIENCES ACADEMIC PRESS (CHINA)

编委会

指　导　黄孟复

主　编　陈永杰

编　委　谢伯阳　欧阳晓明　陈永杰　高德步　陈中南
　　　　　王碧峰　刘琦波　　徐鹏飞　刘贵浙　葛佳意

民营企业要努力使越来越多员工进入中等收入人群

——在"发展民营经济与促进共同富裕"座谈会上的讲话

（代序一）

黄孟复

（2021年9月9日）

一 实现共同富裕的首要问题是如何做大蛋糕

经过改革开放40多年全国人民的共同努力，2020年中国GDP突破了100万亿元。在2021年7月1日中国共产党成立100周年庆典上，习近平总书记在天安门城楼上，向世界人民宣布中国已全面实现小康社会。之后，2021年8月17日，在中央财经委员会第十次会议上，习近平总书记提出：共同富裕"是中国式现代化的重要特征，要坚持以人民为中心的发展思想，在高质量发展中促进共同富裕"。这是中国共产党领导中国人民在打赢脱贫攻坚战、完成全面建设小康社会伟大目标之后，要完成的下一个伟大目标。这是第二个百年即中华人民共和国成立百年奋斗目标的一项最主要目标内容。

2020年，中国的GDP首次突破100万亿元，如果未来15年增长速度能够保持5%以上，到2035年左右，中国的GDP将突破200万亿元；如果之后的15年能够保持3%以上增长速度，到2049年左右，中国的GDP将突破300万亿元。如果我们能够实现这两个15年的奋斗目标，那么在2035年左右，我国就将步入共同富裕的初级阶段；在2049年，就可能达到中等共同富裕的水平。邓小平同志曾说过，我国处于社会主义的初级阶段。我认为到2049年，我国依然处于这一阶段。共产主义的基础是物质的极大丰富，要全面实现共产主义目标，可能需要几十代人，甚至更长的时间。因此，我们将要达到的共同富裕，相比共产主义社会的共同富裕水平还是有很大差距的，这一点必须明确。

党中央提出的共同富裕，并不是均等富裕，不是让每一个人都有同样的消费能力与生活水平。实现共同富裕的基础应是不断做大蛋糕，调动一切积极因素，实现做大蛋糕的伟大理想。在实际经济活动中，努力做大蛋糕主要靠三大经济主体，分别是国有企业、民营企业、外资企业。这三类企业的资本来源性质是不同的。国有企业是运用国家资产来进行经济建设，外资企业主要是运用境外的资本来进行经济建设，而民营企业是老百姓自掏腰包、用自己的钱来进行经济建设。必须明确的是，三种经济主体在经济中的作用是不同的。国有经济主要在重要行业领域起骨干和引导作用，民营经济则发挥着主体和基础作用，外资经济则是发挥着重要的、有益的补充作用。国家应当充分调动三种经济主体的积极性，根据其功能的不同、能力的大小，给予相应的可充分发展的环境与空间，切实保障与充分发挥它们的不同作用。只有这样，才能把蛋糕做大，共同富裕才有基础。当中国的GDP达到200万亿元时，我们就有条件实现初步的共同富裕；达到300万亿元时，就有条件实现中等的共同富裕，届时总体达到中等发达国家的发展水平和共同富裕水平。因此，实现共同富裕的先决条件是三大经济主体共同奋斗、协同发展、做大蛋糕。只有三大经济主体充分付出，才能谈如何享受共同富裕的果实。

二 实现共同富裕的第二个问题是如何合理分配蛋糕

实现共同富裕还必须合理分配蛋糕。从目前中国的三次分配看，一、二、三次分配都存在一定问题。从初次分配的角度来看，目前存在较多不合理现象，主要可从以下几点改善。

一是政府在初次分配中占得多了些。要通过减税降费，适当降低政府在一次分配中的比例，并且精简人员、减少支出，让政府成为紧政府，过点苦日子，是未来政府工作的一项基本要求。改革开放以来，我国政府在廉政、高效方面做了许多工作，如果未来能够继续坚持下去，进一步加大力度，就能为实现共同富裕创造更好的条件。在这方面，政府也在反思，我相信今后政府在蛋糕分配中的占比会缩小。

二是企业负担过重，分配给劳动者个人的收入少。政府、企业、个人三者的分配份额，是从多到少的这样一个阶梯式的分蛋糕模式。企业的负担很重，例如员工每100块工资中，要交将近40块钱的"五险一金"。这就促使部分企业，特别是中小企业，为了规避社保负担，一方面，少缴甚至不缴"五险一金"，另一方面，适当给员工多点工资。最终结果是，企业的利润份额保证了，甚至扩大了，而员工的总体收入实际减少了。

三是国有资产要作为全社会的财富进行分配。目前缴纳社保的压力几乎是由现在的单位、企业和个人承担的，当前缴纳的社保基金虽然也是作缴纳者未来的养老金，但当前首先是作为上一辈退休人员的工资来源来用。这就存在一个问题，为什么前辈创造的这么大的国有资产与财富，不能将其中的相当一部分用于给过去创造这些财富的人发退休工资呢？他们年轻时通过劳动，为国有企业创造和积累了大量财富，为什么现在不能用其中的一部分国有财产给他们养老呢？国有资产为何不能变成社会的财富？国有资产作为财富，完全可以将其一部分作为养老金来使用。这是政府需要考虑的大问题。应该让庞大的国有资本发挥更多更大作用，适当减轻现在企业和年轻人缴纳社保的压力。虽然近年来采取了一些改革措施，将部分国有资本与股权划归社保基金，从而扩大了社保基金规模；但是，其份额太小，应当进一步加大份额。这是一个大问题，是一项大政策，关系三次分配合理格局，关系共同富裕目标实现，必须深入研究，拿出可行改革措施。

我们要逐步解决蛋糕分配过程中的种种不公平、不合理问题。近年来，我们的政府在减税降费、"放管服"改革等方面都做得很好，但减人减支上还有待更好落实。相信在不久的将来，我们的政府一定会出台更多举措，使国家的蛋糕分配更为合理。

三 实现共同富裕的第三个问题是民营企业如何促进共同富裕

第一，民营企业要让50%以上的员工进入中等收入人群。当前，民营企业进入新的发展时期，企业和员工的关系也进入了一个新时期。企业想成为百年老店，必须认识到员工和企业是命运共同体，要让企业好，就应该逐步提高员工的工资收入水平。当下的一个舆论潮流是呼吁企业向善。企业怎么向善，我认为企业要做的第一件大善事是善待员工，提高员工的工资收入水平，提高本企业员工中等收入群体比例。中等收入的最重要标准就是收入，其次是财产性收入和居住条件改善等。根据国家统计局2018年提出的参考数据，目前的中等收入水平，就是一个家庭的年收入在10万~50万元。目前全国城镇80%以上的劳动者的工资都是民营企业发放的。现在全国民营企业从业人员有2.8亿人，另外，有个体户就业人员1.5亿人，共有4.3亿人。据一些初步研究估计，这4.3亿人中大半属于低收入人群。这些低收入人群的财产性收入也很少。从民营企业就业人员

民营企业要努力使越来越多员工进入中等收入人群（代序一）

工资收入水平看，只有1/3左右的员工（不包括投资者）进入了中等收入行列。对此，我有一个建议或倡议：全国的民营企业应该定下一个目标，在一定时间内，首先要让50%以上的员工进入中等收入群体。特别是大型民营企业，以及经营效益较好的中型民营企业，通过更好的经营与发展，在做大企业蛋糕的同时，要让60%、70%和80%的员工先后进入中等收入群体。同时，有条件的企业，特别是大型企业要推行员工持股制，鼓励和引导部分大型企业向股权多元化、社会化的社会企业方向发展，增加员工的股权性、财产性收入，建立企业与员工的命运共同体。这样，全国的中等收入群体也将会更快地、大幅度地增加。这是民营企业可以做也能够做的促进中国人民共同富裕的重大任务与贡献。

第二，民营企业要提高财富分配的效率。我认为，分蛋糕的关键还在于效率，不能因为追求共同富裕，就降低了企业的效率，做小了企业蛋糕，从而走向了共同富裕的反面。企业提升员工收入水平，要建立在提高员工劳动生产力、提升员工素质的基础上，而不是强行提高工资，降低企业利润。在劳动工资和劳动积累的分配上，企业要有良性转变。总体来说，就是提升员工素质，提高效率，提升科技含量，提高科技水平，提升企业的竞争力。在提高员工劳动生产力的基础上，增加劳动工资收入，降低资本收入分配的比例。在实现共同富裕的道路上，要提高初次分配的公平性，但也不能损失效率，要花大力气改革，民营企业也要认清形势，进一步处理好与劳动者的关系，为实现共同富裕而努力。

第三，民营经济是富民经济，要大力支持民营经济发展，凝聚共识，调动一切积极性。浙江的经验告诉我们，民营经济蓬勃发展的地方，老百姓的收入水平更高、幸福感更强。因此，要支持民营经济发展，总结经验、认识不足，推进改革，继续超前发展，凝聚一切积极因素。我们的目标就是四个字——富民强国。现在中国在国际社会中地位日益提升，中国人民也越来越有底气，我相信老百姓一定会逐步地真正富裕起来，实现共同富裕，离党的初心越来越近。讨论共同富裕的问题，关键在于凝聚共识、认准方向，调动一切积极性，而不是靠打消一部分人的积极性来调动另一部分人的积极性。就像中央文件中所说的那样，"让一切创造社会财富的源泉充分涌流"[1]，做大蛋糕，这是实现共同富裕的基础。

综上，实现共同富裕要分几步进行。第一步是扩大中等收入群体，实行中等收入群体倍增计划，用10年或者15年的时间，把现在4亿人的中等收入群体扩大到8亿人或更多，使我们的社会收入分配结构变成以中等收入群体为主的橄榄型结构。那么，在此基础上继续前进，到了2049年，中国就能达到中等共同富裕水平，将共同富裕的梦想变为现实。

---

[1] 《中共中央关于全面深化改革若干重大问题的决定》，2013年11月15日。

推动共同富裕，民企担纲主力*

（代序二）

共同富裕，已经成为人们关注度很高、讨论很广泛的一个重大经济、政治、社会问题。之所以如此，一方面，这是中国亿万百姓的长期向往、期盼与梦想，另一方面，国家将此重大经济社会问题更加明确地提上重要议事日程，并着手大力推进与实际落实。

2021年3月，中国发布了《中华人民共和国国民经济和社会发展第十四个五年规划和2035年远景目标纲要》，明确提出"持续提高低收入群体收入，扩大中等收入群体，更加积极有为地促进共同富裕"。2021年8月，中共中央财经委员会第十次会议对共同富裕提出了一系列明确要求："把促进全体人民共同富裕作为为人民谋幸福的着力点"，特别强调"共同富裕是全体人民的富裕，是人民群众物质生活和精神生活都富裕，不是少数人的富裕，也不是整齐划一的平均主义，要分阶段促进共同富裕""要坚持以人民为中心的发展思想，在高质量发展中促进共同富裕，正确处理效率和公平的关系，构建初次分配、再分配、三次分配协调配套的基础性制

---

* 此文已于2021年10月14日发表于《经济观察报》。

度安排，加大税收、社保、转移支付等调节力度并提高精准性，扩大中等收入群体比重，增加低收入群体收入，合理调节高收入，取缔非法收入，形成中间大、两头小的橄榄型分配结构，促进社会公平正义，促进人的全面发展，使全体人民朝着共同富裕目标扎实迈进"。2021年9月，为落实"十四五"规划纲要和中央财经委员会会议精神，国家发改委相关负责人表示："将进一步深化对共同富裕问题的研究，制定促进共同富裕行动纲要，多渠道增加城乡居民收入，切实逐步提高居民收入和实际消费水平。"中央对共同富裕的最新表述和明确要求，以及国家即将制定出台"促进共同富裕行动纲要"，在社会上引起了巨大反响，特别是在民营企业中的反响更大。

改革开放以来，民营经济为中国经济快速发展做出了巨大贡献，也为中国人民逐步实现共同富裕做出了巨大贡献。民营经济在中国经济中发挥着"三、四、五、六、七、八、九、十"的重大作用，即民营经济以占用不到30%的土地矿产资源、不到40%的金融资源，为中国经济贡献了50%以上的税收、60%以上的GDP、70%以上的技术创新成果、80%以上的城镇劳动就业、90%以上的企业数量、100%以上的城镇新增就业。完全可以说，没有民营经济，就没有当今中国的经济繁荣、全面小康与社会兴旺。

中国民营经济在实现共同富裕中扮演着特别重要又极为特殊的角色。一方面，中国民众中的先富人群，多半集中在民营企业家和高管人员之中；中国民众中的中等收入人群，大约一半分布在民营企业就业人员之中。另一方面，除农村外，中国民众中的低收入人群，80%以上集中在民营企业，特别是民营中小企业和个体户就业人群之中。因此，民营经济在中国人民逐步实现共同富裕中作用巨大、责任更重大。从未来发展趋势看，没有民营经济的进一步发展，就没有民营企业管理机制、分配机制的进一步改进与完善，就没有中国中等收入群体的逐步扩大，就没有中国低收入人群的逐步减少，也就没有中国中间大、两头小的橄榄型收入分配结构的逐步实现，也就没有中国共同富裕目标的逐步实现。

共同富裕，是一个历史问题，更是一个现实问题；是一个世界问题，更是一个中国问题；是一个理论问题，更是一个实践问题；是一个国有企业、外资企业面临的大问题，更是一个民营企业面临的特大问题。下面，主要针对民营经济，简要阐述一下对民营经济发展与其促进共同富裕的一些看法。

历史镜鉴

共同富裕，虽然是一个中国词汇，特别是中国改革开放后提出的特殊词汇；但就其内涵与本质而言，它有着中国历史的渊源，也有着世界历史的渊源。在一定意义上讲，它实质上是中国和世界历史上的先贤先哲们追求人类理想目标的一项重要内容，在当今是中国人民追求理想实现的一种反映与继续。这些先贤先哲们的理想社会构想，对当今中国追求与实现共同富裕，都是十分重要的历史镜鉴。

中国历史上的大同社会。人类关于理想社会的构想与追求源远流长。早在春秋战国时期，诸子百家都提出了各自的理想社会。老子提出过"小国寡民"的理想社会，孔子提出了"天下有道"的理想社会，墨子构思了一个"尚贤""尚同"的理想社会。儒家经典《礼记·礼运》更是提出了"天下为公"的大同社会构想——"大道之行也，天下为公。选贤与能，讲信修睦。故人不独亲其亲，不独子其子，使老有所终，壮有所用，幼有所长，矜、寡、孤、独、废疾者皆有所养，男有分，女有归。货恶其弃于地也，不必藏于己；力恶其不出于身也，不必为己。是故谋闭而不兴，盗窃乱贼而不作，故外户而不闭，是谓大同。"这些大同社会理想，都将没有贫穷、没有贫富差别、没有剥削与压迫作为其重要内容。

西方历史上的空想社会主义。在古希腊，柏拉图提出了以"公平正义"为准则的理想国，亚里士多德提出了"理想城邦"构想，这些构想与中国的大同社会十分类似。之后，人类社会进入资本主义社会，面对资本主义社会的矛盾、工人农民的贫穷和资产阶级的剥削与压迫，西班牙的拉斐尔描述了自己设想的"乌托邦"社会，法国的圣西门和傅立叶、英国的欧文等空想社会主义者，先后提出了财产公有、共同劳动、人人平等、公平正义、没有私产、没有剥削、没有阶级差别、没有贫富差别的理想社会。

马克思的共产主义理想。马克思在深刻分析资本主义社会的根本矛盾的基础上，借鉴空想社会主义的重要思想，提出了消灭资本主义私有制、消灭一切剥削压迫、建立全社会公有制、实现共产主义的伟大构想，并为此构建了一整套理论，即以《共产党宣言》和《资本论》等著作为核心的理论——马克思主义。马克思构想与阐述的、与资本主义根本区别的社会主义与共产主义是在消灭私有制、建立公有制的基础上组织全社会生产，满足全体社会成员的共同需要；对全社会生产进行有计划的安排与调节，并遵循等量劳动领取等量产品的按劳分配原则；组织无产阶级政党，开展无产阶级革命，建立无产阶级政权；通过无产阶级专政和社会主义高度发展，实现向消灭阶级、消灭剥削、人人平等、人人富足、人人全面自由发展的共产主义社会的过渡。

列宁与苏联的社会主义。列宁将马克思的理论应用于俄国，组建了布尔什维克政党，发起了俄国十月革命，推翻了沙皇政府，建立了苏维埃共和国政权，开始在苏联推行列宁的社会主义政治经济制度。列宁提出了关于社会主义和共产主义的两个著名公式：一个是，"苏维埃政权＋普鲁士的铁路管理秩序＋美国的技术和托拉斯组织＋美国的国民教育……＝社会主义"；另一个是，"共产主义就是苏维埃政权加全国电气化"。列宁逝世后，斯大林着手建立了一整套的社会主义制度，进而形成了苏联模式的社会主义，并向其他社会主义国家推广。苏联模式的社会主义经济，其主要特征是建立以国有制为绝对主体的公有制经济制度，限制非国有经济、禁止非公有经济；推行自上而下的以指令性计划为主的社会经济管理体制，限制与排斥市场经济、企业自主经营权和地方经济发展自主性；实行差别很小的劳动收入分配制度，禁止非劳动的生产要素参与分配；走以重工业为重、军工为重的经济发展道路，消费品工业发展严重滞后，人民日常生活品供应长期十分紧张，国家长期处于短缺经济状态。苏联模式的社会主义，在二战前后一度显示出与主要资本主义国家相比，在经济发展方面的明显速度优势。但20世纪六七十年代以后，苏联模式在政治、经济、社会上的内在矛盾与根本弊端日益显现出来，军费开支庞大，经济技术发展和人民生活水平提高缓慢甚至停滞，民众贫穷与官员腐败并存，实际两极分化严重，最终在20世纪90年代初期，苏联解体，随之东欧社会主义国家纷纷放弃社会主义。苏联模式社会主义宣告失败。

他山之石

追求理想社会的目标，东方与西方历史上都由先贤先哲提出。现代史上，东方社会主义国家与西方资本主义国家更是根据自己的情况，提出了各自追求的提高人民生活水平、消灭贫穷落后、缩小贫富差别、逐步实现共同富裕的目标要求。实际上，这个目标要求，几乎是所有发展中国家、中等收入国家特别是新兴市场经济国家，争取向发达国家转变的共同要求，也是衡量这些国家成为发达国家的一个重要标志。

二战之后，欧美各个资本主义国家，均已先后进入发达国家行列，成为世界上最富有的国家与人民。这些国家的执政党，都先后提出提高相对贫困人口收入、增加普通百姓福利、缩小社会贫富差距的口号与政策，在野党也常用这类口号与政策主张争取上台执政。

因此，总体来看，追求共同富裕，并非哪一个政党、哪一种主义、哪一类制度、哪一个国家的独有特征，而是任何一个走向发达的国家和已实现发达的国家，以及这些国家的执政党与争取执政的党派，普遍具有的共同特征与共同口号。不同的只是各自关于实现共同富裕目标的表述、途径、方式、机制、速度、程度和时间等。

西方发达国家共同富裕水平。二战之后，由于科技进步与生产力发展，西方国家经济发展十分迅速，先后进入发达国家行列。西方各国 GDP 总量、人均 GDP 和人民生活水平快速提高，将世界其他国家远远抛在后面。尤其是，西方资本主义国家在经济迅速发展的同时，将缩小贫富差距作为普遍而长期的国家政策，通过促进普遍就业和失业救济、实行最低工资制度、推行个人收入和财产税收累进制度、广泛实施社会教育医疗养老保障制度等一系列制度与政策，使居民收入的增长与国家经济的增长保持同步。这不仅使所有国民几乎完全免除极端贫困，更使一般国民的收入与生活水平达到人类历史的空前高度，居民普遍达到了比较富裕程度——远高于世界各国居民平均水平。

在西方国家，实现共同富裕的主要指标至少有三个。一是人均 GDP 高。据世界银行公布数据，2018 年，西方发达的高收入国家人均 GDP 达到了 44706 美元，是世界人均 GDP 水平（11297 美元）的近 4 倍，是世界中等收入国家人均 GDP 水平（5484 美元）的 8 倍多。二是贫富差别较小。国际上衡量一国居民收入差距大小的指标是基尼系数，系数越小，收入差距越小，系数越大，收入差距越大。低于 0.2 表示高度平均；0.2~0.29 表示比较平均；0.3~0.39 表示比较合理；0.4~0.59 表示差距较大；0.6 及以上表示差距悬殊。一般认为，0.4 为国际警戒线，达到或超过 0.4 易引发社会大的矛盾。西方的大多数国家，其基尼系数在 0.3~0.35，处于比较合理的范围之内。三是中等收入人群占比大，低收入人群占比小，居民收入分配结构为两头小、中间大的橄榄型结构。

据联合国公布数据，北欧各国经济发展水平、人均收入与财富均居世界前列，贫富差距较小，基尼系数较小，一般在 0.3 左右，中等收入人群占比大，达到 80% 左右，几乎没有穷人，是目前世界上实现共同富裕程度最高的国家群体。除北欧之外的其他发达国家，还有日本、加拿大、澳大利亚、新西兰等，国家经济发展水平、人均收入与财富均居世界前列，贫富差距较小，基尼系数较小，一般在 0.3~0.35，日本则在 0.3 以下，中等收入人群比重大，达到 70% 左右，基本没有穷人，是目前世界上共同富裕程度次高的国家群体。美国是贫富差距较大的西方国家，基尼系数达到近 0.5，但中等收入人群比重仍很高，低收入人群比重小。

新兴市场经济国家和地区的共同富裕水平。20 世纪六七十年代发展起来的新兴市场经济国家和地区，如新加坡、韩国、中国台湾、中国香港、中国澳门等，不少已经进入高收入国家和地区行列，经济发展水平、人均收入与财富紧追发达国家，贫富差距不是很大，基尼系数略高于发达国家，一般在 0.4 以内，中等收入人群比重大，达到 60% 以上，基本没有穷人，是目前世界共同富裕实现程度第三高的国家（地区）群体。20 世纪八九十年代发展起来的新兴市场经济国家，如几个金砖国家，近几十年经济发展速度较快或很快，已经进入中等和中高收入国家水平，但国民的贫富差距很大，基尼系数大幅度高于发达国家，也明显高于上一类新兴市场经济国家和地区，中等收入人群比重小，低于 40%，低收入人群超过 50%，贫困人口比重大，这些国家离共同富裕还有较大距离。

中国现状

中国追求共同富裕的历史。中国历史上几千年前就提出了大同社会的理想。100 多年前的 1921 年，中国共产党成立时，提出的主要口号与理想是"消灭私有制""实现共产主义"。而无差别的共同富裕，极大丰富的物质资料，是共产主义的重要特征。中华人民共和国成立后，中国共产党提出了"一化三改造"，即逐步实现社会主义工业化，逐步实现对农业、手工业和资本主义工商业的社会主义改造，设想通过走工业化道路，通过从实际上消灭私有制，全面建立社会主义公有制，经济发展水平超英赶美，实现人民的共同富裕。当时的一个宣传是：人民公社是金桥，共产主义是天堂；走过金桥，进入天堂。40多年前的1978年，中国推行改革开放后，认为贫穷不是社会主义，要让一部分人先富起来，先富带后富，实现共同富裕；要走小康道路，要在20世纪末期建成小康社会，之后进一步推进，实现全面建成小康社会目标。

中国共同富裕的推进。改革开放40多年，中国经济发展速度惊人，已经进入中高收入国家行列，成为世界第二大经济体。经过40多年的努力，中国在推进共同富裕上取得了两方面的重大成就。

一方面，全国人均收入与财富水平已经跃上了一个大台阶，中国从低收入国家跨入了中高收入国家行列，实现了全面建成小康社会的目标。2020年，中国GDP总量超过了100万亿元，人均GDP超过72000元，即超过了1万美元，超过了世界中等偏上收入国家平均水平。如果按购买力平价（美元）计算，2018年中国人均GDP达到了18210美元，超过了世界平均水平（17971美元），更超过中等收入国家平均水平（12966美元）。

另一方面，中国已经消灭了几亿人的绝对贫困现象。按照2010年的绝对贫困标准，2005年全国有绝对贫困人口28662万人，2010年有16567万人，2005~2010年绝对贫困人口减少了1.2亿人；2012年有9899万人，2010~2012年绝对贫困人口减少了近7000万人；2015年有5575万人，2020年消灭了绝对贫困现象，2012~2020年绝对贫困人口减少了近1亿人。中国在普遍提高人民生活水平，特别是在消灭绝对贫困方面，为人类做出了巨大贡献。

中国共同富裕的差距。中国在人均财富大幅度增长、消除绝对贫困的同时，40多年来，收入与财富的差距总体也快速扩大，虽然近年来差距扩大的速度有所减小。

从不同收入人群分组看。据国家统计局数据，2020年，按全国居民五等份收入分组，平均每组人口2.82亿人，其中，低收入组人均可支配收入7869元，中间偏下收入组人均可支配收入16443元，中间收入组人均可支配收入26249元，中间偏上收入组人均可支配收入41172元，高收入组人均可支配收入80294元。根据第七次全国人口普查公告，2020年中国家庭平均人口2.62人。依此相关数据计算，按五等份划分的人口家庭平均收入分别为：低收入组人口的家庭年收入为20617元，中间偏下收入组人口的家庭年收入为43081元，中间收入组人口的家庭年收入为68772元，中间偏上收入组人口的家庭年收入为107870元，高收入组人口的家庭年收入为210370元。

从中等收入人群占比来看。目前中国尚无正式的中等收入人群的划分标准，但2018年国家统计局曾提出过一个统计分析的参考数据：家庭年收入10万元至50万元属于中等收入人群。按此数据推算，中国中间偏上收入组人口（2.82亿人）的家庭年收入为107870元，其中可能约有一半人口即约1.41亿人的家庭年收入超过10万元，加上高收入组家庭人口2.82亿人，中国大约有4.23亿人属于中等及以上收入人群，约占全国人口的30%。家庭年收入低于10万元的人口有近9.9亿人，约占70%。其中，中间偏上收入人口中，有一半多家庭的年收入低于10万元（超过1.41亿人）；中间偏下收入组家庭平均年收入为43081元，约为中等收入人群起点10万元的43%；低收入组家庭年收入为20617元（2.81亿人），约为中等收入人群起点收入（10万元）的20%。至少这低收入组家庭的2.81亿人，可以认定为中国的相对贫困人口。

从国际机构衡量看。据联合国《2018年世界不平等报告》数据，1980~2015年，中国人均国民收入增长了近9倍，每年平均增长6.4%，整体增长7.8倍。这一时期，增长未被平等地享有，收入水平越高的群体，收入增长率也越高。收入后50%的群体的收入增长了3.9倍，收入排在中间40%的群体的收入增长了7.3倍，而收入前10%的群体的收入则增长了12.3倍。在收入前10%的人口中，收入增长的分配也是不平等的。中国收入前1%的人口的总收入增长了18倍，却显著地小于收入前0.1%的22.7倍、收入前0.01%的29.2倍和收入前0.001%的35.2倍。中国居民收入分布像一个十分陡峭的金字塔，具体如表1所示。

表1　2015年中国居民收入分配情况

收入人群	成年人数量（人）	收入起点（欧元）	平均收入（欧元）	收入总份额（%）	是全国平均收入的倍数
全部人群	1063543000		13100	100	1
低收入人群（后50%）	531771000		3900	14.8	0.3
中等收入人群（中间40%）	425417000	7800	14400	43.7	1.1
高收入人群（前10%）	106354000	27000	54500	41.4	4.1
高收入（前1%）	10635000	79000	183000	13.9	14
高收入（前0.1%）	1064000	244000	828000	6.3	62
高收入（前0.01%）	106000	1411000	4207000	3.2	321
高收入（前0.001%）	11000	6868000	17925000	1.4	1368

注：按购买力平价计算：1欧元＝1.33美元＝4.4元人民币。
资料来源：《2018年世界不平等报告》。

从收入基尼系数看。根据国家统计局数据：改革开放之前，中国的收入基尼系数大多数时间在0.2～0.3；之后，基尼系数日益扩大，2003年为0.479，2005年为0.485，2008年为0.491，2010年为0.481，2015年为0.462，2019年为0.465，2020年为0.468。近20年来，中国基尼系数一直处于警戒线水平0.4之上，这反映了中国收入差距很大且仍有不断拉大的趋势。

从净财产基尼系数看，差距更大。净财产，是指家庭全部财产减去家庭全部负债后的财产。净财产基尼系数更能全面反映居民实际富裕与贫穷状况。据北京大学中国社会科学调查中心相关数据，中国的净财产基尼系数，1995年为0.45，2002年为0.55，2012年为0.73；2012年，中国财产前1%的家庭占有全国1/3以上的财产，后25%的家庭拥有的财产总量仅在1%左右。这反映了中国的财产不平等程度，明显高于收入不平等程度。2012年以来，中国的净财产基尼系数变得更高。比如，根据第四次全国经济普查资料，2018年，中国规模以上私营工业企业25万多家，平均每家企业的资产额为1.12亿元，净资产近0.5亿元，营业收入为1.45亿元。据全国工商联数据，2019年中国民营企业500强销售收入的入围门槛为202亿元，户均销售收入为603亿元，户均资产总额为739亿元，户均税后净利润为27.86亿元。这从另一个角度反映了富人收入与财产状况。

上述几组数据表明，中国在普遍提高居民生活水平、消灭绝对贫困方面取得了巨大成就，但在缩小贫富差距上还任重道远。

民企贡献

通过发展经济，不断做大蛋糕，逐步分好蛋糕，让一部分人先富起来，先富带后富，实现共同富裕。这是中国向共同富裕目标迈进的可行道路。从过去、当前特别是未来看，民营企业、民营经济在这条道路上都扮演着主体角色。同样，在推动共同富裕上，民企也发挥着十分重要的作用，未来的作用更大，且责任更重。

高收入人群，如果按家庭年收入在50万元以上为高收入人群，中国有1亿多人。其中，民营经济领域相关人士可能占一半以上。中等收入人群，如果以家庭年收入在10万～50万元为中等收入人群，中国有4亿多人。其人群结构大致为：民营企业中的约4000万投资者（高收入者除外，下同）；中小民营企业的中高层管理人员和中高级技术人员、中高级技工、熟练工人等，这三类人员约1亿人；全国2/3的个体户，大约1亿人；外资企业中层管理人员和一般中级技术人员、一般中高级技工、熟练工人等，大约1000万人；国有企业（上述高收入者除外）员工中的80%～90%的正式合同员工，约有3000万人；国家党政机关干部与公务员，约800万人，各类国有事业单位干部与正式工作人员，约2000万人；各类一般自由职业者，约1000万人。以上人员及其家属，总人口4亿多人，其中一半左右的人属于民营经济领域范畴。低收入人群，中国家庭年收入低于10万元的低收入人群，大约有9亿人。

目标路径

做大蛋糕，分好蛋糕。这就是中国共同富裕的目标与路径。实际上，这也是西方发达国家走向共同富裕的主要经验。

国家目标，做大蛋糕。这就是要扩大国民经济总量，人均GDP达到中等发达国家水平。中共中央十九届五中全会《关于制定国民经济和社会发展第十四个五年规划和二〇三五年远景目标的建议》明确提出了到2035年基本实现社会主义现代化远景目标，其中关于共同富裕的一项主要内容是："人均国内生产总值达到中等发达国家水平，中等收入群体显著扩大"，"人民生活更加美好，人的全面发展、全体人民共同富裕取得更为明显的实质性进展。"

世界银行提出的发展与发达国家参考标准是：人均GDP 0.6万~1.2万美元为中等收入发展中国家，人均GDP 1.2万~1.5万美元为高收入发展中国家，人均GDP 1.5万~2.5万美元为初级发达国家，人均GDP 2.5万~3.5万美元为中等发达国家，人均GDP 3.5万美元及以上为高度发达国家。

2020年，中国GDP总量为101万亿元人民币，人均GDP为7.2万元人民币，若按2020年的汇率1美元等于6.8976元人民币计算，折合为10438美元，中国达到了中等收入发展中国家水平。若按购买力平价计算，1美元相当于4.85元人民币，中国人均GDP为14851美元，已经进入高收入发展中国家行列，接近初级发达国家水平。假设汇率不变，中国要达到人均GDP 2.5万~3.5万美元的中等发达国家水平，人均GDP要达到17万~24万元人民币的水平；假设购买力平价不变，中国的人均GDP要达到12

万~17万元人民币的水平。假设世界银行关于发达国家的标准不变,中国人口总量也不变,届时中国的GDP总量需要达到238万亿~336万亿元人民币(按汇率计算),或168万亿~238万亿元人民币(按购买力平价计算)。

从2020年到2035年15年间,假设中国GDP年均增长速度能保持5%,到2035年中国GDP总量将增长1倍多,达到210万亿元人民币,人均GDP将达到15万元人民币,将近2.2万美元(按汇率计算),或3.1万美元(按购买力平价计算)。如果实现这一目标,届时中国人均GDP接近2.5万美元水平(按汇率计算)门槛,或达到2.5万~3.5万美元(按购买力平价计算)中等发达国家的中间水平。

做大蛋糕,争取未来15年GDP年均增长5%左右,2035年GDP总量增长1倍以上,达到200万亿元人民币以上,人均GDP增长1倍以上,达到中等发达国家水平。这就是中国实现共同富裕的基础与保障。

国家路径,分好蛋糕。这就是要调整收入分配结构,显著扩大中等收入人群,明显缩小贫富差距,将基尼系数从目前的0.47左右逐步降低到0.35左右的中等发达国家水平。如何分好蛋糕,中央明确提出:"共同富裕是全体人民的富裕,是人民群众物质生活和精神生活都富裕,不是少数人的富裕,也不是整齐划一的平均主义";要"基本公共服务实现均等化,城乡区域发展差距和居民生活水平差距显著缩小";要"坚持按劳分配为主体、多种分配方式并存,提高劳动报酬在初次分配中的比重,完善工资制度,健全工资合理增长机制";要"完善按要素分配政策制度,健全各类生产要素由市场决定报酬的机制";要"在高质量发展中促进共同富裕,正确处理效率和公平的关系,构建初次分配、再分配、三次分配协调配套的基础性制度安排,加大税收、社保、转移支付等调节力度并提高精准性,扩大中等收入群体比重,增加低收入群体收入,合理调节高收入,取缔非法收入,形成中间大、两头小的橄榄型分配结构";要"促进社会公平正义,促进人的全面发展,使全体人民朝着共同富裕目标扎实迈进"。

中国收入差别很大，主要体现：城乡收入差别大、地区收入差别大、行业收入差别大和阶层收入差别大。这些差别的综合表现，或用综合指标衡量，就是收入基尼系数高。目前中国的收入基尼系数为0.47左右，属于分配差距很大的国家，财产基尼系数为0.75左右，差别更大。未来15年，收入基尼系数要逐步降至0.35左右，平均每年降低0.01左右。这个任务并非易事，涉及一、二、三次分配结构一系列政策与机制的调整，任重道远。

降低收入基尼系数，一个特别重大任务是扩大中等收入群体比重。目前，若按家庭年收入10万～50万元为中等收入群体看，中国有4亿多人，占人口的近30%。若以中等发达国家的中等收入群体占60%～70%作为参考，中国还要将30%～40%的人口即4.2亿～5.6亿人的低收入人群，提升为中等收入人群，从而使全国人口中的8.5亿～10亿人成为中等收入群体。这个任务非同小可，十分繁重。一方面，需在保持目前4亿多人中等收入人群体量不减少的前提下，平均每年使2800万～3700万人的低收入人群能够进入中等收入人群。另一方面，中等收入人群的标准门槛，需要随着中国经济的总量发展和人均GDP的提高而逐步提高，今后不再是10万～50万元水平，而是更高；同时还要随着世界经济，特别是发达国家经济及人均GDP水平的提高而逐步提高，今后不再是2.5万～3.5万美元的水平，而是更高。因此，完全可以说，未来15年要将中国的中等收入人群由占人口的30%提高到60%～70%，这个难度可能远比近10年扶贫攻坚的难度要大得多。

不仅如此，将目前近9亿人口的低收入群体中的约2/3即4.2亿～5.6亿人分在今后15年中，每年2800万～3700万人的人口提升至中等收入人群，首先要做的是普遍提高这近9亿人的低收入人群的平均收入水平，特别是要提高近3亿人的相对贫困人口（即目前收入五等分中的低收入人口）的平均收入水平。这个难度可能也比10年扶贫攻坚的难度更大。

中国的共同富裕，目标宏伟，梦想美好，任务繁重，道曲路长，难度巨大。正因为如此，中央明确指出："要坚持循序渐进，对共同富裕的长期性、艰巨性、复杂性有充分估计"，"要适应我国社会主要矛盾的变化"，"分阶段促进共同富裕"。

民企作用

回顾过去，推动中国共同富裕，国企、外企和民企都做出了巨大贡献。展望未来，民营企业在中国真正实现共同富裕上发挥的作用更大，且扮演主力军角色。

国家经济总量翻一番，民企是主力。经济增长是做大蛋糕、实现共同富裕的基础和前提。中国 GDP 翻一番，从 2020 年的突破 100 万亿元，到 2035 年突破 200 万亿元，需要年均增长 5%。实现这个过程主要靠谁？主要靠民营企业！不管是 40 多年来，20 多年来，还是 10 多年来，民营经济总量与效益的增长均高于其他类型企业。民营经济在中国经济中所占比重日益增大，目前超过 60%，未来 15 年仍将继续增大，可能会超过 70%。2035 年 GDP 总量将翻一番，中国经济蛋糕将做大一倍，其中民企是最大主力。

城镇新增劳动力就业，民企是主力。就业是民生第一要素，也是共同富裕第一要素。没有就业，就没有收入，更没有共同富裕。中国城镇就业，民企就业占就业存量的 80% 以上，占就业增量的 100% 以上。自 2013 年以来，国有单位和外资企业就业数量年年减少，民营经济单位就业数量则年年增长。民营经济单位新增就业总量超过了全国城镇新增就业总量，填补了国有和外资单位就业量的绝对减少。这个态势与趋势还会延续下去，不可逆转。到 2035 年，民营经济就业在城镇就业中的总量占比，可能会达到 85% 以上。未来 15 年，民营经济就业增量仍然会占城镇就业新增量的 100% 以上。因此，完全可以说，中国新增劳动力要就业，民企是主力。

　　农村亿万劳动力进城就业，民企是主力。减小以至消灭城乡差别，是共同富裕的一项基本内容。减小城乡差别的一个主要途径，是将农村人口城镇化，是农村劳动力向城镇转移。从近20年的农民工进城务工态势与趋势看，农民工中的绝大多数，都进入了民营企业就业。据国家统计局数据，2020年，中国有农民工2.856亿人，其中外出农民工1.969亿人。这些人的绝大多数在民营企业就业，或成为城镇个体经营户。这种状况不会改变，且会更加显著。今后15年，将会有2亿左右农村劳动力进城务工，其中会有更大比例的农村转移劳动力进入民营企业。因此，完全可以说，中国农村劳动力进城就业，民企是绝对主力。

　　扩大中等收入群体比重，民企是主力。中等收入群体所占比重大，形成两头小、中间大的收入分配格局，这是共同富裕的主要任务和主要标志。中国中等收入群体所占比重低，占比不到30%，只有4亿多人；中国低收入群体所占比重大，近70%，大约9亿人。低收入群体中近一半人在城镇，城镇低收入人群有80%在民营企业。只有民企进一步发展了，经济实力进一步提高了，分配机制进一步完善了，才能将在民企就业的几亿人的低收入群体提升至中等收入群体。未来15年，中国扩大中等收入群体要达到人口的60%~70%，国有单位和外资单位仍要担当自身责任，但关键在民企，重心在民企，主力在民企，重任在民企。

　　低收入群体要提高收入，民企是主力。实现共同富裕，提高居民平均收入水平是基础，而这基础中的重点，是明显提高低收入群体的平均收入，减少低收入群体总量、降低其占比。中国城镇低收入群体80%分布在民企，今后农村劳动力进城中的多数人（大多属于低收入群体）也要进入民企就业。因此，增加中国城镇低收入群体收入，在整体提高平均收入水平的同时，还要让大部分人进入中等收入群体，民企是主力，是绝对主力。

民企责任

实现中国 14 亿人民共同富裕，是政府的责任，是各类企业的责任，是各个群体的责任。实现共同富裕，国有、民营、外资三大类企业，应发挥各自的作用，完成各自的任务，担当各自的责任。实现共同富裕，民营企业要在发展中担当好自身责任。

责任之一：创业守业展业，实现自身高质量发展。发展是第一要务，是做大蛋糕、共同富裕的前提与基础。民营企业要创好业、守好业、展好业，要生生不息，实现长期、稳定、健康和高质量发展。只有如此，才能更好地、更多地创造就业岗位、创造股东价值、创造经济增长、创造国家税收、创造产品服务，实现市场兴旺、生活幸福。政府要为各类企业创造平等发展的政治经济社会环境，健全制度，谋划好战略，制定好政策，维护好市场。特别是要平等对待民营企业，尤其要平等对待小微型企业，切实保护小微型企业的合法权利与利益。

责任之二：劳资利益共享，构建企业命运共同体。分好企业蛋糕，必须劳资利益共享，这是完善第一次分配的重要内涵与要义，是共同富裕的微观经济基础。资兴劳兴、劳兴资兴，劳资共兴，企业才能常兴、长兴；资富劳富、劳富资富，劳资共富，企业才能常富、长富。民营企业家、民企管理人，要与员工建立命运共同体，将企业发展利益、股东利益、高管利益和员工利益紧密地结合起来，走向共兴共富共荣。民营企业要建立健全员工工资收入与企业效益、投资者利益共同增长机制，员工技能素质与企业生产效率共进机制，员工社会保障提升、福利改善与企业生产环境、安全健康条件改进共推机制；要切实执行最低工资制度，正式员工全员参加社会保障，在大中型企业中积极推行员工持股制；在大型企业中倡导逐步向社会企业发展，逐步实现股权社会化、管理社会化、生产目的社会化、利润分配社会化；在大型企业和效益好的中型企业中，倡导将共同富裕列入企业发展战略，制订扩大员工中等收入群体的中长期目标计划。只有民营企业经营发展好了，效益提高了，同时，员工的工资收入、社保与福利提高了，才能有更多、更大比例的民企低收入员工进入中等收入群体行列。这是中国实现共同富裕的关键。政府要对全面推动民营企业建立劳资利益共享机制，制定相关鼓励引导政策，提供相关法律规范与保障，树立社会典型榜样。

责任之三：为国为民创税，效力民富国强中国兴。税收是国家机器运行的基础保障，是国民共同富裕的重要基础，是民富国强国家兴旺的重要标志。近年来，民营企业税收已占国家税收的50%以上，多个年份占国家税收增量的60%～70%。随着经济的发展，民营企业要为国家创造更大的税收总量也可能是更大比例的税收增量，为国家强盛、民族振兴奠定更大更强基础。依法纳税，为国为民多创税，是民营企业的义务与责任。民营企业要依法纳税、足额纳税，民营企业家、民企投资者、民企高管，要自觉、依法、足额缴纳个人所得税、资本利得税、财产交易税等。与此同时，国家要为民营企业创造公平税负的法律政策环境，国家各项税率的确定及税收征管，要适应包括民营企业在内的各类企业生产经营实际变化。当前和未来若干年内，应适当减轻企业税负、降低国家税收在 GDP 中的比重，更好地保护企业发展的内在积极性。减轻税负的重点要放在小微型企业和科技创新型企业身上，为更多人、更多企业的创业守业展业提供更好的税收环境。

责任之四：承担社会责任，推动环境与社会和谐。承担社会责任，是现代社会的文明标志，是现代企业的内在要求，也是实现共同富裕的应有之义。民营企业当然要为股东负责，为股东创利，同时也必须为员工负责、为客户负责、为产品负责、为社区负责、为环境负责、为社会负责、为国家负责。民营企业只有同时很好地承担后几项责任，才能更好地为股东负责，为股东谋划长期利益。2019 年，美国 181 家大公司联合发表声明，重新定义了公司宗旨，一改过去公司股东利益至上原则，提出了新的五项内容，将股东利益放在了最后：一要为客户创造价值，二要投资于员工，三要公平、合乎道德地与供应商打交道，四要支持工作的社区，五要为股东创造长期价值。中国企业，特别是中国大型民营企业，可借鉴这些新宗旨经验，提出中国特色公司宗旨，内容可包含前述的多项社会责任，把公司利益、股东利益、员工利益、客户利益、社区利益、社会利益和国家利益结合起来，真正推动企业内部和谐、外部环境和谐、国家社会和谐。同时，政府要为企业更好地承担社会责任提供良好的法律规范、政策鼓励和行为引导。

责任之五：树立良好形象，私行合德合规政商清。艰苦创业、开拓创新、把握市场、善于管理、崇德守法、爱国奉献、关爱员工、公益慈善，构成了中国企业家精神的丰富内涵，树立了中国企业家的良好形象。不少企业家先富帮后富，带领员工走向富裕。但也有一部分企业老板、高管人员及其家属，有的主导企业生产假冒伪劣产品，有的无视员工生命健康安全，有的放任企业破坏资源与环境，有的私言、私行不谦不德、不规不矩，有的官商勾结、权钱交易、相互支撑，有的以钱牟取社会名誉、博取政治头衔，有的张扬、炫富、斗阔，有的生活奢靡、腐朽，等等，甚至有人因此而违法犯罪、锒铛入狱。这些现象严重败坏了民企社会形象，引发民众强烈不满，遭到社会严厉谴责。民营企业家要努力扭转少数人造成的负面形象，要更加注重自身社会影响，树立高尚人生观、价值观、道德观，树立正风正气，正言正行，守法守纪、守德守誉，政商交往要清醒清白清明，努力实现人生最大价值。政府既要规劝不良行为者、惩处违法犯罪人，更要宣扬民营企业的重要作用与巨大贡献，宣传企业家的崇高精神与社会价值，引导普通民众客观对待民营企业的功过是非。特别要在理论上观念上根本消除公有私有在政治与道德上天然有高低之分、优劣之别的旧见、偏见、谬见，为民营企业和企业家创造更良好的民众公识环境、社会舆情氛围。

上述几项只是民营企业若干责任中的几个重要方面。实现14亿中国人的共同富裕，民营企业的作用巨大、任务艰巨、责任如山重。可以相信，过去40多年，民营企业能够为中国走向全面小康做出历史性、世界性巨大贡献，今后15年和30年，同样能够为中国走向共同富裕做出历史性、世界性巨大贡献。

目 录

上篇　研究报告

促进共同富裕的一条重要路径
　　——民营企业向社会企业转变研究　　3
国有控股混合企业与社会企业　　39
关于社会所有制的讨论　　72
资本社会化的理论设想及实践探索　　90
全球85个国家（地区）3万家企业股权及控制情况
　　——《全球企业控股情况》摘译　　122

下篇　企业案例

华为投资控股：以奋斗者为中心，员工与企业共成长　　139
福耀集团：发展自我，兼善天下，以行动回报社会　　150
腾讯控股：科技向善，打造推动数字中国的先行者　　160
联想控股：职工持股，产业报国，打造"没有家族的
　　家族企业"　　173
富士康集团：助力高质量发展转型升级，引领全球
　　工业智能制造　　182

海康威视：国有控股，民营机制　　　　　　　　　　201
中国建材：央企混合所有制的典范　　　　　　　　　211
西门子：做负责任的全球企业公民　　　　　　　　　221
通用电气：全球绿色能源的积极倡导者　　　　　　　230
施耐德电气：联合国契约的坚定践行者　　　　　　　241

后　记　　　　　　　　　　　　　　　　　　　　　255

上 篇
研究报告

促进共同富裕的一条重要路径

——民营企业向社会企业转变研究

改革开放以来，我国民营企业不断发展壮大，现已成为社会主义市场经济的重要组成部分和经济社会发展的重要基础。作为社会主义市场经济的重要组成部分和重要基础，民营企业在本质属性上与中国特色社会主义市场经济制度是根本一致的。其中的一个重要表现是，一些大型民营企业正在发展成为社会企业。这类企业，其企业股权和企业管理越来越脱离个人与家族，越来越公众化与社会化；其经营目的和利润归属，越来越少地为个人、为家族，越来越多地为公众、为社会、为国家，有效促进了社会共同富裕。这类正在向社会企业转变的民营企业，在内在性质与外在基本特征上，已经与中国过去的一般私营企业有十分明显的区别，也与国外的一般私营公司有着十分明显的区别。民营企业向社会企业转变，是现代市场经济与现代公司制度发展规律影响的结果，是中国特色社会主义市场经济制度影响的结果，是中国优秀传统文化与价值观影响的结果。国家与社会应当高度重视民营企业的变化趋势，高度重视部分民营企业正在进行的逐步向社会企业的转变，高度重视由此给中国经济、政治与社会带来的重大与深远的影响，进而把握好趋势，制定好政策，引导好发展。

一 大型民营企业内在性质正在悄然发生变化

进入21世纪以来，中国民营经济和民营企业家出现了四个大的变化。一是企业家财富大积累。20世纪末，规模最大的前1000家民营企业，其资产与营业收入只有几千万元至几亿元；现在，不少企业已达几十亿元、几百亿元，有的达几千亿元、上万亿元。二是企业家财富观念大转变。一些企业家常说，当你只有几十万元、几百万元财产时，挣钱主要是为了自己；当你拥有几千万元、几亿元财产时，挣钱与积累财富既是为了自己，也是为了他人、为了社会；当你拥有几十亿元、几百亿元、几千亿元财产时，挣钱与积累财富较少为自己，更多地是为他人、为社会、为国家，甚至为世界，以实现个人与家族的最大社会价值。三是企业家财富大安排。面对几十亿元、几百亿元、几千亿元的资产，一些民营企业家正在重新考虑如何更合理与更智慧地安排自己掌握的财富。财富用于投资，他们更加注重生产经营的专业化、科技化、多元化、综合化与绿色化，更加注重跨行业、跨地区、跨国际，进行全国性与世界性财富分布与安排；财富用于社会，他们更加注重企业社会责任的崇高性、神圣性、广泛性，将财富更多分布于社会、融入社会、回馈于社会，促进社会共同富裕，以体现个人与家族的最大社会价值。四是企业家慈善大行动。对于许多大型民营企业来讲，企业与个人的财富随着不断积累，规模越大，用于个人与家庭消费的比例就越小，甚至十分微小；用于公益慈善、回馈于社会的比例就越大，甚至十分巨大。相当一批企业家已经将支持与参与社会公益慈善作为人生重要价值追求和人生的第二事业追求，有的企业家正在考虑将公益慈善作为人生最重要的价值追求与最大的事业追求。

受上述变化趋势的深刻影响，部分大型民营企业的内在性质与基本特征，正在悄然发生变化，正在由私人家族性质的企业逐步向社会化性质的企业转变。在企业股权方面，由个人（家族）独占或一股独大，逐步转变为股权公众化、社会化，个人（家族）控股持股低于50%，甚至只有百分之几。在企业管理方面，由以个人（家族）直接管理为主，逐步转变为在市场上广泛公开招聘社会各方面专业人才，以职业经理人团队和经济技术专家团队管理为主。在企业经营目标方面，由单纯追求企业与股东利润最大化，逐步转变为把追求企业利润和股东利益，与追求企业员工利益、社区发展利益、行业发展利益与国家发展利益充分结合起来。在企业利润归属方面，随着企业股权的社会化，企业利润归属也在社会化，归于企业各类股东。并且，大量的企业家个人（家族）还将其公司利润分红的相当一部分，用于支持和发展社会公益慈善事业。

当前，民营企业向社会企业转变，主要发生在部分大型企业之中，有的企业已经基本转变，更多的企业正在发生转变。这种转变，是社会主义市场经济条件下中国大型民营企业发展自然演变的结果。这些企业在本质属性上，与过去的私营企业有重大区别，也与西方私人家族公司有重大区别；同时，与人们理解的集体企业又有许多相似之处，也与实行混合所有制改革的国有控股公司有许多相似之处。它不属于私人，也不属于国家，它属于社会。这个社会的范围有小有大，其股东人数，从几十、几百个，到几千、几万甚至几十万个。这些个人或机构，其分布是跨行业、跨地区的，是全国性的，有的甚至是跨国家的、世界性的。这类企业的社会股东中的法人机构股东，有私营公司法人，有国有控股公司法人，有混合公司法人，有外资企业法人，有境外企业法人，等等。这类社会企业中的不少企业，其股东的公众性、广泛性与社会性，甚至也可以说公有性，远远超过一般的集体企业公司，也明显超过市县级的国有控股企业，甚至超过省级一般性国有控股企业。这类企业，若仍将其视为私营企业，用传统的观念来衡量它，已经明显与社会现实不符，与客观发展趋势不符。从某种意义上讲，主要是从企业的公众性、社会性与企业的公有性在相当大程度上具有一致性的意义上讲，它实际上是一种"准公有企业"，是一种"新型的公有制企业"。

二 社会企业的基本特征

关于什么样的企业是社会企业，经济界有多种说法。比较典型的说法是英国社会企业联盟为社会企业提供的简单定义："运用商业手段，实现社会目的"。其具有如下共同特征：企业导向——直接参与为市场生产产品或提供服务；社会目标——有明确的社会和/或环境目标，如创造就业机会、培训或提供本地服务，为实现社会目标，其收益主要用于再投资；社会所有制——治理结构和所有制结构，通常建立在利益相关者团体（如员工、用户、客户、地方社区团体和社会投资者），或更广泛的利益相关者，对企业实施控制的托管人或董事的参与基础之上的自治组织。社会企业家认识到社会问题，运用企业家精神以及方法来组织、创造、管理一个企业，达到改变社会的目标。基于英国社会企业联盟定义的社会企业，在欧美发达国家已经发展了很长时间，近年又有新的社会企业不断产生。

受欧美社会企业发展的启发与影响，近一二十年中国也出现了一些类似的社会企业，其主要特征也是"运用商业手段，实现社会目的"，是一种介于商业企业与公益事业之间的独立市场主体。其多由一些民营企业与社会公益事业机构共同组建，共同开展活动，已经成为社会公益事业发展的重要推动力量。

我们这里研究的社会企业，是基于民营企业在中国社会主义市场经济条件下发展演变而成的社会企业。它与英国社会企业联盟定义的社会企业有许多共同之处，但存在巨大差别；它与西方国家大公司股权分散化、公众化、社会化，进而企业治理结构、行为目标、利润使用社会化也有许多共同之处，但也存在重大差别。它有自己产生的特殊原因、历史条件及独特性。

概括地讲，中国大型民营企业演变而成的社会企业，具有以下五个基本特征。

一是企业资本股权社会化。由过去的以个人与家族持股为主，逐步转变为以企业管理层、企业员工、社会公众、社会机构共同持股为主。一些民营企业，特别是一些上市民营公司，个人与家族持股比例已经低于50%，有的甚至只有百分之几。虽然个人与家族仍然是第一大股东，拥有最大控股权，但其他股东、社会股东的发言权、控制力、影响力越来越大，有的甚至拥有主要的决策影响力。

二是企业经营管理社会化。企业管理由过去的以个人与家族管理为主，逐步转变为社会公开选聘管理人员，以社会各方面专业人士（主要是职业经理人和经济技术专家管理）为主。一些企业的企业家个人虽然拥有最高与最后决策权，但企业的主要决策及过程越来越依靠专业管理团队，且其他拥有较多股权的社会股东，同样拥有较大的决策影响力。

三是企业经营目的社会化。利润最大化，股东利益最大化，是市场经济条件下一般私营企业的主要经营目的。但是，对于一些大型民营企业，它们已经充分认识到，企业利润与股东利益的最大化，必须甚至只有通过与企业员工整体的利益、与企业所在社区发展的利益、与企业所属行业发展的利益、与企业所在国家发展的利益更紧密地结合起来，甚至以后四方面的利益为首先追求目标，才能得以真正实现。对于许多大型民营企业来说，全面履行企业社会责任，已经成为企业和股东实现自身目标的前提条件。

四是企业利润归属社会化。企业利润归企业，最终归企业股东，股东公众化、社会化，企业利润归属也就公众化、社会化。企业利润上缴所得税后的净利润，分为公积金、公益金与股东分红。公积金用于企业投资再发展，服务于社会；公益金用于企业员工福利，服务于职工集体；股东分红按股份的大小归各个股东。这些股东，既包括企业家个人及其家族，也包括拥有股权的管理层和员工，还包括社会其他股东，其中包括机构股东（国有控股企业和集体企业者）。企业家个人及其家族中，不少人又将股东分红的相当大一部分，用于社会公益慈善事业，直接回馈和服务于社会。

五是企业财产传承社会化。民营企业富二代愿不愿接班、能不能接班、如何来接班的问题，已经成为当今中国民营企业发展面临的重大问题。当前，已经有不少企业家明确表示，从企业的长远发展、财产的长久安全和下一代的健康成长出发，自己退休后或百年之后，不能将企业财产全部交给下一代，而是只交一少部分给子女，由其自己去独立创业。企业其余的多数资产，只可或只能交给可信任的管理团队进行经营管理，家族成员不参与或只部分参与管理，家族成员不拥有或不直接拥有财产股权。有的企业家甚至公开提出，自己百年之后，将企业财产的主要部分交给公益慈善基金组织，由基金组织行使股权，股权收入长期用于公益慈善事业。

当前，中国民营企业完全符合上述五个特征的还很少，一些大型民营企业具有上述特征中的两三个特征，一些企业只是在不同程度上具备五个特征的部分内容。

三 民营企业向社会企业转变的基本情况

中国民营企业逐步向社会企业转变，主要发生在21世纪之后。进入21世纪以来，中国民营企业的快速发展和性质变化受到多方面的重大影响。一是整个国家经济迅速发展，推动民营经济以更快速度发展，企业规模迅速扩大，进入中国500强和世界500强的民营企业日益增多。二是国家允许进入的行业领域更多，几乎所有的竞争性行业领域均可进入，甚至部分垄断性行业领域也可进入。三是加入WTO后，中国对外贸易与投资更加快速的增长，部分民营企业走向国际化，成为跨国公司，部分企业进入世界最大的1000家上市公司，甚至成为世界500强。四是民营企业规模化、公司化和国际化后，需要企业管理的专业化、知识化与团队化，推动企业面向社会、面向全国，甚至面向全球广揽各方面人才，企业管理与人才来源日益社会化，甚至国际化。五是在社会改革的推动下，部分民营企业家开始进入各类社会与政治组织，担任重要职务，从事一定社会工作。这又推动了民营企业的社会化发展，一些大型民营企业日益重视发挥更多更大的社会功能作用。六是现代市场经济条件下普遍提倡的企业社会责任理念，开始深刻影响民营企业和企业家，推动其在发展、积累财富的同时，必须把企业员工利益、社区发展利益、商业关系相关各方利益、资源环境生态利益、公众公共利益和国家整体利益放到重要位置，并与企业发展利益紧密结合起来。

民营企业的社会化发展，一般沿着两个方向进行：一个方向是企业内部社会化，另一个方向是企业外部社会化。

首先，企业内部社会化。主要表现是企业股权内部社会化，由企业家个人（家族）独家持股，转变为日益推行管理层持股和职工持股，而且后者持股比例日益提高，不少企业的企业家个人（家族）持股比例已经低于50%，有的甚至只有百分之几；企业管理内部社会化，从以企业家个人与家族成员直接管理为主，转变为以在企业内部选择优秀人员并形成管理团队进行管理为主。与企业股权内部社会化和管理内部社会化相对应，企业经营目标、福利安排和利润分配，也日益面向管理层、面向企业员工，形成企业家、管理层与员工集体三者利益兼顾的社会共同体。

先看私营企业的全国整体情况。

国家统计局数据显示，2019年全国企业法人单位数2109万家，其中私营控股企业法人单位数为1981万家，占全国的93.9%，加上其他民营企业，全部民营企业占95%以上。私人控股企业法人中，自然人控股的私营企业法人占90%以上，其余为私营法人单位控股的有限责任公司与股份有限公司。私营法人单位控股的这两类公司多半是规模以上企业，而这两类公司中的相当一部分大型企业已经部分社会化，特别是股份有限公司，股权均已多元化、分散化与社会化。

2019年底，我国规模以上工业企业中，私营企业有24.36万家，资产总额为28.28万亿元，营业收入为36.11万亿元。其中：私营有限责任公司22.37万家，占私营工业企业的91.8%，资产总额为24.47万亿元；私营股份有限公司9996家，占4.1%，资产总额为3.37万亿元。这些都是自然人控股的公司，包括自然人控股的有限责任公司与股份有限公司。

还有一类公司，即私营法人控股的有限责任公司与股份有限公司，在工商登记与企业统计上归类在公司制企业中。2019年，公司制企业中的有限责任公司有7.55万家，资产总额为47.75万亿元，主营业务收入达33.69万亿元；股份有限公司有11557家，资产总额为18.48万亿元，主营业务收入达11.22万亿元。这些有限公司与股份公司中的一大半是私营法人控股的公司，其拥有的户均资产规模与户均主营业务收入规模，总体上要明显大于自然人控股的私营公司。

自然人控股的股份有限公司与私营法人控股的股份有限公司，大多数实行了股权分散化、公众化与社会化，进而不同程度地实现了企业社会化，其中一些企业正在成为社会企业。

表1反映了2012~2019年中国私营企业的快速发展状况。企业数量年均增长18.3%，已达3516万家，投资者人数年均增长15.19%，已达5922万人，注册资本（非实收资本）年均增长35.7%，已达263万亿元。

表1 2012~2019年中国私营企业主要数据

年份	企业数量（户）	增长率（%）	投资者人数（人）	增长率（%）	注册资本（万元）	增长率（%）	人均资本（万元）	户均资本（万元）
2012	10857169		22000992	10.79	3109723373		141	286
2013	12538648	15.5	24857382	12.98	3931275292	26.4	158	314
2014	15463661	23.3	29630807	19.2	5920570549	50.6	200	383
2015	19082267	23.4	35605885	20.17	9055398988	52.9	254	475
2016	23091963	21	42000495	17.96	13050294750	44.1	311	565
2017	27262813	18.1	48529535	15.55	17712086160	35.7	365	650
2018	31432625	15.3	54201019	11.69	23349698301	31.8	431	743
2019	35163989	11.9	59216546	9.25	26293264155	12.6	444	748
年均增长率	18.3	—	15.19	—	35.7	—	17.8	14.7

资料来源：历年《中国工商行政管理年鉴》，增长率、占比和年均增长率为北京大成企业研究院计算。本章余同。

需要特别指出的是，截至2019年，中国私营企业投资者已经达到近6000万人，这是一个庞大的群体，他们都是企业股东，很具有大众性、公众性和社会性。

表2反映了2018年中国规模以上私营工业企业的发展状况。企业数量近23.5万家，资产总额近26.3万亿元，户均近1.12亿元，主营业务收入近34.4万亿元，户均近1.46亿元。私营工业企业中，有限责任公司占91.4%，股份有限公司占3.8%，有8865家。这8865家股份有限公司，多数已经或正在发展成为社会企业。

表2 2018年规模以上私营工业企业情况

企业类型	数量（家）	资产总额（亿元）	主营业务收入（亿元）	利润总额（亿元）
全部企业	235424	263451	343843	21763
户均（万元）		11190	14605	924
其中:有限公司	215123	229072	309506	18956
占比（%）	91.4	87.0	90.0	87.1
户均（万元）		10648	14387	881
股份公司	8865	29329	24352	2102

续表

企业类型	数量(家)	资产总额(亿元)	主营业务收入(亿元)	利润总额(亿元)
占比(%)	3.8	11.1	7.1	9.7
户均(万元)		33084	27470	2371

注：数据源自国家统计局，占比与户均为自己计算。

再看民营企业的个案情况。

案例1　华为[1]——民营企业内部社会化的典型代表

华为创立于1987年，是全球领先的ICT（信息与通信）基础设施和智能终端提供商，致力于把数字世界带入每个人、每个家庭、每个组织，构建万物互联的智能世界：让无处不在的连接，成为人人平等的权利；为世界提供最强算力，让云无处不在，让智能无所不及；所有的行业和组织，因强大的数字平台而变得敏捷、高效、生机勃勃；通过AI重新定义体验，让消费者在家居、办公、出行等全场景获得极致的个性化体验。目前华为约有19.4万名员工，业务遍及170多个国家和地区，服务30多亿人口。

华为的RuralStar系列解决方案已累计为超过50个国家和地区的4000多万偏远区域人口提供移动互联网服务。企业业务助力行业客户数字化转型，打造数字世界底座。全球已有700多个城市、世界500强企业中的228家，选择华为作为其数字化转型的伙伴。

2020年，华为实现销售收入8914亿元人民币，同比增长3.8%，实现净利润646亿元人民币，经营性现金流352亿元人民币，公司整体经营稳健。

在2020年美国《财富》杂志发布的世界500强企业排名中，华为排全球第49位。在全国工商联发布的"2020中国民营企业500强"榜单中，华为排名第一。

---

[1] 信息主要源自华为公司的官网。

华为是一家非上市公司，是 100% 由员工持股的民营企业。员工是华为的创造者和所有者，员工持股计划是华为所有权分配和治理制度设计的基础，华为通过"收益共享、风险共担"机制，团结员工，推动公司向前发展。股东会是公司最高权力机构，股东为华为投资控股有限公司工会委员会（下称"工会"）和任正非。工会作为公司股东参与决策的公司重大事项，由持股员工代表会审议并决策。持股员工代表会由全体持股员工代表组成，代表全体持股员工行使有关权利。2019 年华为通过工会实行员工持股计划，参与人数为 104572 人，占华为员工人数的一半之多。参与人仅为公司员工，没有任何政府部门、机构持有华为股权。任正非作为自然人股东持有公司股份，同时，也参与了员工持股计划。截至 2019 年 12 月 31 日，任正非的总出资相当于公司总股本的约 1.04%。

华为拥有完善的内部治理架构。股东会是公司权力机构，由工会和任正非两名股东组成。工会履行股东职责、行使股东权利的机构是持股员工代表会。持股员工代表会由 115 名持股员工代表组成，代表全体持股员工行使有关权利。持股员工代表会选举产生董事长和 16 名董事，董事会选举产生 4 名副董事长和 3 名常务董事，轮值董事长由 3 名副董事长担任。轮值董事长以轮值方式主持公司董事会和常务董事会。董事会行使公司战略与经营管理决策权，是公司战略、经营管理和客户满意度的最高责任机构。董事长主持持股员工代表会。持股员工代表会是公司最高权力机构，对利润分配、增资和董事监事选举等重大事项进行决策。

从华为的整体情况看，前述关于社会企业的五个基本特征，华为基本已经具备。华为是中国民营企业转变为社会企业的典型代表。

"有人觉得，华为不上市就不透明，哪不透明呢？我们是员工集资，是一种新模式，也可能未来大多数企业会使用这种模式。这种模式和北欧有什么区别？没有区别。换句话而言，我们就是员工资本主义，没有大富翁。"

——2019 年 10 月 15 日，任正非接受北欧媒体采访记录其次,外部社会化。主要表现为企业股权面向企业外部,股权公众化、社会化。特别是上市公司,通过股票发行上市,企业股权公众化、大众化与社会化更加突出,公司股东有几千人到几万人甚至几十万人(包括自然人股东与机构股东)。相当大一部分民营上市公司,其主要投资人、企业家(家族)持股比例已经低于50%,有的只有百分之几。一些民营上市公司,除主要投资人控股外,一些机构股东的持股比例也较高,形成了与控股股东共同控制公司的格局。与民营上市公司股权社会化、管理社会化相对应,公司的经营目标与利润分配也日益社会化。民营上市公司外向的各方面社会化,远高于未上市大型民营企业的内部社会化,它更具备社会企业的所有特征。

中国A股上市公司中,民营企业从1990年的3家,到2000年的296家,2010年的915家,到2017年达到2110家,占全部A股公司的60.9%(见表3)。另外,还有241家(2016年)在境外上市(H股)。再有,到2017年,三板上市公司达到11631家,其中民营企业占95%左右。民营企业中的A股上市公司与境外上市公司,都是股份有限公司,是民营企业股权多元化、公众化与社会化程度最高的公司。特别是其中的特大型民营上市公司,其股权公众化、社会化甚至国际化程度都非常高,它们大都在一定程度上实现了企业社会化,许多正在或已经成为社会企业。

表3 1990~2020年我国A股上市公司数量及民营企业所占比重

单位:家,%

年份	A股上市公司	其中:民营企业	民营企业所占比重
1990	8	3	37.5
2000	981	296	30.2
2010	2014	915	45.4
2015	2799	1552	55.4
2016	3026	1732	57.2
2017	3464	2110	60.9

续表

年份	A股上市公司	其中:民营企业	民营企业所占比重
2018	3560	2178	61.2
2019	3777	—	—
2020	4154	—	—

资料来源：万得数据。

案例2 2016年中国50家最大民营上市公司十大股东持股比重

上市公司的股东持股是最能够反映公司股权社会化情况的。为此，对2016年底中国50家最大市值民营上市公司大股东持股的情况进行了统计计算。这50家公司以国内上市为主，也包括海外上市公司。其中，市值最大的公司是腾讯，2016年底市值为1.61万亿元，现已超过2万亿元。第二、三、四、五大公司分别是阿里巴巴（1.51万亿元）、百度（3957亿元）、民生银行（3197亿元）、京东（2506亿元）。后三位公司即第48位、49位、50位公司是海澜之家（485亿元）、泛海控股（483亿元）和福耀玻璃（482亿元）。从50家最大市值公司前一、前三与前十位股东持股比例看，第一大股东持股比例，平均数为34.0%，中位数为29.6%；前三大股东持股比例，平均数为50.0%，中位数为46.8%；前十大股东持股比例，平均数为62.4%，中位数为63.4%（见表4）。从50家公司前十大股东看，其身份性质各不相同，总体持股比例不相同。其中，境内一般法人持股33.4%，还有国有法人、自然人、外资、基金与理财和香港中央结算（见表5）。境内一般法人，既可能是私营控股的法人，也可能是集体控股的法人，还有性质无法确定的法人。

表4 2016年底中国市值最大50家民营上市公司大股东持股数据（1）

单位：%

项目	第一大股东占比	前三大股东占比	前十大股东占比
平均数	34.0	50.0	62.4
中位数	29.6	46.8	63.4

表5 2016年底中国市值最大50家民营上市公司大股东持股数据（2）

单位：%

按股东类型分类统计平均值（持股占比）					
国有法人	境内一般法人	外资	基金与理财	自然人	香港中央结算
3.8	33.4	9.6	4.1	8.8	2.9

注：50强企业按2016年12月31日总市值计算。部分海外上市企业前十大股东数据缺失，以年报所披露的数据进行统计。

资料来源：Wind资讯。

案例3 A股市值最大前5家中国民营上市公司主要股东持股

选择2020年第3季度市值最大的5家中国民营上市公司，来看其股东的持股情况（见表6）。5家公司的平均股本40多亿股，平均市值在5700多亿元。这5家公司，第一大股东持股比例从24.15%到58.26%不等，前十大股东持股比例从58.15%到83.55%不等。形式上看持股比较集中。但细看后可知：一是这5家公司的第一大股东都是法人公司，非自然人股东，而这个法人公司往往又由多个法人公司和个人持股；二是公司的第二、第三或第四大股东，往往是香港中央结算有限公司，而这个香港公司只是香港几千个或几万个投资者的代表，其中有机构投资者和个人投资者；三是这几家民营上市公司的第三、第五或第十大股东中，有不少是国有机构股东，如中央汇金资产管理有限责任公司、中国证券金融股份有限公司等央企公司，还有地方国有公司；四是未进入前十大股东的较大股东中，有几十上百家基金公司，而基金公司的实际投资人往往在几千人至上万人；五是流通股东总数从8万多户到近30万户（人），其中绝大多数是个人。总体来看，这5家民营公司的股权都是很具有公众性和社会性的，它们已经成为比较典型的社会企业。

表6 2020年第3季度A股市值前5家中国民营上市公司十大股东持股占比情况

上市公司	总股本（万股）	第一大股东占比（%）	前三大股东占比（%）	前五大股东占比（%）	前十大股东占比（%）	流通股占比（%）	股东数（万人/户）
宁德股份	232947	24.53	42.51	52.2	62.41	58.25	13.11
美的集团	704143	31.12	49.9	53.28	58.15	97.64	18.14
比亚迪	286614	25.26	52.86	67.01	76.78	40.0	13.62
海天味业	324044	58.26	74.19	79.09	83.55	100	8.25
恒瑞医药	533200	24.15	50.69	59.68	68.48	99.5	29.22

资料来源：东方财富网。

案例4 民生银行——民营企业外部社会化的典型代表

中国民生银行股份公司是中国内地第一家由民间资本设立的全国性商业银行，成立于1996年1月12日。主要股东包括刘永好的新希望集团、张宏伟的东方集团、卢志强的中国泛海控股集团、王玉贵代表的中国船东互保协会、中国人寿保险股份公司、史玉柱等。

中国民生银行股份有限公司是由民营企业发起设立的全国性股份制商业银行，也是严格按照《中华人民共和国公司法》和《中华人民共和国商业银行法》设立的一家现代金融企业。成立23年（至2019年）来，从当初只有13.8亿元资本金的一家小银行，发展成为一级资本净额超过3800亿元、资产总额超过5.9万亿元、分支机构近3000家、员工近5.8万人的大型商业银行。在英国《银行家》杂志2017年7月发布的全球1000家大银行排名中，中国民生银行居第29位；在美国《财富》杂志2020年8月发布的世界500强企业排名中，中国民生银行居第239位。2000年12月19日，中国民生银行A股股票在上海证券交易所挂牌上市。2009年11月26日，中国民生银行H股股票在香港证券交易所挂牌上市。上市以来，中国民生银行致力于完善公司治理，大力推进改革转型，取得了良好经营业绩，成为中国证券市场中备受关注和尊敬的上市公司。2019年底，民生银行注册资本金438亿元，股本437.8亿股，股东37.3万人（户），户均持股11.7万股。前十大股东持股占60.97%，其中香港中央结算（代理人）公司持股（H股）18.9%（实际由香港非常多的机构与个人持有），大家保险集团所属两家公司（原安邦保险公司所属公司）共持16.79%，泛海集团持4.61%，新希望六和投资公司持4.18%，上海健特生命科技有限公司持3.15%，中国船东互保协会持3.02%，东方集团持2.92%。另外，共有406只基金持股共9.22亿股，占股本的2.1%。总体来看，民生银行实际上已经成为股权相对集中、无任何单独的控股股东、股份高度公众化、社会化的民营公司。

四　西方大公司的资本社会化

西方企业资本社会化是由单个私人家族企业向公司制企业转变的自然结果。公司是人类的伟大发明，其对企业债务承担的有限责任与资本股权的多元化、社会化，从根本上突破了个人家族企业的资本数量局限与管理能力局限，是企业制度的一场伟大革命，推动了企业规模无限扩大。二战以后，西方公司制企业数量与规模获得了空前发展，成为一国经济微观基础的根本性决定力量。资本股权外部化、分散化、公众化、社会化和国际化，既是现代公司综合实力与竞争力提升的内在推动力量，又是现代公司制度发展的必然结果。

二战以后，特别是20世纪70年代以来，西方公司的资本社会化迅速发展。一方面，在内部，许多公司在推行高管与骨干人员持股的同时推行普通员工持股制，让部分普通员工甚至全体员工不同程度地持有公司股权或股票，让普通员工成为企业资本所有者，使普通员工既享受工资分配收益又享受利润分红收益。在20世纪七八十年代的美国，推行员工持股的公司最多时占公司制企业的10%以上。由于其数量多与影响大，美国学者将这一现象称为分享经济，并建立了专门的分享经济学。更有人称之为人民资本主义，一些普通人民都成了资本家。

案例5　美国的公司员工持股计划——员工成为企业股东

从二战之后的20世纪五六十年代开始，美国一些公司逐步推行员工持股计划（见表7）。1974年，美国开始将员工持股纳入法律规范，国会通过了《员工退休金计划保障法》，它以退休金计划的形式出现，但是现职员工持股计划。美国员工持股计划（简称ESOP）主要有三个目标：提供激励机制、为退休提供保障、实行资本积累。在美国，上万家上市公司中大约有50%实行了ESOP，职工所拥有的公司股份从百分之几至百分之十几不等，大约覆盖劳动力人口的25%。美国未上市的私人公司有20多万家，采用ESOP的公司数量比上市公司多，1974~2009年美国实施ESOP公司数量如表8所示。在美国法律框架内，各个公司对员工持股的资格、数量、年限、分红与表决权有不同的要求。据有关研究机构统计，在美国，实行员工持股计划的公司制企业，在资金成本、经营效率、员工收入、员工福利、员工稳定等方面，多数情况下比没有实行员工持股的公司制企业要好，雇员罢工现象大幅度减少。

表7　美国公司员工持股计划历史

年份		主要事件
1797	阿尔伯特·盖莱丁	宾夕法尼亚州
1916	西尔斯公司	第一个ESOP
1929	经济危机导致股市大跌	员工持股基本消失
1970	路易斯·凯尔索	现代意义上ESOP
1974	《职工退休收入保障法》	促进员工持股
1984	《税收改革法案》	
1996	《美国小企业就业保护法》	主要法律
2000	ESOP涉及的资产总值超5000亿美元，占美国公司总净值4%左右	

表 8 美国实施 ESOP 公司数量统计（1974~2009 年）

单位：家

年份	实施 ESOP 公司数量
1974	200
1981	1500
1984	2500
1987	5000
1990	10000
1997	10000
2000	11500
2002	10000
2007	10500
2009	11500

资料来源：ESOP Association，ESOP Facts and Figures，http//www. esopassociation. org，2010。

另外，在公司外部，公司股权向分散化、公众化、机构化、国际化方向发展。过去的单个个人（家族）控股的公司演变为社会化公司，单个个人（家族）持股比例日益缩小，许多小到不足1%，对公司影响力日益减小，有的甚至几乎没有影响力。各类机构持股比例日益提高，而且机构持股者众多、持股比较分散。许多国际著名的公司，单个机构的持股比例也不大，从百分之几到百分之零点几，单个机构股东对公司已经没有控制力。这些机构股东大多数也不是私人公司机构，而各类养老基金、投资基金、基金管理公司、投资管理公司、信托投资公司等，有的还有政府投资机构。这些机构代表的不是某些少数的个人或家族，而是社会大众。比如，养老基金及其基金公司，背后是几百万、几千万甚至上亿人的基金公众；投资管理公司、信托资产管理公司等的背后，是几万、几十万、几百万个（户）各类投资人，这些投资人既有个人，也有机构，而且机构投资者是主体，其中既有高收入者，也有中低收入者，中低收入者占绝大多数。

案例6 美国的养老金持股计划——普通百姓成为公司股东

美国养老金种类繁多、投资渠道广泛。美国养老金由联邦社保基金和形式多样的个人、企业补充养老金构成。联邦社保基金起到养老保障基本支撑作用，其风险承受能力弱，以投资基金保值为首要目的。各类补充养老基金，如地方政府及企业雇主发起的养老基金一般进入资本市场进行长期投资。在美国，人们经常提到的401（K）计划就属于后者的一种。它是由雇员、雇主共同缴费建立起来的完全基金式的养老保险制度。目前大约60%接近退休年龄的美国人拥有401（K）账户。美国养老基金是股市上最大的机构投资者，多数上市公司均被多个养老基金机构持股，且持股比例往往排在前三名，持股比例大的机构还不同程度地参与公司重大决策。联邦政府养老金计划中，股票资产占比较低，仅为9%，但地方政府及企业雇主发起的养老基金大多投向股市。2009年，在州及地方政府高达2.68万亿美元的养老金资产中，股票类占58.3%，共同基金占8.5%。企业雇主型养老计划也大半投向共同基金和股票资产。居民个人退休账户中近一半的资产用来购买共同基金，该账户的参与者通过证券经纪商持有大量的证券资产，如股票和债券等，占比达到36%。这一比例近20年来一直保持稳定。

需要特别指出的是，大型公司、跨国公司成为西方公司发展的决定性力量，有的公司富可敌国，对一国经济甚至世界经济的影响十分重大。这些大型公司，资本股权社会化程度非常高，单个人（家族）控股越来越少，许多已经没有控股权，有的甚至没有高层管理权。各类社会机构成为大公司的主要持股者，主要是养老基金投资机构、共同基金机构、信托投资机构、各类普通基金投资机构等。这些机构，有的派出董事参与公司决策管理，多数机构主要是进行财务投资、不参与公司管理，以使自身的股权资产保值增值。若公司经营前景不好，这些机构就用脚投票，卖出股票，转投其他公司。相当一部分公司，由于股权高度分散化，特别是公司持股数量最多的股东，各自持股的比例很小，许多甚至不派出董事，或没有足够的股份派出董事，因此，它们单个股东一般不具有对公司决策的影响力，公司的主要实际决策与管理基本上操控在高层管理者手中。就是说，这样的公司，最大股东已经与公司管理权没有多大关系。

案例7 美国通用电气公司（GE）——股权高度分散化、社会化

美国通用电气公司是一家百年老店撑起的商业帝国，它的产值占美国电工行业全部产值的约1/4。其前身是1878年成立的爱迪生电灯公司。1892年在摩根财团的出资撮合下，爱迪生电灯公司与一家电力公司等三家公司合并成为通用电气公司（GE）。1896年美国道琼斯指数榜建立，通用电气成为12家最早进入的企业之一，也是这12家企业中至今仍在道琼斯指数榜上的唯一企业。通用电气公司是世界上最大的多元化服务性公司，从飞机发动机、发电设备到金融服务，从医疗造影、电视节目到塑料，通用电气公司致力于通过多项技术和服务创造更美好的生活。目前，公司业务遍及世界上100多个国家和地区，拥有员工20多万人。在2020年世界500强企业中名列第71位，销售收入达952亿美元。现在，通用电气公司早已不再是某个人或某个家族的企业，早已成为股权高度分散、单个投资人（家族或机构）对公司影响非常小的公司。到2015年底，通用电气公司的第一大股东为美国的先锋集团，持股5.88%，前五大股东持股14%，前20名股东持股比例为29.7%，这些股东都是机构股东，没有个人（家族）股东。而先锋集团是世界上第二大基金管理公司，在全世界（美国为主）管理着4000多亿美元的个人资产，为全世界（美国为主）2000多万人提供投资服务。通用电气公司曾经宣传："37万个股东把储蓄投资在通用电气公司，这是美国的典型，美国近乎每一个人民都是资本家。"

案例8 《全球企业控制情况》

2020年6月,美国金融协会会刊《金融学杂志》发表了伦敦商学院两位研究人员Gur Aminadav和Elias Papaioannou的学术文章《全球企业控制情况》("Corporate Control around the World")。文章对全球上市企业的所有权和控制权情况进行了系统梳理。作者基于穆迪下属商业智能和公司信息供应商的数据库,研究了2004~2012年全球134个国家(地区)46699家上市公司。

作者对这些样本进行了细分,其中2012年子样本包括85个国家(地区)的26843家上市公司,这些国家(地区)覆盖了95.2%的全球GDP和85%的全球人口;85个国家(地区)的上市公司市值覆盖度平均数(中位数)为83.1%(85.7%),上市公司数量覆盖度平均数(中位数)为64.4%(65.5%)。文章对2012年85个国家(地区)26843家上市公司的所有者进行深入追踪和分析,最终可以定位到80607个最终持股股东。

表9是85个国家(地区)26843家公司的80607个股东的类型、数量及占比情况,从中可以看到,相当大部分公司的股东的社会化情况。

表9 2012年样本上市公司的最终持股股东类型

单位:家,%

序号	股东类型	股东数量	占比
1	个人或家族	36823	45.7
2	私营非上市企业	25210	31.3
3	上市公司	2295	2.85
4	公募基金、养老金、信托	12007	14.9
5	银行	1343	1.7
6	私募股权基金、创投基金、对冲基金	655	0.8
7	政府	75	0.1
8	其他	2199	2.7
	合计	80607	100

表10是这些公司控股情况,也可以部分地看到公司持股结构的多元化与社会化。

表10　2012年样本上市公司受控情况

单位:%

类型	子类	数量占比	小计	市值占比	小计
股权分散	有持股5%以上股东	44.7	53.7	43.0	58.2
	无持股5%以上股东	9.0		15.2	
有控制人	家族控制	16.4	46.4	14.7	41.8
	政府控制	4.8		13.8	
	私人控制	15.5		3.6	
	股权分散的私人公司控制	2.9		3.4	
	股权分散的上市公司控制	6.8		6.3	

表11是85个国家(地区)中13个主要国家(地区)上市公司的各类股东及其持股情况。

表11　主要国家(地区)上市公司的前一、三、五大股东的持股情况

单位:家,%

国家(地区)	企业数量	第一大股东平均持股比例	前三大股东平均持股比例	前五大股东平均持股比例
澳大利亚	1347	22.1	32.9	36.8
加拿大	2019	25.5	31.6	32.2
中国	1679	37.1	47.6	50.3
法国	788	46.4	60.2	63.3
德国	722	45.3	56.8	59.1
中国香港	694	37.9	49.2	51.6
印度	1478	27.3	35.7	38.4
日本	1452	28	32.5	34.1
韩国	817	21	24.1	24.4
俄罗斯	436	53.1	70.7	73.5
中国台湾	962	12.3	18.7	21.6
英国	1347	19.5	31.9	37.1
美国	4461	21.4	30.5	33.9
85个国家(地区)汇总	26843	—	—	—
平均数	—	41.3	53.1	56
中位数	—	42.6	52.6	55.6

表12 主要国家（地区）上市公司各类型股东持股情况

单位：%

国家（地区）	有控股人企业	政府控制	家族控制	私人控制	股权分散私人公司控制	股权分散上市公司控制	持股5%以上	无持股5%以上
澳大利亚	23.3	0.3	4.6	11.8	1.7	4.9	71.6	5.1
加拿大	26	0.3	12.5	7.7	2	3.4	70.7	3.4
中国	72.2	23.2	17.3	29.5	1.9	0.4	21.3	6.4
法国	68	2.9	29.2	24.9	5.8	5.2	29.8	2.2
德国	68.7	3.6	26.2	25.3	6.4	7.2	28.5	2.8
中国香港	59.1	4.3	20.6	30.3	1.2	2.7	36.7	4.2
印度	47.2	5.6	21	13.6	0.9	6.1	40	12.8
日本	47.3	1.4	4.2	7.9	2.1	31.7	43.5	9.2
韩国	35.6	1.2	17.4	5	1.1	10.9	49.9	14.4
俄罗斯	78.4	26.6	16.7	25.9	5.3	3.9	20.2	1.4
中国台湾	42.7	1.2	13.4	19.3	3.6	5.3	47.8	9.5
英国	20.6	0.9	10.1	5.7	1.2	2.7	66.3	13.1
美国	28.4	0.2	16.2	6.2	3.4	2.4	57	14.6
85个国家（地区）汇总								
平均数	63.1	8.7	17.4	19.8	5.7	11.6	31.5	5.3
中位数	65.9	5.3	16.7	18.4	3.6	6.9	29.3	4.2

案例9 美国大公司重新定义公司目的

2019年8月19日，181家美国公司首席执行官联合签署了《公司宗旨宣言书》，宣称：股东利益不再是一个公司最重要的目标，公司的首要任务是创造一个更美好的社会。在这份宣言中，包括贝佐斯、库克等在内的引领美国商业的CEO们集体发声：一个美好的社会比股东利益更重要。作为一个具有社会责任意识的企业，公司领导团队应该致力于达成以下几个目标：向客户传递企业价值，通过雇佣不同群体并提供公平的待遇来投资员工，与供应商交易时遵守商业道德，积极投身社会事业，注重可持续发展，为股东创造长期价值。

这是西方公司发展历史上一个重大的标志性事件，它标志着西方现代公司经营行为的根本目的，从过去主要为公司股东创造利润，开始转变为将公司利益的实现融入国家与社会利益的实现之中，这才是股东的最大和最长远利益。《公司宗旨宣言书》不仅会对美国大公司产生重大影响，还会对世界各国大公司产生深远影响。其中的一个重大而深远的影响是，深刻推进世界各国大公司向更加社会化即社会企业的方向发展。以下是宣言书全文。

"公司的目的"的宣言[1]

美国人民应该拥有这样一种经济，让每个人通过努力工作和创造力获得成功，并过上有意义且有尊严的生活。我们认为，自由市场体系是对所有人提供良好的就业机会、壮大可持续经济、实现创新和健康环境的最佳手段。

企业通过创造就业机会，促进创新并提供必需品和服务，在经济中发挥着至关重要的作用。企业制造和销售消费品、制造设备和车辆、支持国防、种植和生产食物、提供医疗保健、产生并提供能量，并提供支持经济增长的金融、通信和其他服务。

虽然每个公司都有自身的目的，但我们对所有利益相关者都有着共同的承诺。我们承诺。

为客户提供价值。我们将进一步推动美国公司在满足或超越客户期望方面的传统。

投资我们的员工。首先是给予他们公平的薪酬并提供重要的福利。这还包括通过培训和教育为他们提供支持，帮助他们为适应快速变化的世界而发展新技能。我们促进职场的多样性和包容，捍卫每一位员工的尊严和利益。

与供应商公平合理地进行交易。我们致力于成为其他公司（无论规模

---

[1] STATEMENT ON THE PURPOSE OF A CORPORATION。

大小）的良好合作伙伴，帮助我们实现自身的使命。

支持我们工作的社区。我们尊重社区中的人，通过我们业务的可持续性实践来保护环境。

为股东创造长期价值。为股东提供公司投资许可、发展和创新的资本。我们致力于提高透明度，与股东进行有效接触。

我们的每一位利益相关者都是至关重要的。我们致力于为所有利益相关者提供价值，使我们的公司、我们的社区以及我们的国家未来取得成功。

五　社会企业的三类理论阐述

从各国情况看，在不同国家制度、不同历史时期、不同政策条件背景下，产生了不同的社会企业。这些不同的社会企业，具有十分重大甚至是根本的区别，但又有相当大程度的共同性。与不同的社会企业相对应，形成了关于社会企业的不同理论阐述，比较重要的大致有三种。

（一）南斯拉夫的社会企业理论

1945 年，南斯拉夫社会主义革命胜利后，国家建立了生产资料公有制。最初采取的是国家所有制的形式，除手工业外，全部工业生产资料都归国家所有。1950 年 6 月，南斯拉夫公布了《关于劳动集体管理国家经济企业和高级经济联合组织的基本法》，法令规定在全国工矿和交通运输企业中建立工人委员会，把国营工厂的管理权交给工人，并宣布将生产资料的国家所有制改为社会所有制。从此，南斯拉夫正式脱离了苏联制度与意识形态，走自己的独立发展道路，在全国实行了工人自治制度，用社会所有制取代了国家所有制。南斯拉夫认为，国家所有制是社会主义公有制的低级形式，它只是实现了劳动者对社会生产资料的间接管理，应当向高级形式过渡，即向社会所有制发展，由劳动者直接管理社会生产资料。社会所有制也是一种公有制，但不是全民所有制和国家所有制，也不是集体所有制。在社会所有制下，生产资料不属于企业工人集体，不属于任何个人和机构，也不属于国家和政府，而是归整个社会公有。由使用生产资料的劳动者来管理这些生产资料，社会委托企业工人代表社会管理这些生产资料，这就是工人自治制度。劳动者只有首先参加劳动，才能参加对社会所有的生产资料和资金的管理，并以按劳取酬、多劳多得的原则得到个人收入。南斯拉夫实行的以社会所有制与自治为基础的社会市场计划体制，在很大程度上消除了传统的高度集权的经济体制的弊端，为生产力快速发展开辟了广阔前景。在脱离苏联、实行社会所有制与自治制度后的近 30 年中，南斯拉夫社会产品年平均增长速度超过 6%，工业生产年平均增长近 10%，个人实际收入总额增长了 4 倍多。这样的发展速度明显高于当时的苏联阵营多数国家，说明在南斯拉夫实行社会所有制总体是成功的。

（二）西方国家的社会企业理论

二战后在西方国家出现的是资本主义式的社会企业。它有各种各样的企业表现形式。西方学者对这些不同类型的企业进行了理论分析，提出了不同的理论概括与阐述。

财富双因素论。美国著名经济学家、律师凯尔索最早提出了员工持股计划，他于 1958 年与他人合作发表了《资本主义宣言》，1986 年又与他人合著了《民主与经济力量》，比较系统地提出了财富双因素论，或称为双因素财富观，认为财富是由资本与劳动共同创造的，解决资本主义社会的矛盾与困境，必须推行公司员工持股计划，让员工也成为"资本家"，享受劳动的收入与资本的收入。他主张建立双因素经济或民主资本主义经济，提出三个原则——财产权原则、参与原则和有限原则，国家必须"采取同时承认人们成为资本工人和劳动工人的经济政策"。

分享经济论。由美国经济学家马丁·魏茨曼（Martin Weitzman）提出,他于1984年出版了《分享经济论》一书,系统阐述了工人报酬的工资制度与分享经济的区别与优劣,建议实行分享经济制度,通过公司员工持股计划,使工人的所得由固定工资与利润分享两部分构成,以根本解决工人与资本家的矛盾,进而解决资本主义社会经济滞胀的矛盾。

民主公司论。由美国的艾勒曼在《民主的公司——马萨诸塞州新工人合作条例(1983)》中提出,这种公司是由民主的工人拥有的公司,是员工持股制基础之上的员工自治的员工股份制企业。

利益相关者论。由美国布鲁金斯学会的布莱尔于1995年在其《所有权与控制权——面向21世纪公司的治理探索》一书中提出,公司的所有权由出资者、经营者、债权人、职工、供应商、消费者等利益相关者共同分享,其中最重要的是实行员工持股制与员工分享制。

第三条道路论。它在20世纪末出现在欧洲,英国伦敦经济学院院长吉登斯于1998年出版了《第三条道路》一书,提出了超越于"左与右""社会民主主义与新自由主义"的第三条道路,主张广泛推行员工持股方案。随后,美国学者盖茨(律师)于2000年出版了《所有制的出路——走向21世纪的共享资本主义》一书,主张将个人良知与市场资本主义结合起来,改造所有制,"重构资本主义",走第三条道路,通过实行员工持股制,在所有制方面把少数人的所有权扩大到多数人。

以上各种理论,都大致趋向于一个方向:由于是劳动与资本共同创造财富,必须通过采取员工持股、股权社会化公众化,实行民主的资本主义、经济的民主制度、分享的经济制度、共享的资本主义等,以实现劳动与资本共享财富,这就是区别于旧式资本主义与传统社会主义的第三条道路。

(三)中国的社会企业理论

关于什么是社会企业,中国的学者们基于对马克思主义经典理论的不同理解、在不同的历史条件下对不同对象的分析,形成了不同的观点与理论。

一是社会所有制就是社会主义所有制。这主要是基于对马克思主义经典的不同理解得出的结论,以于光远、董辅礽等学者为主要代表。马克思在《资本论》中指出:"那种本身建立在社会生产方式的基础上并以生产资料和劳动力的社会集中为前提的资本,在这里直接取得了社会资本的形式,而与私人资本相对立,并且它的企业也表现为社会企业,而与私人企业相对立。"中国的一些学者认为:国有制是公有制的初级形式,生产资料归国家所有,企业按国家计划生产经营,劳动者对生产资料是间接管理;社会所有制是公有制的高级形式,生产资料归全社会(或各个分层的社会的集合)所有,企业自己根据社会需要进行生产经营,劳动者对生产资料是直接管理。在中国,集体企业与合作社企业,在有真正独立产权与充分自主权的条件下,也是一种社会企业,是集体或合作社范围内的社会企业。

二是股份制是社会所有制的重要表现形式。中国人民大学教授何伟认为,股份制是实现社会所有制的一种好形式。首先,股份制的定性是扬弃私人性,确立社会性。股份制的功能使私人资本社会化,使垄断资本分散化,最后达到资本社会化。资本社会化是股份制的基本特征。其次,股份公司把资本家作为多余的人排斥在企业管理之外,实行社会管理。除了社会生产、社会资本、社会财富、社会企业外,管理职能的社会化表明股份制更具有社会性。最后,股份制是向新的生产方式的过渡点。马克思主义经典作家把股份制看作合作工厂,是由资本主义生产方式转化为联合生产方式、私有财产转化为直接的社会财产的过渡点。这是对股份制历史地位的界定。关于股份制姓"社"姓"资"的争论,四川省社会科学院研究员林凌认为股份制经济是社会所有制经济。股份制本身既不姓"资",也不姓"社",而是姓"中",中性概念的"中"。通过股份制这种组织形式组成的股份制经济,既可以存在于资本主义私有制条件下,也可以存在于社会主义公有制条件下,它本身既不姓"私",也不姓"公",而是姓

"社"——社会所有制。它既可以将私有资本组合为社会资本,也可以将公有资本(包括国有资本)组合为社会资本。因此,股份制经济是社会所有制经济。基于这一点认识,一些学者认为,在改革开放以来推行的股份制改革中,形成了各种类型的股份制企业,既有国有控股的股份制企业,也有集体控股、私营控股的股份制企业,还有社会机构(非国有、非私营、非集体)控股的股份制企业,还有无任何真正控股股东的股份制企业,它们在不同程度上都属社会所有制企业,或社会企业。

三是"半经营半公益"的社会企业。学习与借鉴英国及其他欧美国家发展社会企业的理论与实践经验,进入21世纪以来,中国也有部分人士和企业、机构开始主张、研究、尝试发展中国式的"半经营半公益"的社会企业。这类企业的性质也是"以商业为手段,实现社会目的",强调运用商业工具和方法去实现一定社会目标,通过商业活动创造收入,为完成一定社会目标任务提供资金支持,其主要目标是既创造市场收入,保障创收的可持续性,又支持社会公益事业目标实现,保障公益活动的可持续性。公益活动主要包括:满足社区需要、满足部分弱势群体需要、创造就业机会、提升就业技能等。据有关机构资料,深圳市中国慈展会发展中心、北京大学公民社会研究中心、中国公益学院等机构联合组建了中国社会企业认证机构,到2018年底正式认证了234家社会企业,另外还有几百家在申请认证。这些企业,2/3为企业法人,1/3为社会法人。近年来,这类社会企业又有新的发展。自称为社会企业者可能已达几千家甚至上万家,尽管人们对这类企业的功能、作用、性质与范围仍存在争议,但其在各地正在逐步发展,也得到地方政府和社会的支持。

四是民营企业中正在逐步产生社会企业。改革开放后在大型民营企业中逐步产生了各种社会企业。当前,民营社会企业尚正在产生过程中,人们的关注还不多,尚未形成公开的、正式的、比较系统的理论。但基本上可以将这类民营社会企业概括为——在私营企业、私营公司基础上产生和出现的，在股权上，对内推行职工持股制，对外推行股权公众化与社会化；在管理上，企业管理层来源社会化、经理层职业化，企业股东权利与企业经营管理权利日益分开；在企业经营目标上，是股东利益最大化同国家与社会利益一致化；在企业利润分配上，利润为公众与社会股东共享，控股股东社会责任担当日益扩大；等等。民营企业中产生的社会企业，是一种新生事物，它将得到快速发展，成为中国企业的一种重要组织形式，深刻改变着中国经济的微观基础结构，对未来经济、社会、文化发展产生重大而深远的影响。

六 民营企业向社会企业转变的经济社会意义

在西方各国，私人（家族）企业向社会企业的转变已经在经济、社会、政治中产生了十分重大的影响，不仅深刻地改变了西方经济的微观基础，也深刻地改变了西方国家的分配结构与社会关系，成为西方社会长期发达、繁荣、稳定的重要推动力量。中国的民营企业向社会企业转变，虽然只是最近十多年的事，其范围还限于部分大型民营企业之内，其影响尚不十分明显；但从其发展趋势及未来可能的影响看，其经济、社会、政治、文化意义是非常重大的。

一是有利于推进民营企业做大做强、做好做长。社会企业中公司股权的社会化，从根本上突破了私人（家族）资本的内在局限，无限地扩大了企业的资本来源，为私人（家族）企业转变为公司制企业、转变为上市公司、转变为跨国公司，创造了资本来源与规模扩大的根本条件。社会企业的公司管理层来源社会化，从根本上解决了私人（家族）自身管理人才来源数量与质量的局限问题，推动了公司内部职能分工合理化、管理专业化与科学化，为公司扩大经营与员工规模、延伸产业链条、多层级系统管理、跨产业跨地区跨国管理创造了根本条件。社会企业中的管理层持股与员工持股，企业利润按股分红，将企业大股东利益与管理层（股东与管理者）利益和员工（股东与劳动者）利益进一步紧密结合，形成利益共同体，为构建和谐的企业内部关系创造了重要条件。社会企业中公司股权的社会化机构化，以及企业更加注重承担各类社会责任，促进了公司正确处理各种外部关系，包括与社会机构股东、商业客户、消费者、社区、政府等的关系，进一步形成和谐社会关系。纵观西方成功的大公司，即做大做强做长的公司，基本是社会化程度很高的公司。中国民营企业向社会企业转变的过程，也是走向这样公司的发展过程。

二是有利于发展混合经济，优化所有制结构。近年来，中国企业改革的一条重要路径为发展混合经济，即发展混合所有制企业。发展混合所有制企业，既包括国有企业吸收个人资本、私营企业资本、外资企业资本和社会机构资本建立国有控股与不控股但持大股的混合企业，也包括民营企业吸收国有资本、集体资本、外资资本、社会机构资本建立以私营控股或无控股者的混合企业。从实质意义上讲，这两类混合企业，都在相当程度上是发展中的社会企业。前者是国有资本吸收各类社会资本，成为国有控股或主导的社会企业，后者是私人资本吸收各类社会资本，成为私人控股或主导甚至非私人的社会机构主导的社会企业。两类社会企业的发展，都有利于混合经济的发展，有利于优化我国的所有制结构，有利于从根本上消除单一国有制经济与单一私营经济带来的经济社会发展问题与矛盾。通过发展混合经济，发展社会企业，今后中国企业的所有制结构可能是：在国有经济中，国有独资企业是少数，国有控股的混合企业较多，国有不控股或起主要作用或发挥第一重要作用的混合企业更多；在私有经济中，小型企业基本上是私人独资企业，多数中型企业和部分大型企业是私人独资或控股企业，相当部分大型企业是私人控股的社会企业，还有部分大型企业是私人不控股但起主导作用或发挥第一重要作用的社会企业；在非国有、非私有经济中，相当一部分大型企业是由各类非国家非集体非个人的社会机构控股或起主导作用的社会企业。从长期发展来看，这样的企业所有制结构，是最符合中国社会主义市场经济发展规律与内在要求的、最优的企业所有制结构。

三是有利于改善社会收入分配关系，缩小贫富差距。收入分配关系失衡、贫富差距拉大，是当今社会最为突出的矛盾之一。这既来源于垄断行业、垄断企业的管理人员与普通正式员工的收入明显高于其他行业其他企业，更远高于社会平均工资收入；也来源于私人企业利润与私人财富的超常快速增长，而大量私营企业普通员工特别是农民工工资收入长期增长缓慢，低收入群体庞大、人数众多，而这些人大都集中在私营企业。发展社会企业，通过实行员工持股，推行股权公众化与社会化，使员工能够分享企业利润，使社会公众能够分享企业发展成果，进而提高普通员工与普通社会公众的收入所得，改善社会第一次收入分配关系。

四是有利于促进民营企业承担社会责任，促进共同富裕。追求利润最大化是市场经济条件下私营企业的自然特性，由此带来社会对私营企业自私性、逐利性的广泛批评。发展社会企业，通过提倡与强化社会企业更多地承担社会责任，可以有效地推动私营企业主、公司私人大股东，更加注重控股股东利益与其他股东利益特别是社会小股东利益的一致性，更加注重企业利益与员工利益关系的一致性，更加注重企业利益与社区利益的一致性，更加注重企业利益与社会利益和国家利益的一致性，真正把企业发展利益建立在公平大小股东利益、保障员工利益、增进社区利益、维护社会与国家利益的基础之上。

五是有利于推动企业慈善捐赠，发展社会公益事业。中国的社会公益与慈善事业发展明显滞后于整个经济社会的发展，这是社会收入分配失衡的一个结果与重要表现。改革开放以来至21世纪初，社会公益慈善事业并未引起国家与社会的重视，私营企业参与的不多，贡献也不大，为此，受到了社会的批评与诟病。最近十多年，中国公益慈善事业发展迅速，民营企业在这方面的表现越来越突出，贡献越来越大，已经成为进行社会公益慈善捐赠的主体。其中发挥作用大的往往是正在向社会企业转变的大型民营企业。正在向社会企业转变的大型民营企业，比一般民营企业更加重视积极承担社会责任，企业家个人（家族）的财富观、价值观也正在发生重大转变，他们更加看重参与社会公益慈善捐赠对个人（家族）人生价值的提升与实现的重大意义。许多民营企业，特别是正在向社会企业转变的大型民营企业，通过各种形式的企业与个人捐赠，大大地促进了我国社会公益慈善事业的发展，明显促进了社会扶贫事业的发展、精准扶贫的实现，从而在改善社会第三次收入分配关系、改变社会贫富差距扩大趋势上发挥着重大作用。

七　推动大型民营企业向社会企业转变的若干建议

大型民营企业向社会企业转变，在中国还是一个新生事物，许多方式、途径与做法，还在探索与发展过程之中。国家与社会要积极支持、保护和鼓励社会企业发展，为其健康发展提供良好的环境条件。

一要高度重视发展社会企业的重大深远意义。大型私人（家族）向社会企业转变，对西方国家已经产生了重大而深远的影响，深刻地改变了主要资本主义国家的经济微观基础结构、社会收入分配结构与社会阶层结构，明显缓解或化解了阶级与阶层矛盾，为其经济社会长期稳定发展提供了重要的微观基础条件。中国部分大型民营企业正在向社会企业转变，前述的五个方面的经济社会意义正在逐步显现，其政治、文化与国际意义也将逐步显现。国家有关部门要高度重视、认真研究这一转变过程及其产生的对我国经济、社会、文化政治的重大影响，适应其客观变化趋势与发展规律，及时采取科学政策，予以合理引导。

二要鼓励民营企业积极推行员工持股制度。员工持股是民营企业向社会企业转变的重要途径，已经在部分大型民营企业中有了成功的实践。但是，目前民营企业推行员工持股，许多缺乏必要规范，方式方法各样，有的办法简单粗糙，有的随意性较强，有的只限少数高管人员。为推进国有企业改革，国家出台了国有企业改制中推行员工持股的专门政策。相应地，国家应当根据民营企业的特点，制定民营企业员工持股的相关政策，引导民营企业规范有序地实施员工持股计划。要把员工持股与保持员工队伍稳定结合起来，推动员工在企业长期持股、长期工作。对用员工工资收入购买企业股份进行长期员工持股的，可采取税前抵扣办法予以鼓励。

三要推动养老金持股大型民营公司企业。养老金进行公司股权投资，既可保值增值，又可改善公司治理结构。这在西方国家已经有一套成功做法、成熟经验、完整制度，值得我国借鉴。近十多年来，我国养老金对上市公司进行股权投资已经取得重大进展，基本实现了保值增值。今后，养老金要扩大对大型民营企业的股权投资，一方面，要提高对上市公司中民营企业投资的比重，另一方面，对未上市的长期效益好、信誉佳的知名民营企业，也可进行股权投资。要发挥养老金在支持与推动重点行业关键领域发展中的作用，对一些在产业发展上有重大影响、在关键领域起引领作用的民营企业，更可进行较大份额的股权投资，达到一定份额后，还可派出董事，参与企业管理，更大地发挥作用。

四要鼓励机构投资者持股大型民营公司。机构投资者持股，对扩大公司资本规模、完善公司治理结构、提高公司战略决策水平、稳定公司发展预期等都有重大作用，中外公司发展的历史都证明了这一点。这对正在向社会企业转变的大型民营企业尤其重要。除养老基金外，国家要制定政策，支持与鼓励国有的产业投资基金、社会的风险投资基金、各类公募与私募基金、各种信托投资等机构，参股、持股、持大股甚至控股大型民营企业，这将进一步降低民营企业的个人（家族）属性，扩大企业的公众性与社会性，推动企业以更高眼界、更广视野、更深思维谋划企业发展，推动企业做大做强、做好做长。

五要鼓励国有与民营相互融合，建立社会企业。随着国有企业推行混合所有制改革，部分大型民营企业向社会企业转变，这两类企业相互参股持股、相互融合成新型的混合企业，这也是一种社会企业。既可打破单纯国有与单纯私人的界限，又可发挥国有与民营各自的优势。这类混合的社会企业，可能是未来中国特色社会主义市场经济微观主体中重要而活跃的一员。国家要鼓励这类企业的发展，将发展这类企业作为推进国有企业混合所有制改革和推进民营经济发展的一条途径，提出针对性政策，鼓励其发展。

六要发挥民营企业在社会公益慈善事业中的重大作用。民营企业已经成为我国社会公益慈善事业发展的重要主体，在全国的公益慈善捐赠中，民营企业已经占据大半壁江山。在民营企业参与社会公益慈善事业中，社会性强、公众性强的民营企业，比起其他一般民营企业，积极性、主动性往往更高，实际的贡献力度与额度往往也更大。国家要大力支持与重点鼓励这类民营企业在公益慈善方面发挥更大作用。要允许这类企业比较自由与自主地创办慈善基金、慈善机构，充分尊重其独立自主权、自由发展权，禁止一切非法行政干预。对在公益慈善捐赠中贡献大、影响广、声誉高的企业与企业家，国家与社会要表彰其大善行为、授予其崇高荣誉。

七要完善财产继承法律，支持家族财产的社会性承继。目前，已经有一些企业家私下或公开表示，自己退休或百年之后，要将个人（家族）财产的部分、大部分甚至全部捐赠给社会。随着社会的发展，特别是社会企业的发展，有这样的想法、着手筹划甚至付诸实施的企业家将日益增多。个人（家族）和企业涉及的捐赠金额，少则几百万几千万元，多则可能几亿几十亿几百亿甚至上千亿元。这对个人、家族、社会与国家来说应当是一件好事情。但是，当前面临如何科学合理地处理这类事情，比如这类财产特别是企业股权，如何捐、捐给谁、捐后谁来管、如何管，国家对此应有什么样的支持与监管政策，等等。现在的做法是各式各样。作为一个新生事物，应当允许进行各种形式的探索。作为影响越来越大的一个社会积极现象，要超越家庭财产继承法律的界限，支持与鼓励个人（家族）财产的社会性承继，要及时研究与制定支持、保护与合理监管政策，推动其健康发展。

八要在社会舆论上支持民营企业向社会企业发展。曾经中国民营企业面临的社会舆论环境一直并不太好。受传统观念影响，目前仍有不少人以有色眼光看待民营企业，在政治上、道德上、观念上贬低甚至否定民营企业。在不少大型民营企业已经或正在走向公众化、社会化的今天，要通过各种舆论工具，传播与展示这些企业的发展变化，它们已经与过去的私人企业有重大区别：它们是经济发展的重要贡献者、社会就业的重要贡献者、产业发展的重要贡献者、国家税收的重要贡献者、人民共同富裕的重要贡献者、公益慈善事业的重要贡献者；它们在推动投资公平、分配公平、社会公平上，都发挥着不可替代的作用。

（本文由北京大成企业研究院副院长陈永杰撰写。）

国有控股混合企业与社会企业

中国的社会主义国有企业产生于1949年后。中华人民共和国成立初期，主要通过三条途径逐步建立起了在国家经济发展中起决定性作用的国有企业。一是没收了国民党政府的企业，即俗称的官僚资本企业，将其变为国有企业；二是通过公私合营改造逐步将国民党时期的私营企业改变为国有企业，即对民族资本的社会主义改造；三是逐步投资建立了部分新的国有企业。改革开放之前，国有企业均称为国营企业，即国家（政府）直接经营管理的企业；之后直到20世纪90年代逐步称为国有企业，即国家（政府）所有制或国家（全民）所有制企业。

一 中国国有企业资产数量增长历史简况

总体来看，新中国成立70多年来，中国国有资产的总量逐年大幅度上升，其增长速度惊人。改革开放前，企业国有资产在总量上升的同时，在国内企业资产中的占比也是上升的，最高时达到80%以上。改革开放之后，企业国有资产总量仍然快速上升，但占国内企业资产的比重则逐年下降，目前占全国企业资产总额的近60%。

（一）改革开放之前的国有企业资产

根据国家统计局数据，1952年，全国职工人数为1603万人，其中全民所有制单位职工有1580万人，占全国职工的98.6%；全国国营企业年底固定资产原值240.3亿元，其中工业资产107.2亿元，占44.6%，运输和邮电资产115.2亿元，占全国的47.9%。

1965年，全国职工人数为4965万人，其中全民所有制单位职工有3738万人，占全国职工的75.3%；全国国营企业年底固定资产原值1445.8亿元，其中工业资产961亿元，占66.5%，运输和邮电资产337.9亿元，占23.4%。

（二）改革开放之后的国有企业资产

根据国家统计局数据，1978年，全国职工人数为9499万人，其中全民所有制单位职工有7451万人，占全国职工的78.4%；全国国营企业年底固定资产原值4488.3亿元，其中工业资产3002.2亿元，占66.9%，运输和邮电资产824.1亿元，占18.4%。

1990年，全国职工人数为14059万人，其中全民所有制单位职工有10346万人，占全国职工的73.6%；1989年全国国营企业年底固定资产原值13394.7亿元，其中工业资产8609.7亿元，占64.3%，同年运输和邮电资产2079亿元，占15.5%。

2000年，全国城镇单位就业人员11738万人，其中国有单位8203万人，占全国的69.9%。全国规模以上工业企业资产总额126211亿元，其中，国有及国有控股企业资产总额为84014.94亿元，占66.6%。

2019年，全国城镇就业人员44247万人，其中国有单位就业人员5473万人，占12.4%。2020年，全国规模以上工业企业资产总额为1188318亿元，其中，国有及国有控股企业资产总额为476078亿元，占40.1%。

20世纪90年代后,国家没有公布全国国有企业资产总体情况数据,只有规模以上国有工业企业的资产情况数据较全,其他行业国有资产数据不全或者缺乏。2018年后,国务院连续3年向全国人大报告全国国有资产总额情况。以下是根据国务院报告和第四次全国经济普查相关数据概括的2018年全国国有企业资产总体情况。

(三)2018年国有企业资产

2018年,国有控股企业资产占全国企业资产总额(859.6万亿元)的56.3%,其中,占非金融类企业资产总额的41%,占金融类企业资产总额的82%。

根据第四次全国经济普查数据(见表1),到2018年底,全国非金融类企业的资产总额为5377772亿元。其中,国有控股企业资产总额为2198139亿元,占全国的40.9%;外资企业为507176亿元,占比为9.4%;私营企业为1341347亿元,占比为24.9%;全部民营企业为2672907亿元,占比为49.7%。

表1 2018年全国各经济类型企业经营性资产数据

单位:亿元

行业	全国资产	国有控股企业	国有企业	外资企业	私营企业	民营企业
工业	1153251	456504	31416	219165	263451	*477582*
建筑业	342356	129153	39225	2560	60814	*210643*
房产开发	1005947	312925	104232	81861	285574	*611161*
批零住餐业	555568	90789	12828	59438	244485	*405341*
文化产业	172198	62503	7077	16533	75534	*93612*
服务业	2148452	1146265	134760	127619	411489	*874568*
资产总和	*5377772*	*2198139*	*329538*	*507176*	*1341347*	*2672907*

注:①数据均来自第四次经济普查年鉴,斜体数均为推算数;②工业为规模以上工业企业,规模以下无各类型企业相关数据;③建筑业、房产开发、批零住餐业三行业中的国有控股企业资产,为同行业股份制企业资产的1/3(可归类为国有控股企业的估计数)加国有企业资产;④文化产业为扣除文化制造业(因属于工业制造业)后的数据,均为控股企业数据;⑤民营企业资产为除国有控股企业资产和外资企业资产外的其他所有企业资产(下同)。

另根据2019年国务院向全国人大提供的国有资产管理情况报告（见表2），2018年，全国非金融类国有控股企业资产总额为210.4万亿元，与根据第四次全国经济普查数据（部分做了一定合理假设）推算的220万亿元基本一致。

表2 2017～2019年中国国有资产管理数据

单位：万亿元，%

项目	2019年	2018年	2017年
企业国有资产（非金融）	233.9	210.4	183.5
权益资产	64.9	58.7	50.3
负债资产	149.8	135	118.5
资产负债率	64	64.2	64.6
全国金融企业资产	293.2	264.3	241
权益资产	20.1	17.2	16.2
负债资产	262.5	237.8	217.3
资产负债率	89.5	90	90.2
两项企业资产总额	527.1	474.7	424.5
权益资产	80.0	75.9	66.5
负债资产	412.3	408.8	335.8

资料来源：2017年度、2018年度、2019年度国务院关于国有资产管理情况的综合报告。

根据第四次全国经济普查数据，2018年全国金融业企业法人单位资产总额为321.8万亿元，其中系统内企业资产总额为290.5万亿元（见表3）。根据2019年国务院向全国人大提供的国有资产管理情况报告，2018年，全国金融类国有控股企业资产总额为264.3万亿元，占全国金融业企业法人单位资产总额（321.8万亿元）的82.1%。

表3 2018年金融业企业法人单位主要指标

行业	单位数（个）	资产总计（亿元）	负债合计（亿元）	营业收入（亿元）	从业人员（万人）
总计	137296	3218309.0	2743439.6	137185.9	1818.0
货币金融服务	38556	2642776.1	2416218.1	70426.9	414.8
其中:系统内	12502	2583075.6	2378835.7	65940.8	390.2

续表

行业	单位数（个）	资产总计（亿元）	负债合计（亿元）	营业收入（亿元）	从业人员（万人）
资本市场服务	66928	223257.5	108405.4	8564.3	67.3
其中:系统内	25350	103270.7	64552.3	6725.5	54.8
保险业	17941	184159.4	163461.6	45734.9	1308.0
其中:系统内	15518	183965.0	163391.1	45682.2	1307.0
其他金融业	13871	168116.0	55354.5	12459.8	28.0
其中:系统内	317	34849.3	24406.6	3817.3	8.6

全国非金融类企业的经营性资产（537.8万亿元）和金融类企业经营性资产（321.8万亿元）两项的资产总额为859.6万亿元，其中国有控股企业的非金融类资产（219.8万亿元）和金融类资产（264.3万亿元）两项的资产总额为484.1万亿元，占全国非金融和金融类企业资产总额（859.6万亿元）的56.3%。

总体概括：中华人民共和国成立70多年，回顾历史，国有资产总量，1952年国营企业固定资产原值为240.6亿元，当年固定资产净值为167.1亿元，流动资金为171.1亿元，后两项资产总计为338.2亿元；到66年后的2018年，全国国有控股企业资产总额达到484.1万亿元，由此，若按绝对数计算，相对于当年企业固定资产原值而言，66年名义上增长了约1万倍！相对于当年的后两项资产而言，66年名义增长了约0.43万倍！

二 国有企业理论上是最具广泛性的社会企业

依照《中华人民共和国宪法》第七条的规定："国有经济，即社会主义全民所有制经济，是国民经济中的主导力量。"进一步讲，国有企业的性质，就是全民所有制企业的性质。所谓全民所有制企业的性质，就是生产资料归全体人民共同所有的企业。因而，所谓国企，实质就是生产资料属于全体人民共同所有的企业。国有企业的本质属性，是"全民所有"，在社会主义市场经济体系下，国有资本是属于全体人民共同拥有的资本。

在传统计划经济条件下，所谓企业生产资料，就是企业从事生产的全部物质（包括货币）资料。在市场经济条件下，企业生产资料，就是企业的资本；从法律意义上讲，就是企业的产权、企业的股权。国有企业，就是全民所有制企业，就是全体人民共同占有或拥有企业生产资料或企业资本或企业股权的企业。

国有企业即全民所有制企业，作为全国人民共同占有或拥有企业生产资料或企业资本或企业股权的企业，是不属于任何个人和机构组织的企业，而是由一国的全体人民共同占有或拥有的企业。因此，从理论上讲，国有企业即全民所有制企业，是名义上属于一国全体人民的企业，是在一国范围内的、最具有广泛社会性的企业。这样的广泛社会性，是任何一家非国有企业都无法比拟的。

三 传统国有企业是政府集中控制与管理的非市场企业

国有企业，是全民所有的企业，是在一国范围内最具广泛社会性的企业。但这只是从理论上讲的，从最终法律意义上讲，它只是抽象意义的最具广泛社会性。但从客观实际上，全国几亿至十几亿人民不可能对每个企业来行使所有权。从实践性上看，从实际操作过程看，传统的国有企业，是由各级政府及其各个政府部门"代表""全国人民"，或地方政府及其部门代表其管辖范围内的"人民"，直接控制并派出人员（即企业的厂长、书记及企业高级管理人员）进行管理的企业，这些各级政府及其各个政府部门与其任命或派出的人员，根据国家法律或政策或行政赋予的不同职能权力，直接控制或管理着各类各级的各个国有企业。在传统计划经济体制下，国有企业生产什么、生产多少、如何生产，以及生产投入、生产成本、产品价格、工厂利润、上缴利税、员工数量、员工工资、员工福利等，基本由各级各个政府部门及其派出的管理人员决定。

传统计划经济体制下的国有企业，将工厂生产的产品视为产品而不是商品，即国有工厂生产的是产品而不是商品。商品是讲市场供求关系的，产品则主要讲国家（有时也称社会或人民）需要，而国家需要则具体表现为政府部门的各项指令与要求。在传统计划经济体制下，政府部门和企业都基于"有计划按比例发展"的理念，全国的大大小小、成千上万的国有企业，都成为各级政府与各个政府部门所属的或直接管理的工厂加工车间，按照一个自上而下的、系统性的、计划性的经济指令进行生产，提供国家需要意义上的产品。

因此，传统计划经济体制的国有企业，不是一个商品生产经营者，更不是一个市场主体，它既不独立，更不自主，不是依据市场供求而是依据行政指令进行生产。企业（工厂）的厂长（书记）等管理人员，由政府部门选择与任用，不由市场决定，也不由工厂全体员工决定，更不由地方人民和全国人民决定。当然，这种选择与任用，在一定的政府管辖范围内，有一定的社会性，但这是政府职能范围内的社会性，是单一方向的任命与接受任命；这种选择与任用，不具有任何市场意义的社会性，不具有市场竞争性，不是双向选择的竞争，因此，这不是一种社会性、市场性、竞争性的选择。

四 股份制改革将国有企业推向公司化、市场化

改革开放以来，中国在相当长的时期内，将国有企业改革作为经济体制改革的中心环节。由此可见国有企业改革的重要性。1984年10月，中

共十二届三中全会通过的《中共中央关于经济体制改革的决定》，明确提出了"增强企业的活力，特别是增强全民所有制的大、中企业的活力，是以城市为重点的整个经济体制的中心环节"的政策方针。40多年来，中国国有企业改革大致经历了三大历程。

第一大历程，是逐步改变其内外管理与经营机制，改变其与国家政府、与社会市场的经济法律关系，从而将传统的国有企业逐步转变为独立的商品生产者与独立的市场主体。

——1978年至1983年的扩权让利。扩权，就是扩大国有企业的生产经营自主权，包括生产决策权、产品销售权和盈利分配权等各个方面。让利，就是改变国家对企业统收统支的分配体制，给企业一定独立的经济利益，办法就是对企业采取了利润留成，包括全额留成和超额留成，以发挥企业及员工的生产积极性和主动性。

——1983年至1985年的利改税。所谓利改税，就是把以往企业上缴营业税后以利润形式上交国家的纯收入也改为税收上缴，这有利于规范国家和企业的分配关系。利改税在具体实施时又分成了两步，被称为第一步利改税和第二步利改税。第一步利改税实际上是企业向国家上缴税收和利润并存。第二步利改税，就是把以往企业上交国家的利润部分全部改为上缴税收。

——1985年至1992年的承包经营责任制。承包经营责任制的主要内容和形式是"两包一挂"，即国有企业向国家包上缴利润，包技术改造任务的完成，国家对企业实行工资总额与经济效益挂钩。承包经营责任制主要针对的是国有大中型企业，同期还开展了针对小型国有企业的租赁经营制。承包与租赁制改革，在相当大程度上推进了国有企业的国家所有权与企业经营权的"两权分离"。

——1992年至1995年的转变企业经营机制。1992年7月，国务院颁发《全民所有制工业企业转换经营机制条例》，规定企业转换经营机制的目标是，使企业适应市场的需求，成为自主经营、自负盈亏、自我发展、自我约束的商品生产和经营单位，成为独立享有民事权利和民事义务的企业法人；明确赋予了企业14个方面的自主权，即生产经营决策权，产品、劳务定价权，产品销售权，物资采购权，进出口权，投资决策权，留有资金支配权，资产处置权，联营、兼并权，劳动用工权，人事管理权，工资、奖金分配权，内部机构设置权和拒绝摊派权。以此将国有企业进一步推向市场，使其逐步成为真正独立的市场竞争主体。

第二大历程，是建立以公司制为主要企业法律组织形式的现代企业制度。

——1992年开始建立现代企业制度。在邓小平南方谈话发布后，1992年10月中共十四大召开并明确了建立社会主义市场经济体制的改革方向。1993年11月召开的中共十四届三中全会通过了《关于建立社会主义市场经济体制若干问题的决定》，提出社会主义市场经济体制基本框架的一个主要内容是推动国有企业建立"产权清晰、权责明确、政企分开、管理科学"的现代企业制度。

——1999年开始推行公司制改革。1999年9月，中共十五届四中全会通过了《关于国有企业改革和发展若干重大问题的决定》，再次强调要建立现代企业制度，要健全国有企业的决策、执行和监督体系，使其成为自主经营、自负盈亏的法人实体和市场主体；要推进政企分开，积极探索国有资产管理的有效形式，对国有大中型企业实行规范的公司制改革，面向市场着力转换企业经营机制。

第三大历程，是全面改制、由管企业转变为管资本，并推行国有控股混合所有制。

——2012年开始全面深化国有企业改革。2012年中共十八大报告提出，要"深化国有企业改革，完善各类国有资产管理体制，推动国有资本更多投向关系国家安全和国民经济命脉的重要行业和关键领域，不断增强国有经济活力、控制力、影响力"，从整体上对新时期国有企业改革提出了要求。2013年中共十八届三中全会通过的《中共中央关于全面深化改革若干重大问题的决定》，又从完善产权保护制度、积极发展混合所有制经济、推动国有企业完善现代企业制度等方面对深化国有企业改革进行了全面部署。

——2015年开始全面推进混合所有制改革。2015年8月，中共中央国务院出台了《关于深化国有企业改革的指导意见》（以下简称《指导意义》），这是新时期指导和推进国有企业改革的纲领性文件。《指导意见》从改革的总体要求到分类推进国有企业改革、完善现代企业制度、完善国有资产管理体制、发展混合所有制经济、强化监督防止国有资产流失、加强和改进党对国有企业的领导、为国有企业改革创造良好环境条件等方面，全面提出了新时期国有企业改革的目标任务和重大举措。围绕《指导意见》，国务院及其有关部门又先后出台了若干配套政策文件，如《关于国有企业功能界定与分类的指导意见》《关于完善中央企业功能分类考核的实施方案》《关于进一步完善国有企业法人治理结构的指导意见》《关于开展市场化选聘和管理国有企业经营管理者试点工作的意见》《关于深化中央管理企业负责人薪酬制度改革的意见》《关于合理确定并严格规范中央企业负责人履职待遇、业务支出的意见》《关于改革和完善国有资产管理体制的若干意见》《关于推动中央企业结构调整与重组的指导意见》《关于国有企业发展混合所有制经济的意见》《关于国有控股混合所有制企业开展员工持股试点的意见》《关于加强和改进企业国有资产监督防止国有资产流失的意见》《关于进一步加强和改进外派监事会工作的意见》《关于在深化国有企业改革中坚持党的领导加强党的建设的若干意见》等，形成了国有企业改革"1+N"的顶层设计文件体系。2017年中共十九大之后，中共中央与国务院又出台了若干国有企业深化改革、重点是推进混合制公司改革的政策文件。

总体来看，40多年来，中国国有企业改革由表及里、由浅入深、由局部到整体、由经营管理权到资本股权、由重要方面到根本制度等，其时间之长、范围之广、程度之深、过程之难、问题之多、影响之大、成果之丰，创造了世界各国国有（政府）企业调整变化之最。

五 传统国有企业已基本改变为国有公司

国有企业公司制改革，主要是指将传统的全民所有制企业改制为符合现代企业制度要求、规范的公司制企业。过去的国有企业都称为国营企业，后称为国有企业，现更多地称为国有及国有控股企业。

1988年国家出台了《中华人民共和国全民所有制工业企业法》，明确了"全民所有制工业企业是依法自主经营、自负盈亏、独立核算的社会主义商品生产和经营单位"。从此，过去的国营工业企业逐步改称为国有工业企业，并执行这项法律。

1993年12月，国家出台了《中华人民共和国公司法》，后来进行了多次修正修订。按公司法规定，"公司是企业法人，有独立的法人财产，享有法人财产权。公司以其全部财产对公司的债务承担责任。有限责任公司的股东以其认缴的出资额为限对公司承担责任；股份有限公司的股东以其认购的股份为限对公司承担责任"。公司法出台后，部分国有企业在组织形式、股权结构和债务责任上逐步改变为国有公司，包括有限责任公司和股份有限公司。这类企业执行《中华人民共和国公司法》，不再执行《中华人民共和国全民所有制工业企业法》。随着国有企业改革的推进，国有的有限责任公司和股份有限公司的占比日益扩大，原来的国有企业占比日益缩小。

以下看几个重要年份中国有工业企业转变为公司制企业的若干数据。[1]

2000年，全国规模以上的国有及国有控股工业企业有53489家，资产总额为84015亿元，工业总产值为40554亿元。其中未改制的国有企业42426家，占79.3%，工业产值为20156亿元，占49.7%；其余为经过改制的国有公司制企业，数量和产值占比分别为20.7%和50.3%。

2010年，全国规模以上的国有及国有控股工业企业有20253家，资产总额为247760亿元，主营业务收入为194340亿元。其中未改制的国有企业8726家，占43.1%，资产总额为79888亿元，占32.2%，主营业务收入为58957亿元，占30.3%；其余为经过改制的国有公司制企业，数量、资产与营收占比分别为56.9%、67.8%和69.7%。

2020年，全国规模以上的国有及国有控股工业企业有20647家，资产总额为476078亿元，企业营业收入为276085亿元。其中未改制的国有企业1482家，占7.2%，资产总额为30321亿元，占6.4%，营业收入为19003亿元，占6.9%；其余为经过改制的国有公司制企业，数量、资产与营收占比分别为92.8%、93.6%和93.1%。

表4、表5、表6是2018年全国经济普查相关数据，反映了经过几十年股份制与公司制改革，规模以上国有工业企业股权已经部分实现多元化。从实收资本看，2018年国有控股工业企业实收资本为102024亿元，其中，国家资本金67767.0亿元，占实收资本的66.4%，法人资本（最终追索股权大多数仍是国有机构）28402.6亿元，占实收资本的27.8%，个人资本2124.4亿元，占实收资本的2.1%，港澳台和外商资本2930.3亿元，占2.9%。工业三大类行业中，各类资本占比有所不同。

---

[1] 数据引自国家统计局统计年鉴。

表4　2018年国有控股工业企业在三大行业中的各类实收资本

单位：亿元

行业	所有者权益合计	实收资本	国家资本	集体资本	法人资本	个人资本	港澳台资本	外商资本
总计	188017.6	102024.0	67767.0	818.7	28402.6	2124.4	605.0	2325.3
采矿业	31077.8	15166.7	10662.7	151.7	4099.8	224.3	0.1	28.2
制造业	98278.3	46758.5	24541.3	474.2	17972.2	1586.5	370.1	1814.2
电力、热力、燃气及水生产和供应业	58661.5	40098.9	32563.0	192.9	6330.6	313.6	234.8	482.9

资料来源：《第二产业卷（上）》。

表5　2018年国有控股工业企业各类实收资本在三大行业中的占比

单位：%

行业	所有者权益合计	实收资本	国家资本	集体资本	法人资本	个人资本	港澳台资本	外商资本
总计	100	100	100	100	100	100	100	100
采矿业	16.5	14.9	15.7	18.5	14.4	10.6	0.0	1.2
制造业	52.3	45.8	36.2	57.9	63.3	74.7	61.2	78.0
电力、热力、燃气及水生产和供应业	31.2	39.3	48.1	23.6	22.3	14.8	38.8	20.8

注：依据上表计算，表6同。

表6　2018年三大行业国有控股工业企业中各类资本占比

单位：%

行业	实收资本	国家资本	集体资本	法人资本	个人资本	港澳台资本	外商资本
总计	100	66.4	0.8	27.8	2.1	0.6	2.3
采矿业	100	70.3	1.0	27.0	1.5	0.0	0.2
制造业	100	52.5	1.0	38.4	3.4	0.8	3.9
电力、热力、燃气及水生产和供应业	100	81.2	0.5	15.8	0.8	0.6	1.2

另外，根据国资委数据，120多家中央国有企业的公司制改革已于2018年基本完成，即全国所有的中央国有企业都已经改制为中央国有控股公司。目前，中央国有控股公司数量已经低于100家。同时，地方国有企

业中绝大多数也已改为国有控股公司。

中共十八大以来，国务院国资委积极推动中央企业于2017年完成公司制改革，省级国资委监管企业约96%也完成了改革任务。2020年启动的国企改革三年行动明确提出，要全面完成国有企业公司制改革。

六　混合所有制改革将国有企业转变为"国有—社会企业"

混合所有制改革，是继传统国有企业改制为公司制企业后的一次广泛而深刻的改革，其意义不亚于公司制改革。

（一）国有企业混合所有制改革的基本要义与途径要求

2015年9月，国务院出台了《关于国有企业发展混合所有制经济的意见》，明确提出"国有资本、集体资本、非公有资本等交叉持股、相互融合的混合所有制经济，是基本经济制度的重要实现形式"，"发展混合所有制经济，是深化国有企业改革的重要举措"。意见提出四项明确要求。

一要"分类推进国有企业混合所有制改革"。稳妥推进主业处于充分竞争行业和领域的商业类国有企业混合所有制改革，有效探索主业处于重要行业和关键领域的商业类国有企业混合所有制改革，引导公益类国有企业规范开展混合所有制改革。

二要"分层推进国有企业混合所有制改革"。引导在子公司层面有序推进混合所有制改革，探索在集团公司层面推进混合所有制改革，鼓励地方从实际出发推进混合所有制改革。

三要"鼓励各类资本参与国有企业混合所有制改革"。鼓励非公有资本参与国有企业混合所有制改革，支持集体资本参与国有企业混合所有制改革，有序吸收外资参与国有企业混合所有制改革，推广政府和社会资本合作（PPP）模式，鼓励国有资本以多种方式入股非国有企业，探索完善优先股和国家特殊管理股方式，探索实行混合所有制企业员工持股。

四要"建立健全混合所有制企业治理机制"。进一步确立和落实企业市场主体地位，健全混合所有制企业法人治理结构，推行混合所有制企业职业经理人制度。

（二）混合所有制改革正在建立新型国企即"国有—社会企业"

我们理解的社会企业，是指那些资本股权、经营目的、经营管理、利润归属和财产传承等五个方面社会化的企业。中国国有企业改革，从扩大企业自主权、承包责任制、转变企业经营机制，到建立现代企业制度、进行公司化改革，再到广泛推行混合改革，这一步步都是将国家（政府）单一所有权、政府直接管理、财务统收统支的传统国有企业，逐步改变为股权多元化，具有独立企业法人、现代治理结构、市场激励与约束机制，管理人员与普通员工广泛社会化与市场化的企业，这是一种新型的企业，即"国有—社会企业"。

它是国有企业，即国有股权占主要或主导地位的企业。国有股权在企业中处于绝对控股或相对控股地位。绝对控股，即国有股权占50%以上，国有股东对企业有主要决策权；相对控股，即国有股权占比低于50%，但国有股权居企业第一大股东地位，对企业决策拥有第一主导权。

它是社会企业，即它具有前述的五个方面社会化的基本特征。

一是资本股权社会化。股权的社会化、多元化。传统的国有企业，一般只有一个国家股东，股权由一个国家机构代表与独占。推行混合所有制改革的国有公司，除国有控股股东外，还有其他各类社会股东，包括民营企业、外资企业和自然人股东，且社会股东有时还非常广泛，从几个到几十个；若是上市公司，则有几百个、几千个到几万个、几十万个机构与个人股东。

二是经营管理社会化。管理人员的社会化、市场化。按照《关于开展市场化选聘和管理国有企业经营管理者试点工作的意见》，推行混合所有制改革的国有公司，在管理人才选聘和管理上，与过去的直接由政府部门选择与任命不同，要逐步开展市场化选聘和管理企业经营管理者。这主要是针对企业的主要管理者而言，企业的其他高层管理人员，则逐步更加广泛地推行社会化市场化选聘和管理。

三是经营目的社会化。企业经营管理目的面向社会、多元多向。传统国有企业，经营目的主要只有一个：执行与实现国家的计划与要求。推行混合所有制改革的国有公司，在经营管理上与国家的关系是：一方面，要执行国家宏观政策、产业政策、地区政策等，另一方面，要按照现代企业要求，积极履行企业社会责任，为国家负责、为产业负责、为环境负责、为社区负责、为客户负责、为员工负责、为利益相关者负责，跨国企业还要为世界负责。

四是利润归属社会化。企业利润与股份红利面向各类多元的社会股东进行分配。传统国有企业无经济独立性，由国家负无限责任，企业财务由政府统收统支，利润全部上交国家，亏损由国家补贴。推行混合所有制改革的国有公司，财务管理独立自主，公司照章纳税，公司利润分配、留下公积金与公益金后，公司股份红利向各类多元的社会股东（包括国家股东）分配。股东的广泛性、多元性与社会性，决定了公司利润归属具有广泛的、多元的社会性特征。

五是财产传承社会化。资产表现为资本，资本表现为股权，股权的多元化与社会化，股权转移与传承也是多元化与社会化的。传统国有企业，只有国家的企业财产与资产"一元"概念，没有资本与股权概念。企业的生产资料，即国家的财产与资产，它可以划拨与转让，但限于国有企业与单位之间。推行混合所有制改革的国有公司，企业的资产即生产资料与企业资本股权既合又分，企业资产是一体的，但企业的资本与股权是多元化的社会化的；一体化的企业资产，可与企业长期并存，但多元化、社会化的资本与股权,可以与企业资产分离。资本与股权,可以在市场上、社会上进行各种形式的转让,也可以由权利相关者继承。这个转让与继承的权利相关者,也是广泛的、多元的、市场的与社会的。

混合所有制改革后的国有控股公司,即"国有—社会企业",它完全不同于传统意义的国有企业,也明显不同于过去一般意义的国有股份公司。传统意义的国有企业,其广泛的人民性与社会性,主要是指理论上、法律上和抽象意义上的。一般意义的国有股份公司与混合所有制改革后的"国有—社会企业"则有明显不同,前者只是部分地,后者则是更大程度、更深层次地实现了最广泛的人民性与社会性,主要是在实践上、操作上、利益上得以具体落实的广泛人民性与社会性。

混合所有制改革后的国有控股公司,也与中国过去的和西方社会的私人企业有明显区别。马克思曾经指出,在股份公司中,"那种本身建立在社会生产方式的基础上并以生产资料和劳动力的社会集中为前提的资本,在这里直接取得了社会资本(即那些直接联合起来的个人的资本)的形式,而与私人资本相对立,并且它的企业也表现为社会企业,而与私人企业相对立"[1]。混合所有制改革后国有控股公司,即"国有—社会企业",既有代表全社会的国有资本,也有直接联合起来的个人资本,还有直接联合起来的各类法人(包括私营公司法人、集体公司法人、外资公司法人、社会组织法人等)资本,这种各类资本联合与集合的企业,直接表现为社会企业,而与单纯的私人企业完全不同。

(三)混合所有制改革与"国有—社会企业"案例

以下从宏观(国企总体)、中观(国有上市公司)和微观(典型国有企业)三方面各举一例来描述一下混合所有制改革对推进建立"国有—社会企业"的作用。

---

[1] [德]马克思:《资本论》(第三卷),人民出版社,1975,第493页。

案例1 国有企业混合所有制改革总体情况

全国中央企业大都已实行混合所有制改革，央企资本中社会资本已占近40%。地方国有企业大半实行了混合所有制改革。

近年来，中央企业混合所有制改革的范围和领域不断扩大。据国务院国资委公开资料，到2020年底，中央企业中的混合所有制企业已经占70%。在充分竞争行业和领域，混改积极稳妥地推进，2013年以来，中央企业累计实施混改4000多项，引入社会资本超过1.5万亿元。中央企业混合所有制企业的户数占比超过了70%，比2012年底提高近20个百分点。电力、民航、电信、军工等重点领域的混合所有制改革试点稳步推进，上市公司已经成为央企混改的主要载体，中央企业控股的上市公司资产总额、利润占到央企整体的67%和88%。2020年国家专门成立了中国国有企业混合所有制改革基金，仅2020年中央企业实施混改超过了900项，引入社会资本超过2000亿元。

据国务院国资委公开资料，混合所有制改革推动了国有企业和其他所有制企业的相互促进、共同发展。中央企业所有者权益当中，引入社会资本形成的少数股东权益，由2012年底的3.1万亿元增加到2020年的9.4万亿元，占比由27%提升到38%。与此相对应，中央企业对外参股的企业超过6000户，国有资本投资额超过4000亿元。这种双向的混改，推动了各类所有制企业取长补短、相互促进、共同发展，正在形成一批行业领军企业和专精特新的"隐形冠军"企业。

案例2 国有上市公司成为混改建立"国有—社会企业"的代表

上市公司资产已经占央企的近90%，地方重要国有企业基本都成了上市公司。国有上市公司，都是以国有控股为主、股权多元化、股东社会化的混合企业。其前五、前十大股东,既有国有经济机构,也有非国有经济机构;在大量社会股东中,社会法人机构持股者,少则几十家,多则几百家上千家;还有大量社会个人股东,少则几万人,多则几十万人;还有境外股东,即中国香港的H股股东和美国的ADS股东,大都有几十家机构股东与成千上万的个人股东。

下面,以在国内上市的5家最大市值公司(按行业各选1家)为例,简要说明其股份构成及股东情况(见表7)。

表7 5家最大市值国有上市公司的多元股权情况

上市公司	总股本(亿股)	总市值(亿元)	第一大股东持股比例(%)	前五大股东持股比例(%)	前十大股东持股比例(%)	基金等机构(家)/股比(%)	股东总人数(万人)
贵州茅台	12.56	25200	54	70.1	72.4	2173/7.1	12.37
工商银行	3564	19700	34.71	90.3	96.5	592/72.4	61.73
中国人寿	282.6	8994	68.37	97.44	97.70	411/72.02	19.34
中国中免	26.82	5976	53.3	68.48	71.02	1430/12.47	5.67
中国石化	1211	5242	68.31	92.9	93.95	394/73.53	53.33

资料来源:东方财富网。

这5家国有上市公司,在股东上有几个特点。一是第一大股东是某一国有大集团企业,一般持股比例在50%以上,其最终的股东为中央某一国有机构,如国资委、财政部、中央汇金公司等。二是前五大股东与前十大股东,总体持股普遍占70%以上。这些股东,除第一大股东外,有的是国有经济机构,有的是非国有企业。三是众多的基金等机构持股,从几百家到几千家不等,其持股总体比例较高。四是个人股东总人数庞大,从几万人到几十万人。五是这些持股股东中,第一大股东往往是长期不变的;除第一大股东外的其他前五和前十大股东,持股也是相对稳定的,一般半年、一年甚至几年不变；几十家、几百家机构股东主体，变化比较大，其持有股份少则一个季度，多则一年、两年或更长就变动；几万、几十万的个人股东，持股变动率很大，有的可能一天、两天，有的可能一个月、两个月，有的则可能更长些。

另外，这5家公司都有不少境外投资者，持股比例不小。有的是通过沪股通和深股通，由香港投资者（包括在香港的国外投资者）持有；有的同时在境外上市，如中国石化在美国与中国香港上市等。中石化普通股份有1211亿股，其中：内地上市955.6亿股，占78.91%；中国香港H股上市255.1亿股，占21.07%；H股又通过ADS在美国上市，其折合12.11亿股。沪股通和深股通是通过香港（中央结算）代理人有限公司持股，而后者实际又由香港的若干机构投资者和成千上万的个人投资者持股。香港的H股和美国的ADS，持股者中也有内地的机构与个人。

表7反映的是2021年3月底5家市值最大（从几千亿元到1万亿、2万亿元市值）的中央所属国有上市公司股东情况。其他的国有上市公司，市值只有千亿元、几百亿元，其第一、前三和前十大股东的持股比例，远低于央企上市公司，其持股的多元化与社会化程度，远高于央企上市公司。

案例3　中国建材是央企混改成为"国有—社会企业"的典型代表

中国建材概况[1]。中国建材股份有限公司（简称"中国建材"）是大型建材央企——中国建筑材料集团有限公司的核心企业，是中国建材行业的领军企业，主要经营水泥、轻质建材、玻璃纤维及复合材料、工程服务四大主营业务，以及一个辅助业务（包括物流贸易、投资、住宅产业化配套）。其战略目标是"成为世界一流的建材生产商，为股东创造最大回报"；核心价值观是"创新、绩效、和谐、责任"。2020年其营业额为

---

[1]　中国建材官方网站。

2534.03亿元，员工人数为15.4万人。公司的水泥业务年总产能逾3亿吨，位居世界第一；轻质建材业务主产品石膏板年总产能16.5亿平方米，位居亚洲第一；玻纤及复合材料业务主产品风电叶片年总产能15000片，位居中国第一；玻璃纤维年总产能100万吨，位居世界第一。2019年7月10日，《财富》中国500强排行榜发布，中国建材股份有限公司列第44位。2019年10月22日，"2019全球新能源企业500强榜单"发布，中国建材股份有限公司列第163位。2020年7月27日，中国建材股份有限公司名列2020年的《财富》中国500强排行榜第40位。

公司股东演变。中国建材股份形成的最大特点是，以中央的国有股份为主，先后重组联合和购并几十家地方的国有和民营建材企业，后者以不同的机构与个人形式持股中国建材，有的则直接参与并负责其地方与行业公司的经营管理。2006年3月，中国建材股票在香港联合交易所主板成功上市，发行股票752334000股，募集资金21亿港元。2007年中国建材与浙江水泥、虎山集团、尖峰集团、江西水泥等14家企业签署联合重组协议，通过联合重组方式组建南方水泥有限公司。2008年中国建材与建德三狮、中新源等17家企业签署联合重组协议。2009年中国建材与辽源金刚水泥（集团）有限公司、弘毅投资签署出资协议，共同出资设立北方水泥有限公司。南方水泥有限公司杭州、嘉兴、湖州、金华、江苏、上海、江西、湖南8个区域公司和桂林直属公司组建完毕。中联水泥联合重组大宇水泥有限公司。这是中国建材首次收购国际大型水泥企业资产。2011年，中国建材联合重组云南思茅建峰水泥有限公司、澄江华荣水泥有限责任公司、宜良金珠水泥有限公司、惠水泰安水泥有限公司、兴义泰安水泥有限公司。中国建材联合重组重庆科华集团有限公司、四川利森集团有限公司。

中国建材是一家投资控股公司，由两家H股上市公司原中国建材股份有限公司与原中国中材股份有限公司于2018年5月重组而成，是大型建材央企中国建材集团有限公司最核心的产业平台和旗舰上市公司。截至 2020 年 6 月，已发行股本 8434779662 股，其中发行 H 股 3868697794，占 43.8%，非上市流通股 4566072868，占 56.2%。表 8 是其香港 H 股主要股东持股情况。

表 8　中国建材 2020 年 6 月香港 H 股主要股东持股情况

单位：股，%

股东名称	直接持股数量	占已发行普通股比重
北新集团	1485566956	17.6124
中国中材集团有限公司	1270254437	15.0597
中国信达资产管理公司	410252200	4.8638
泰山投资	263318181	3.1218
中建材进出口公司	227719530	2.6998
富春国际有限公司	111174235	1.3180

主要股东中，北新集团、中国中材集团有限公司、中国信达资产管理公司和中建材进出口公司均为国有控股企业。泰山投资（Olympus Capital），全称"美国泰山投资控股集团"，是一家独立的私募股权投资机构。其资金主要来自全球知名的养老基金、政府机构、金融机构、基金会，以及北美、亚洲、欧洲及中东的家族基金。泰山投资是一家于美国证监会（SEC）注册备案的投资机构。

公司利润分配。2018~2020 年，中国建材实现资产总额分别为 4366.5 亿元、4465.5 亿元和 4563.8 亿元；营业收入分别为 2190 亿元、2534 亿元和 2547 亿元；净利润分别为 80.7 亿元、109.7 亿元和 125.5 亿元；上缴所得税分别为 63 亿元、90.2 亿元和 83.9 亿元；股东应占溢利分别为 79.3 亿元、109.8 亿元和 125.5 亿元；每股盈利分别为 0.94 元、1.31 元和 1.48 元；每股分配红利分别为 0.18 元、0.35 元和 0.47 元；分红率分别为 19%、26.7% 和 31.8%；股东权益回报率（净资产收益率）分别为 9.23%、11.24% 和 11.95%；3 年年底股价分别为 4.77 元、8.32 元和

9.32元，2021年第三季度末为11.22元。

公司社会责任。2018年11月23日，中国社会科学院发布2018企业社会责任排名，中国建材集团有限公司居第9位。中国建材集团秉承"善用资源、服务建设"的理念，努力建设创新绩效型、资源节约型、环境友好型、社会责任型的"四型"企业。公司倡导"与自然和谐、与社会和谐、与竞争者和谐、与员工和谐"的企业文化，关注政府部门、投资者、客户、供应商、合作伙伴、社会团体、社区与公众等利益相关方诉求，努力实现经济效益与社会效益的最大化。通过规范公司治理、创造优异业绩、带动行业结构调整与产业升级履行经济责任；通过推进节能减排、发展"新型建材、新型房屋和新能源材料"履行环境责任；通过推进安全生产建设、完善职业健康管理、努力增加社会就业、援助贫困与受灾地区发展等履行对员工及社会公众的责任。2009年，中国建材集团加入世界水泥可持续发展倡议行动组织。公司积极承担央企社会扶贫责任，加大对口扶贫支援力度，实施科技扶贫、产业扶贫。在建设"两型"社会的过程中，公司按照"调结构、降能耗、优资源、促循环"的低碳化发展思路，大力发展节能、环保的新型建材、新型房屋与新能源材料，引领水泥和玻璃产业走高效益、低排放的集约化、减量化发展道路。通过积极淘汰落后产能，大力推进联合重组、开发低碳技术，维护市场健康、提升行业价值，与业内同人共创行业健康发展的新局面。

进入哈佛案例。2011年10月，中国建材在中国水泥行业并购整合经验进入美国哈佛大学商学院的案例库，并在北京举行了"哈佛商学院案例发布会"。哈佛商学院介绍，该案例的核心是通过四个方面分析探讨在中国水泥产能过剩、企业过于分散、恶性竞争的产业环境下，中国建材如何克服重重困难快速成长。第一，勇担改善行业结构的使命，确立了清晰的战略和明确的目标，以存量整合为主，以市场化方式推进跨地区、跨所有制的规模宏大的联合重组。第二，探索"央企市营"的公司治理新机制，建立了央企控股的多元化股份制、规范的公司治理结构和职业经理人制度，实现了包容性成长和闪电般的快速扩张。第三，建立了并购后的独特整合框架及模式，以"三五"管理整合及文化整合让重组企业迅速进入规范管理的快车道，确保了联合重组的成功。第四，持续开疆辟土，有序展开水泥产业整合的计划，不断延伸产业链，提高管理水平；着眼于行业未来发展，引领全行业可持续发展。

社会企业典型。中国建材经过10多年的改革，从一家传统的国有企业，转变为公司制企业，再转变为国有控股的混合所有制企业，进一步转变为具有典型意义的"国有—社会企业"。在股东社会化方面，中国建材的股东构成，虽然仍以国有控股为主，但同时拥有广泛的社会股东。这些社会股东，既有地方国有企业，又有地方民营企业；既有境内机构股东，也有境外机构股东；既有境内成千上万的个人股东，又有境外众多个人股东。在管理社会化方面，公司从上到下（集团公司及其下属控股公司）均建立了职业经理人制度，除董事长、总经理主要由国有控股股东选任外，公司管理层多数人员，大都经过市场竞争选择。特别是其下属的几十家子公司与分公司，主要管理人员的来源更具有广泛的社会性。在经营目标社会化方面，公司既承担着国家建材行业的企业整合、产业调整、技术创新、产品竞争、环境改善的重大责任，又承担着对员工、对客户、对社区、对行业、对国际的广泛社会责任。在利润分配社会化方面，公司的长期快速高效发展，不仅给国家股东带来了巨大股份红利，也带给成千上万的境内境外各类社会股东高额红利回报。

七 国有、民营、外资混合的 社会企业正在兴起

经过40多年的改革开放，支撑和主导中国经济发展方向的大型企业，

正在发生一个重大而深刻的变化：国有、民营和外资三类企业中的大型企业，都在不同程度地、以不同形式发展着混合经济，且逐步发展成为三者混合的企业。

这里既有国有控股的混合企业，也有民营控股的混合企业，还有外资控股的混合企业；另外，还有三者融合、没有明确控股者（或者只有持股相对较多的股东）的混合企业。可以将其称为中国混合企业"三加一"模式。这里的"三"，是指有明确的国有或民营或外资控股的混合企业；这里的"一"，是没有明确控股股东的混合企业。这里的"三"中，每一种控股形式的混合企业，一方面，其大股东的身份和主体有时也是变动的，有的从国有控股转变为民营控股或外资控股，有的由民营控股转变为国有控股或外资控股；另一方面，其大股东的控股程度往往是因时因条件而变动，从绝对控股到相对控股，到相对第一大股东，再到非主要股东。这里的"一"，有的也可能从没有明确控股股东的混合企业，变为出现了明确控股股东的混合企业。这里的"三"与"一"，"三"中可以互变，"三"与"一"可以互变。

"三"中之一的国有控股。这里的国有控股，特别是国有控股的上市公司，其第一大股东为一家国有经济管理机构；其第二大至第十大股东，往往还有国有经济管理机构如国有企业、国有资产管理公司、国有基金管理公司、国家社保基金等，同时也有非国有控股的公司，包括民营企业、外资企业和各类基金管理公司；十大股东外的其余机构股东，更是成分多样；另外还有数量庞大的社会个人股东。

"三"中之一的民营控股。这里的民营控股，特别是民营控股的上市公司，其第一大股东（有的控股，有的并不控股）为一家民营企业法人或企业家个人或家族；其第二大至第十大股东，多为其他民营企业法人或企业家个人或家族，同时也有国有控股企业或投资机构、各类基金管理公司等；十大股东外的其余机构股东，也是成分多样，机构众多；另外还有数量庞大的社会个人股东。

"三"中之一的外资控股。这里的外资控股,特别是外资控股的上市公司,其第一大股东为一家境外(或国外)企业法人机构;其第二大至第十大股东,有其他的民营企业法人或企业家个人或家族,有的同时也有国有控股企业或投资机构、各类基金管理公司等;十大股东外的其余机构股东,也是成分多样,机构众多;另外还有数量庞大的社会个人股东。

"三合一"中的"一"的无控股混合企业。即没有明确控股股东的混合企业,或社会企业。中国上市公司按控股情况分为国有公司、集体公司、民营公司、外资公司和公众公司。公众公司即没有明确的控股股东,前五大、前十大股东各自持股比例均达不到直接控股的程度,其余股东持股比例更小,股权非常分散。但是,这前十大股东中,有的可能是几个股东构成行动一致人或利益相关者,因而实际共同成了相对控股者,对企业的决策产生重大或决定性影响。

"三"与"一"的相互转变。中国上市公司3000多家,其股东权利特别是控股股东是在不断变化之中的。有的国有控股公司,转变为民营控股公司(这种情况不少),或转变为外资控股公司(这种情况不多);有的民营控股公司,转变为国有控股公司(这种情况近年常发生),或转变为外资控股公司(这种情况时有发生),还有的变为了无控股者的公众公司;也有外资控股公司转变为国有控股或民营控股公司(这种情况较少),还有的变为了无控股者的公众公司。同样,有的公众公司,出现了控股股东,或变为了国有控股公司,或变为了民营控股公司,或变为了外资控股公司。

案例4 国有控股企业参与民营企业混改

据国务院国资委公开资料,到2020年底,近100户中央企业对外参股的企业已经超过6000户,国有资本对外投资总额超过了4000亿元。中国大型国有企业、国家社保基金等通过各类国有资本投资平台和公司投资于上市公司，已经达到非常广泛的程度。

以下是 Wind 数据公布的 2020 年第一季度中国证金公司和国家社保基金对上市公司的投资及持股情况（详见表9、表10）。中国证金公司当时持股上市公司数量高达 350 多家，其中多数公司是民营上市公司。国家社保基金当时持股上市公司数量高达近千家，其中多数公司是民营上市公司。这两家公司（基金）投资持股上市公司的总体目的是财务投资，但对部分上市公司具有战略投资目的，即按照国家的宏观发展战略和产业政策要求，投资并长期持股这些上市公司的股份，持股达到较高比例者，有的还参与公司的决策，推动公司的长期发展。

表9　2020 年第一季度中国证金公司持股 3%以上的上市公司名单

股票简称	股价(元)	持股数量(股)	持股市值(元)	持股比例(%)	股东排名
雅戈尔	6.51	251131792	1599709515	5.01	4
南山铝业	2.33	589263806	1213883440	4.93	3
东方明珠	9.98	168247859	1472168766	4.93	2
浙江东方	6.96	77979186	666722040.3	4.9	2
小商品城	6.89	266718485	882838185.4	4.9	2
鹏博士	8.36	70190842	407808792	4.9	2
君正集团	4.86	413422897	1017020327	4.9	4
浦东金桥	14.99	54994568	673683458	4.89	2
长安汽车	11.13	234265333	2478527223	4.88	3
国电电力	1.98	959145267	1947064892	4.88	2
梅花生物	5.19	151485962	668053092.4	4.88	2
歌华有线	12.43	67779125	587645013.8	4.87	2
中恒集团	3.5	164601732	528371559.7	4.74	2
城投控股	5.81	119217593	654504585.6	4.71	3
申能股份	5.59	222086435	1172616377	4.52	3
浦发银行	10.42	1307994759	13276146804	4.46	6

续表

股票简称	股价(元)	持股数量(股)	持股市值(元)	持股比例(%)	股东排名
*ST安信	1.97	241360938	603402345	4.41	2
康恩贝	5.65	116847002	601762060.3	4.38	3
际华集团	3.66	189414235	759551082.4	4.31	4
益佰制药	6.86	32653705	160329691.6	4.12	2
华电国际	3.79	397071140	1369895433	4.03	4
双良节能	3.04	61769246	182836968.2	3.77	4
*ST飞乐	3.93	36509930	133626343.8	3.71	3
中文传媒	12.38	49397767	594749114.7	3.65	3
张江高科	20.31	56043062	679802342.1	3.62	2
冠农股份	6.79	28296268	189019070.2	3.61	3
首开股份	6.7	89397819	590919583.6	3.47	3
营口港	2.6	219057726	473164688.2	3.38	2
中航飞机	23.08	93108418	1476699509	3.36	4
洲际油气	1.99	75298654	173186904.2	3.33	4
内蒙华电	2.62	192956016	497826521.3	3.32	4
光明乳业	16.65	40165628	465519628.5	3.28	2
海信视像	13.4	42691772	400448821.4	3.26	3
四方股份	6.24	25891390	153794856.6	3.18	5
方正证券	8.36	261985096	1881052989	3.18	4
泛海控股	4.17	163714285	646671425.8	3.15	2
华能国际	4.66	492186504	2308354704	3.14	5
骆驼股份	7.36	27088948	228088942.2	3.14	5
中国动力	20.98	51989343	868222028.1	3.07	5
燕京啤酒	7.71	85309862	515271566.5	3.03	3
厦门钨业	14.96	42458835	481058600.6	3.02	4
新湖中宝	3.32	258721008	781337444.2	3.01	4
中天科技	11.15	92396397	887929375.2	3.01	2
爱建集团	8.61	48850411	388360767.5	3.01	5
伊利股份	34.03	182421501	5447106020	3.01	4
潞安环能	6.27	90068149	525097308.7	3.01	2
金隅集团	3.15	320798573	1052219319	3	4
上海医药	19	85333703	1664860546	3	4
葛洲坝	6.62	138343785	965639619.3	3	2
人福医药	31.61	40595281	552095821.6	3	5

续表

股票简称	股价(元)	持股数量(股)	持股市值(元)	持股比例(%)	股东排名
城建发展	5.51	56365507	381030827.3	3	2
江西铜业	15.23	103719909	1309982451	3	3
国投电力	8.43	203657917	1617043861	3	3
南京银行	7.76	254338483	1843954002	3	4
兴业银行	15.66	622235652	9899769223	3	6
中国铁建	9.02	407098054	4001773871	3	3
中国建筑	5.06	1258300998	6631246259	3	3
贵阳银行	7.62	96556213	739620591.6	3	6

表10 2020年第一季度末国家社保基金持股5％以上的上市公司名单

单位：元，%

股票简称	股价	持股社保基金名称	持股占流通股比重
中国人保	7.06	全国社会保障基金理事会	67.87
德方纳米	98.7	全国社保基金118组合	17.85
三只松鼠	65.85	全国社保基金111组合	12.21
传音控股	96.8	全国社保基金113组合	11.23
中国出版	5.57	全国社保基金103组合	9.48
日辰股份	71.9	基本养老保险基金16011组合	8.92
佩蒂股份	41.69	基本养老保险基金1206组合	8.77
亚士创能	65.6	全国社保基金502组合	8.76
节能风电	2.49	全国社会保障基金理事会	8.21
农业银行	3.23	全国社会保障基金理事会	8
*ST藏格	7.24	全国社保基金604组合	7.91
博瑞医药	56.9	基本养老保险基金16061组合	7.75
玉禾田	117.8	全国社保基金108组合	7.51
中信出版	44.61	全国社保基金17011组合	7.45
亿嘉和	104.18	全国社保基金604组合	7.03
日辰股份	71.9	全国社保基金419组合	6.9
创源文化	11.98	全国社保基金604组合	6.71
值得买	115.6	全国社保基金504组合	6.66
富安娜	7.31	全国社保基金17011组合	6.66
佰仁医疗	104.5	全国社保基金411组合	6.63
天味食品	56	全国社保基金420组合	6.28

续表

股票简称	股价	持股社保基金名称	持股占流通股比重
顺网科技	24.65	全国社保基金112组合	6.18
国药股份	38.68	全国社保基金103组合	6.12
迪普科技	46.8	基本养老保险基金1201组合	6.08
传音控股	96.8	基本养老保险基金802组合	6.07
广州酒家	33.98	全国社保基金406组合	6.04
科锐国际	52.69	全国社保基金420组合	5.89
中信特钢	18.66	全国社保基金108组合	5.79
春风动力	89.99	全国社保基金503组合	5.76
壹网壹创	144.3	全国社保基金404组合	5.75
深圳新星	22.57	全国社保基金604组合	5.59
瑞普生物	22.32	全国社保基金502组合	5.5
开润股份	31.5	全国社保基金404组合	5.5
科顺股份	25	全国社保基金418组合	5.43
我武生物	63	全国社保基金112组合	5.39
云图控股	7.34	全国社保基金604组合	5.37
金石资源	22.89	全国社保基金419组合	5.36
银轮股份	13.14	基本养老保险基金1003组合	5.12
三联虹普	17.77	全国社保基金422组合	5.03
交通银行	4.77	全国社会保障基金理事会国有资本划转六户	5.02

八 打破所有制界限重构中国经济主要微观基础

中国经济的微观基础由各类大、中、小、微型企业和个体工商户组成。大型企业大约占企业总数的1‰，但是国家经济的骨干与支柱，决定着中国经济的主要发展方向；中型企业大约占企业总数的1%，是国家经济的中坚力量，是大型企业的来源，对国家经济发展影响重大；小型、微型企业，占企业总数的99%以上，加上亿万个体工商户，是国家经济的群体性基础，是民众就业的主要依赖。

经过40多年的改革开放，中国经济的企业基础，即微观经济基础，已经发生了根本性变化。

一方面，从企业的规模结构看，大型企业中，国有控股企业大约占35%，民营企业大约占50%，外资企业大约占15%；中型企业中，国有控股企业大约占10%，民营企业大约占70%，外资控股企业大约占20%；小型企业和微型企业中，民营企业分别占90%和99%左右；亿万个体工商户自然全属于民营经济。表11、表12反映了2018年全国工业企业的规模结构情况和2020年全国规模以上工业企业的经济类型结构。

表11 2018年全国工业企业规模结构

企业类型	企业数量(家)	资产总额(亿元)	营收总额(亿元)	从业人员(万人)
全国企业	3450649	1392923	1185270	11521.5
占比(%)	100	100	100	100
其中:规上企业	374964	1153252	1057327	8356.4
占比(%)	10.86	82.8	89.2	72.5
其中:大型企业	8540	564151	467254	2796.1
占比(%)	0.24	40.5	39.4	24.3
其中:中型企业	43763	269427	240188	2339.5
占比(%)	1.27	19.34	20.3	20.3
全部小微企业	3398346	559344	477828	6385.9
占比(%)	98.4	40.2	40.3	55.4

资料来源：国家统计局网站，2018年全国经济普查数据。占比为笔者计算。

表12 2020年全国规模以上工业企业经济类型结构

企业类型	企业数量(家)	资产总额(亿元)	营收总额(亿元)	利润总额(亿元)	从业人员(万人)
全国规上企业	383077	1267550	1061434	64516	7318
占比(%)	100	100	100	100	100
国有控股	20647	476078	276085	14861	1281
占比(%)	5.4	37.8	26.0	23.0	17.5

续表

企业类型	企业数量（家）	资产总额（亿元）	营收总额（亿元）	利润总额（亿元）	从业人员（万人）
私营企业	258259	321960	380010	20262	3146
占比（%）	67.4	25.2	35.8	31.4	43.0
外资控股	43859	252579	241779	18234	1632
占比（%）	11.5	19.9	22.6	28.3	22.3
股份制企业	325665	977602	790613	45445	5468
占比（%）	85.0	77.1	74.5	70.4	74.7

注：股份制企业与国有控股企业和私营企业是交叉关系。
资料来源：国家统计局网站，占比为笔者计算。

另一方面，从企业的股权结构看，大型企业大多数都是混合所有制企业；中型企业可能至少有1/3是混合所有制企业。如前所述的国务院国资委公开资料显示，中央国有企业，已经全部完成了公司制改革，70%以上的央企实行了混合所有制改革，吸引的社会资本已经占股东权益的38%。央企是中国大型企业的最主要代表。2020年，国有企业进入中国企业500强的有265家，进入世界500强的企业有93家。这些进入500强的企业，全部都是上市公司或拥有上市公司，绝大多数是混合所有制企业。从一定意义上讲，这类国有控股公司也可称为"国有—社会企业"。中国民营企业500强企业中进入中国企业500强的有235家，进入世界企业500强的有28家；这些500强企业都是上市公司，都是混合所有制企业；从一定意义上讲，这类民营控股公司也可称为"民营—社会企业"。同样，在中国的大型外资公司，大多数在境外就是股权多元化、社会化的混合企业，在境内也逐步实现了股权多元化、社会化，也成了混合企业；从一定意义上讲，这类外资控股公司也可称为"外资—社会企业"。

总体来看，从一定意义上讲，中国的大型企业，不管是国有控股、民营控股、还是外资控股的大型企业，大都已经成了混合企业；有的已经大部分（50%以上的股权）、有的已经部分（20%～50%的股权）、有的小部分（5%~20%的股权）在股东权利、经营管理、经营目的、利益分配等方面多元化、社会化。

中国大型企业的混合化过程正在快速推进，中国大型企业向不同类型的社会企业转变的过程正在快速发生。这个过程，正在深刻改变以致会从根本上改变中国经济最重要、最主要的微观基础。它正在深刻地以致根本地改变原来意义的国有企业与国有经济，正在深刻地以致根本地改变原来意义的私营企业与私营经济，正在深刻地以致根本地改变原来意义的外资企业与外资经济。

在以国有企业混合所有制改革为主要标志性特征的各类改革措施的推动下，中国各类大型企业正在发展演变成为各类大型"社会企业"，由此将给中国经济最重要的微观基础带来重大甚至根本的变化，进而将给中国经济的整个微观基础带来重大甚至根本的变化。随着这一重大甚至根本的变化的到来，人们要重新认识中国新特色的市场经济、中国新特色的微观经济、中国新特色的市场主体、中国新特色的社会主义、中国新特色的经济体制。

（本文由北京大成企业研究院副院长陈永杰撰写。）

关于社会所有制的讨论

我国关于社会所有制的讨论始于改革开放，可以说是改革开放带出来的话题。

我们知道，像其他社会主义国家一样，新中国成立以来，我国的社会主义实践是在以马克思主义为指导思想下进行的。由于建设社会主义是人类历史上从未有过的一场伟大实践，没有现成的可参照物，也没有可以借鉴的历史经验，因而社会主义实践基本上是以马克思主义关于未来社会的构想为蓝本并结合本国实际进行的。又由于各国对于马克思主义关于未来社会构想的理解（或认识）有所不同，因而在实践中出现了大体相同但又有差异的各种模式，比如苏联模式、南斯拉夫模式等。由苏联的历史地位决定，苏联模式成为历史上影响力最大的一种社会主义模式，并成为包括中国在内的大多数社会主义国家所仿效的样板。然而，几乎所有的社会主义国家在实践中都曾遇到相同的问题，这就是我们现在都熟知的问题：体制僵化，效率低下，经济缺乏活力，人民缺少实惠，劳动者的生产积极性受到极大的挫伤，社会主义并没有显现它应有的优越性，在与资本主义的竞争中还渐渐处于下风……这样的结果与马克思主义关于未来社会构想的预期效果大相径庭，出入极大，实践似乎远远偏离了理论指导的路线。

面对社会主义实践中遇到的困难和问题，人们不禁反思：可能是我们对于马克思主义关于未来社会经济制度本质的认识出现了很大的偏差，也可能是我们对于未来社会经济制度具体实现形式的认识出现了很大的偏差，或者二者兼而有之。因此，要使我国的社会主义实践不偏离正确的轨道，就必须深刻反思现有的关于建设社会主义的理论，重新认识马克思主义关于未来社会的构想，而这一切构成了我国经济改革的原动力。我国关于社会所有制的讨论就源自对马克思主义关于未来社会构想的再认识。

我国关于社会所有制的讨论始于20世纪80年代，在1994年达到了一个高潮。其原因是：1992年邓小平南方谈话后，1993年我国提出了建立社会主义市场经济的改革目标，将对传统的公有制进行深刻的改革和改造，这将是经济体制改革面临的一场重大攻坚战。公有制该怎么改，改什么，就成为当时人们思考和关注的热点问题。社会所有制就是当时作为一条所有制改革的思路提出来的。当然，在中国提出社会所有制这个概念受到了南斯拉夫社会所有制实践的影响，正如著名经济学家、中国社会科学院研究员于光远所指出的，引起中国学者对"社会所有制"这个名词注意的，是南斯拉夫的学者。[1] 1994年前后掀起社会所有制讨论高潮的另外一个原因是对公有制的股份制改造和建立现代企业制度。对此，社会和学界都有不同的看法，存在激烈的交锋，从而将关于社会所有制的讨论推上了一个高峰。1994年之后，我国关于社会所有制的讨论逐渐冷却下来，但每年还有新的研究成果不断推出，这场讨论还在继续中。

本文将对20世纪80年代以来我国关于社会所有制的讨论做一综述，对这场延伸至今的讨论做出梳理和总结，以期推动人们对社会所有制认识的深化。

一 什么是社会所有制

我国学者对社会所有制的认识首先来源于马克思和恩格斯的论述，是

---

[1] 于光远：《关于"社会所有制"》，《学术月刊》1994年第2期。

对马克思和恩格斯相关论述的深度挖掘。结合我国的社会主义实践，学者们对社会所有制的研究主要形成了以下两种对立的观点。

第一种观点认为，社会所有制是公有制的高级形式，实行单一的公有制。

中共中央编译局研究员王学东指出，在马克思和恩格斯的有关论述中，社会这个概念除指群体关系外，还常常被用来指称一切生产资料的所有者。从这个意义上讲，社会所有制应该被理解为公有制的一种高级形式，即共产主义社会的公有制形式。在这种所有制下，作为生产资料所有者的是整个社会，它对生产资料的占有是直接占有。因此，它既不同于由部分社会成员联合占有部分生产资料的集体所有制，也不同于整个社会以国家为代表来间接占有生产资料的国家所有制。它实行单一的公有制——以社会为所有者主体的社会所有制。[1]

复旦大学经济学院教授蒋学模指出，社会所有制是归全体社会成员所有，由社会全体成员作为一个整体来占有和支配，为社会全体成员谋福利的一种生产资料所有制形式。全民所有制和社会所有制在内涵上是完全一致的，都属于社会全体成员所有，由社会整体加以占有和支配，用来为社会全体成员谋福利的一种高度社会化的生产资料公有制。但两者的外延有所不同，全民所有制不是社会主义唯一的公有制形式，而社会所有制覆盖全社会，具有唯一性。[2]

第二种观点认为，社会所有制是作为整体的社会成员的所有制，其实质在于生产资料所有的社会性。这个观点主要由中国社会科学院研究员于光远提出，后经众人努力，逐渐成为一种具有很大影响力的观点。

第二种观点与第一观点在字面上似乎很难区分，因为都包含社会成员和整体这两个字眼。中国社会科学院经济研究所研究员唐宗焜对此做出了

---

[1] 王学东：《关于社会所有制的几点思考》，《当代世界与社会主义》1994年第4期。
[2] 蒋学模：《社会主义全民所有制改革的基本途径——兼评何伟的〈试论社会主义国家所有制向社会所有制过渡〉》，《上海社会科学院学术季刊》1992年第3期。

区分。他认为：第一种观点强调的是"全"，即全体社会成员，是全体而不是部分；而第二种观点强调的是整体，而不是全体，因为社会所有制是可以分层的。[1]

中国社会科学院经济研究所研究员董辅礽认为，社会所有制里的"社会"，是在比较发达的生产力的基础上，以一定的目标结合而成的各种社会组织的总和。这些社会组织包括在社会中联合起来的个人及家庭，包括类型不同、功能不同的经济文化其他方面的社会组织，包括区域性的社会组织，也包括由政治上居统治地位的社会成员组成的国家，等等。于光远同志之所以把它们都归于社会所有制，是因为在这些所有制中，社会成员在不同的社会组织中联合起来了。[2]

江苏省江都市委农工部经济师丁建中认为，作为社会所有制的"社会"，不仅仅是人类共同体这个实体形式，还有另两个类别或层次的实体形式，即"个人自由联合体"或"自由人联合体"，以及每一个享有独立产权并与社会分工协作体系相联结的个人（公民）。因此，发达商品经济基础上的社会所有制，既包括人类共同体所有制（即公共所有制），也包括"自由人联合体"差异共有制（微观差异共有制），还包括普遍的个人所有制（宏观差异共有制）。[3]

综上所述，我国学者关于社会所有制概念两种观点的分歧，主要集中在对社会所有制主体和形式的认识上，主体为全体、形式为单一则为第一种观点，主体为整体（联合体）、形式为分层（多个）则为第二种观点。观点的不同，引申出的改革内容就不同。按照第一种观点，公有制经济改革的重点应放在经营权上，努力塑造公有制经济新的经营机制；按照第二种观点，

---

[1] 唐宗焜：《关于社会所有制范畴的若干讨论——评于光远的"社会所有"观，兼论马克思的"社会所有制"概念》，《经济学家》1994年第1期。

[2] 董辅礽：《谈于光远社会所有制和私有制的论述》，《经济前沿》2003年第3期。

[3] 丁建中：《论社会所有制——兼答于光远同志在〈关于"社会所有制"〉一文中提出的有关问题》，《当代经济科学》1994年第5期。

公有制经济改革的重点应放在所有权上，努力明晰产权，建立现代企业制度。对社会所有制的认识不同，改革的路径就不同，改革的效果也就不同。

二 社会主义所有制的本质特征是公有制，还是社会所有制？

在一些学者看来，这个问题根本就不是问题。因为在马克思恩格斯著作中，就未来社会而言，公有制和社会所有制这两个概念的内涵和外延是完全一致的。[1] 首都经济贸易大学经济学院教授丁冰指出，公有制作为社会主义的本质特征，无论从理论上还是从实践上都是无可置疑的。马克思、恩格斯笔下的"社会所有制""公有制"完全是同义语，它既与资本家个人所有制根本对立，也与以剥削雇佣劳动为基础的资本主义的所谓"公有制"有本质的不同。有的学者之所以要在"社会所有制"的提法上大做文章，而且硬要使之与"公有制"相区别，说什么"社会所有制还不能等同于社会主义公有制"，其目的无非是企图借马克思有"社会所有制"的提法来否定社会主义社会中公有制存在的必要性和重要性。[2]

在另一些学者看来，这个问题是一个非常重要的问题。他们认为，社会主义所有制的本质特征是社会所有制，而不是公有制。

第一，公有制不能反映社会主义所有制的特征。中国人民大学经济学院教授何伟认为，公有制是与私有制相对应的一个概念，而不是社会主义所特有的，在其他社会都存在。所以，把社会主义所有制概括为公有制是不科学的，不能准确表明社会主义所有制的特征。他还指出：社会主义所有制是建立在社会化大生产基础上、适应社会化大生产要求的一种所有

---

[1] 宋书声、王锡君、王学东：《马克思恩格斯著作中表述未来社会所有制的几个概念辨析》，《求是》1995年第18期。
[2] 丁冰：《也谈社会所有制》，《当代思潮》1994年第6期。

制；生产资料归社会占有与生产社会化二者的统一就是社会主义社会，而公有制表现不出社会主义所有制这一特征。[1]

第二，传统的社会主义公有制并不是社会所有制。中央财经大学教授忠东认为，劳动者在动态过程中自由地直接占有社会所有的生产资料，这是理解社会所有制的关键。在传统的社会主义公有制下，劳动者既不能自由选择企业和职业，也不能作为主体直接支配生产资料、生产过程和劳动产品。相反，劳动者作为劳动力，与生产资料、生产过程和劳动产品都是由居于社会之上的国家支配的。也就是说，劳动者既不能自由地与生产资料结合，也不能直接与生产资料结合。这样的所有制形式无论如何都不是马克思主义古典理论所阐述的社会所有制。[2]

第三，社会所有制反映了社会主义所有制的本质。中国社会科学院研究员于光远认为，社会主义所有制的基本性质是生产资料归社会所有，因此，也可以说，社会主义所有制就是社会所有制，社会所有制是社会主义所有制的基本性质。[3]吉林省社会科学院经济研究所研究员关柏春认为，生产力决定生产关系，生产资料所有制是生产关系的核心，它是被一定水平的生产力所决定的。以往人们关于公有制或私有制的观念是建立在大工业生产基础上的，当代社会已经进入后工业阶段，生产力发生了根本性变革，社会制度也在变革中出现了许多新的特点，从传统的所有制观念出发不可能客观反映当代社会生产资料所有制的本质。社会所有制这一范畴，既反映了社会主义生产资料所有制的特殊本质，又说明了社会主义生产资料所有制的具体形式，可以更加深刻、更加全面地反映社会主义生产资料所有制的内容。[4]

---

[1] 何伟：《对社会所有制的探索》，《学术月刊》1994年第4期。
[2] 忠东：《公有制、社会所有制与社会所有制的当代形式》，《学习与探索》1988年第5期。
[3] 于光远：《政治经济学社会主义部分探索（五）》，人民出版社，2002。
[4] 关柏春：《论社会所有制——兼评目前学术界关于所有制问题的流行观点》，《社会科学评论》2006年第4期。

由于"社会主义所有制的本质特征是公有制，还是社会所有制"这个问题涉及我国宪法的有关规定和表述，因而在1994年之后，关于这个问题的讨论就陷入了沉寂。

三 股份制是不是社会所有制？

我国关于社会所有制讨论的一个重要问题，就是社会所有制在现阶段的存在形式。如果按照前述关于社会所有制定义的第一种观点，社会所有制是公有制的高级形式，那么在社会主义初级阶段不应该存在社会所有制的实现形式。因此，关于股份制是不是社会所有制的讨论，其实是关于社会所有制内涵问题讨论的延续。

在这个问题上，我国学者分成截然不同的两个阵营。

第一种观点认为，股份制是社会所有制的实现形式。

中国人民大学经济学院教授何伟认为，股份制是实现社会所有制的一种好形式。[1] 首先，股份制的定性是扬弃私人性，确立社会性。股份制的功能使私人资本社会化，使垄断资本分散化，最后达到资本社会化。资本社会化是股份制的基本特征。[2] 其次，股份公司把资本家作为多余的人排斥在企业管理之外，实行社会管理。股份制除了生产社会化、资本社会化、财富社会化外，管理职能的社会化表明股份制更具有社会性。最后，股份制是向新的生产方式的过渡点。马克思主义经典作家把股份制看作合作工厂，是由资本主义生产方式转化为联合生产方式、私有财产转化为直接的社会财产的过渡点。这是对股份制历史地位的界定。[3]

吉林大学商学院教授杨惠昶和吉林大学经济学院马晓春博士认为，股

---

[1] 何伟：《股份制是实现社会所有制的一种好形式》，《中国改革报》1997年8月23日。
[2] 何伟：《再论"股份制是社会所有制"》，《中国经济时报》2005年9月2日。
[3] 何伟：《股份制是社会所有制》，《中国经济时报》2005年3月18日。

份制不是私有制，而是社会所有制。这种社会所有制把无数个人的资本融合在一起，形成统一的、庞大的社会生产力，能够大规模地生产和销售各种商品和劳务，甚至能进行跨地区、跨行业、跨国家的生产和销售活动。这种社会所有制企业所具有的创造财富的能力是私人所有和个体所有的企业无法比拟的。在股份公司里，货币、生产资料和产品归社会所有，即使是公司最大的股东也没有权利直接支配公司的生产资料和产品，只有公司法人才能对它们持有占有权、交换权、使用权和收益权。因此，社会所有制是比私人所有制或个体所有制更有效的所有制形式。[1]

针对当时关于股份制姓"社"姓"资"的争论，四川省社会科学院研究员林凌认为股份制经济是社会所有制经济。他指出，股份制本身既不姓"资"，也不姓"社"，而是姓"中"，中性概念的"中"。同样，通过股份制这种组织形式所组成的股份制经济，既可以存在于资本主义私有制条件下，也可以存在于社会主义公有制条件下，它本身既不姓"私"，也不姓"公"，而是姓"社"——社会所有制。它既可以将私有资本组合为社会资本，也可以将公有资本（包括国有资本）组合为社会资本。因此，股份制经济是社会所有制经济。[2]

与第一种观点截然相反，第二种观点认为，股份制不是社会所有制的实现形式。

中共广州市委党校教师陈小玲认为，在马克思主义经典作家的原著中，我们可以看到两种不同的"社会所有"论述。一种是资本主义以后的未来社会（共产主义社会）的经济组织形式——社会所有制。另一种是现实资本主义社会中，随生产社会化、资本社会化（信用的发展）而产生的股份制、合作制、国有制等不同层次、不同范围的资产社会所有。后者的

---

[1] 杨惠昶、马晓春：《社会所有是公有制的有效实现形式》，《社会科学战线》2006年第5期。

[2] 林凌：《股份制经济是社会所有制经济》，《经济体制改革》1998年第3期。

资本以"社会资本"的形式出现,其企业组织也以"社会企业"的形式出现。但这两种"社会所有"的内涵显然是绝不相同的。[1]

北京大学马克思主义学院教授智效和认为,马克思并不认为股份公司所有制是社会主义公有制,它只是转向社会主义公有制的过渡点或过渡形式。因为,尽管股份公司的资本是社会资本,但毕竟只是作为公司资本而存在,它仍然是私人财富,而不是社会财富。如果说股份公司所有制就是公有制,那岂不是说资本主义社会早就公有制化和社会主义化了?[2]

国家发改委宏观经济研究院研究员黄范章认为,由于股份制是生产社会化和市场经济发展的产物,它既可为资本主义私有制所采用,也可为社会主义公有制所采用,但无论从理论上还是从经济发展史上都不能把股份制等同于公有制。如果把所有股份制企业都称为公有制或社会所有制,便会造成思想上、政策上的混乱,不利于社会主义市场经济建设。[3]

四 社会所有制是否包括马克思讲的"重建个人所有制"中的"个人所有制"?

这个问题最早由中国社会科学院研究员于光远提出,学者们围绕这个问题展开了热烈的讨论。

(一)社会所有制是否包括马克思的"个人所有制"?

我国学者对于马克思"重建个人所有制"中"个人所有制"的认识主要形成了以下10种观点:①劳动者对自己的劳动及其产品的局部的个

---

[1] 陈小玲:《是公有制还是社会所有制——建立现代企业制度中一个根本性的理论问题》,《岭南学刊》1994年第5期。
[2] 智效和:《论重建个人所有制与股份制问题》,《理论学刊》2007年第9期。
[3] 黄范章:《股份制是社会主义公有制实现的好形式》,《中国经济时报》2006年1月9日。

人所有权；②联合起来的劳动者共同所有权；③个人对全部生产力综合的占有；④作为社会主义补充形式的生产资料个体所有制；⑤生产资料个人所有制；⑥劳动力的个人所有制；⑦劳动力的私人所有制；⑧消费资料的个人所有制；⑨重建个人所有制是马克思的疏忽、误用或某种借用；⑩个人所有制即社会所有制是一种理想的"纯粹的"典型形态。[1] 由于对马克思的"个人所有制"有不同的理解，对社会所有制有不同的认识，虽然大多数学者都认为社会所有制包含了马克思的"个人所有制"，甚至有很多学者认为，"个人所有制"无非是社会所有制的另一种提法，[2] 但是，在貌似相同的观点下，内容的分歧依然很大。如果把某些人关于"个人所有制"的理解套用在另一些人关于社会所有制的理解上，那么，人们很可能会得出"社会所有制不包括马克思的'个人所有制'"的结论来。比如：有些学者认为，股份制不是社会所有制的实现形式；而有些学者认为，股份制是马克思"个人所有制"的实现形式。若将这两种观点合并，其结论必然是，马克思的"个人所有制"不是社会所有制。

（二）在社会主义初级阶段是否存在马克思的"个人所有制"的实现形式？

一种观点持否定态度。山西大学马克思主义研究所裴晓军博士认为，"个人所有制"是马克思对未来社会主义社会的生产资料所有制实现形式的一个科学的理论设想。这一设想在社会主义社会的初级阶段是不可能实现的。因为直到现在我们还没有实现"个人所有制"所应具备的那些客观条件。我们现在所实行的社会主义公有制（包括国家所有制、集体所有制和股份合作制等）是生产资料所有制上的一个重大进步。但这种所有制还不是马克思

---

[1] 邬名扬主编《〈资本论〉与当代》，华文出版社，2001。
[2] 易培强：《也谈"社会所有制"——兼评关于"社会所有制"的几种观点》，《湖南师范大学社会科学学报》1995年第4期。

所讲的"个人所有制",只是实现"个人所有制"的必经阶段,只是为我们把社会主义公有制推进到"个人所有制"这一公有制的更高形式创造了条件。[1]

另一种观点则持肯定态度。河南大学经济研究所教授于金富和安帅领博士认为,社会所有制有两种不同的具体形态——初级形态和高级形态。社会所有制是"重建个人所有制"的具体形式,也是共产主义社会所有制关系的基本形式。建立初级形态的社会所有制是消灭旧的社会分工、实现人的自由全面发展从而建立共产主义高级所有制关系的现实基础。因此,我们既不能超越阶段,无视生产力的发展状况,急于追求实现共产主义社会的所有制形式——社会所有制;也不能消极等待,等到将来消灭了旧式社会分工,实现了人的自由全面发展,进入了共产主义社会高级阶段才去"重建个人所有制"。如果说传统社会主义所有制理论与实践脱离本国实际国情,照搬了马克思关于实行社会所有制的具体结论,因而犯了教条主义的错误;那么,有人则走向了另一端,把"重建个人所有制"当作共产主义高级阶段所有制关系的具体形式,从而完全否定了共产主义社会第一阶段乃至我国社会主义初级阶段"重建个人所有制"的必要性与可行性,很显然,这是一种因噎废食、矫枉过正的理论观点。[2]

(三)社会所有制或重建个人所有制是否排斥个人对生产资料的所有(占有)?

中国社会科学院研究员于光远提出"社会所有制是否包括马克思讲的重建个人所有制中的个人所有制"这个问题,本意是探讨在社会所有制中,是否存在个人对生产资料所有(占有)的个人所有制。于光远指出,

---

[1] 裴晓军:《"重新建立个人所有制"的当代解读》,《贵州财经学院学报》2006年第2期。
[2] 于金富、安帅领:《"重建个人所有制"是共产主义社会所有制关系的本质特征——兼论公众股份制是我国现阶段"重建个人所有制"的重要形式》,《经济学动态》2010年第4期。

恩格斯在《反杜林论》中对重建个人所有制似乎不排除个人对生产资料的所有。在股份公司这样的组织中，拥有股份的个人，不是以分散的个人（即私人）而是以联合起来的个人（社会的个人）的身份拥有股份公司中生产资料中那个组成部分的财产，因此在社会主义社会中就可能存在某种个人所有制。[1] 从于光远的这段话中可以看出，他认为社会所有制不排斥个人对生产资料的所有（占有），可能存在生产资料既是社会所有又可以量化给个人的所有制形态。

对于社会所有的生产资料可以量化给个人的想法，一些学者提出了尖锐的批评。湖南师范大学教授易培强指出，通过剥夺者建立起来的劳动者个人所有制，并不是原先那种劳动者的个人小所有制，而是一种新型的生产资料所有制。生产社会化和劳动社会化的长足发展，特别是劳动资料日益具有只能共同使用的性质，客观上就要求对生产力总和的占有，不允许也不可能把大规模的整体生产力分割给单独的个人占有。而对生产力总和的占有，只有通过个人的联合才能实现。把"重新建立个人所有制"说成是要恢复个人所有制，主张将国有财产量化到个人，这是对马克思的思想的曲解。[2]

从现有的文献看，绝大多数学者都反对在社会所有制内部个人对生产资料的所有或占有。这可能源于长期以来在公有制条件下人们形成的一种理念：生产资料为全民或集体所有（占有），消费资料为劳动者个人所有（占有）。正如中国社会科学院经济研究所研究员唐宗焜所说，在社会所有制中，生产资料和总产品是直接联合起来的个人所有，而分配给社会成员个人消费的那部分产品（消费品）则是作为社会成员的个人分别所有的，

---

[1] 于光远：《关于"社会所有制"》，《学术月刊》1994年第2期。
[2] 易培强：《也谈"社会所有制"——兼评关于"社会所有制"的几种观点》，《湖南师范大学社会科学学报》1995年第4期。

这就是生产资料社会所有基础上的个人所有。[1]

中央财经大学教授忠东不同意这种看法。他认为，劳动者的收入分为两部分：一部分用来生活消费，另一部分转化为财产，即用作积累。因此，劳动者通过自己的劳动不仅获得了消费收入，而且获得了财产。这部分财产相对于社会所有的财产而言是私有财产。劳动者获得这种私有财产后，又把它作为社会财产投入社会生产过程，并以此为据获得财产收益。这种财产关系正是马克思所说的"重新建立个人所有制"在当代所寻找到的具体形式。或者说，马克思留给我们的"个人所有制"之谜的当代谜底，就是劳动者个体作为主体凭劳动挣得的财产私有制。[2] 劳动者拥有财产收益的事实意味着劳动者在社会所有制内部对生产资料有一定的所有（占有）权。

（四）社会所有制是否包括个体经济？

大多数学者从社会所有制的公有或社会所有的性质出发，认为社会所有制的主体是共同体，不包括以个人为主体的所有制形式。中国人民大学经济学院教授何伟指出，社会所有制就是否定以私人为主体的所有制，否则就不是社会主义社会。[3]

吉林省社会科学院经济研究所研究员关柏春不同意这种观点，他认为，社会所有制的具体形式不仅包括全民所有制、集体所有制、股份制、合作制等，还应当包括一部分劳动者个人所有制（个体经济和私人经济）。关柏春指出，社会所有制的一个重要特征是劳动者直接占有生产资料，并使之运用于社会化生产过程中。在社会化生产过程中，个人所有的生产资料不是"公"的，但也不是"私"的，而是"社会"的。所以，社会主

---

[1] 唐宗焜：《关于社会所有制范畴的若干讨论——评于光远的"社会所有"观，兼论马克思的"社会所有制"概念》，《经济学家》1994年第1期。
[2] 忠东：《公有制、社会所有制与社会所有制的当代形式》，《学习与探索》1988年第5期。
[3] 何伟：《对社会所有制的探索》，《学术月刊》1994年第4期。

义条件下个体经济和私人经济中的生产资料所有制也都属于社会所有制的范畴。[1]

五 资本社会化能否将资本主义经济转化为社会所有制经济？

资本的社会化、自由化、虚拟化是当代资本主义经济发展的三大特征和趋势。资本社会化带来了资本主义经济所有制和产权制度的变化。我们知道，资本主义经济的核心是资本，资本社会化必然带来资本所有（占有）关系的社会化，而这种资本所有（占有）关系的社会化发展能否最终产生社会所有制，这是学者们争议很大的一个问题。

第一种观点认为，资本社会化有可能将资本主义经济转化为社会所有制经济。

一些学者认为，随着资本社会化的发展，在资本主义社会内部孕育着社会主义因素。中国人民大学马克思主义学院尹倩博士认为，在资本主义社会内部可以自发地孕育和形成社会主义因素的观点，是一个马克思主义的观点。从当代资本主义股份制的发展趋势看，股份制已经具有某些公有的属性，是私有制向公有制转化的历史桥梁。股份制使资本主义生产关系发生了部分质变，使资本的所有权相对削弱。[2]

泰山学院教授姜素勤认为，尽管当代资本主义还未从根本上否定私人占有制度，也未动摇私人产权，但使私人财产权不再绝对不可限制，而是具有了相对化的特点，具有了"公众所有"或"社会所有"的性质，这

---

[1] 关柏春：《论社会所有制——兼评目前学术界关于所有制问题的流行观点》，《社会科学评论》2006 年第 4 期。

[2] 尹倩：《试析当代资本主义社会内部的社会主义因素》，《烟台大学学报》（哲学社会科学版）2006 年第 2 期。

体现了资本主义私人占有制的绝对统治地位被削弱或部分改变,因而可称之为"社会主义因素"。[1]

内蒙古师范大学教授吴海山认为,在资本社会化不断演进过程中,资本的所有权关系得到不断分化和转移,个人资本的独立性在这些资本形态中被扬弃或否定。这种扬弃或否定,使资本主义所有制关系表现出一种"社会所有制"的特征。[2]

还有一些学者认为,资本社会化正在将资本主义经济转化为社会所有制经济。中国人民大学经济学院教授何伟认为,根据马克思、恩格斯的论述,我们可以把股份制的性质概括为三点,即社会性、社会管理和向新的生产方式的过渡点。这三点充分说明股份制使企业制度的私人性得到扬弃,也就是资本主义性质的扬弃,从而使社会性滋生,社会性就是社会所有制。[3]

中共浙江省委党校教授董建萍和中共西藏自治区委党校讲师罗布认为,马克思强调的"向新的生产方式的过渡点"的含义,就是股份资本或合伙企业由于实现了法人所有权层面上的联合占有和社会运作,相当程度上改变了原来私人资本的特征,因此尽管其终极所有权还是私有的,但是已经向完全属于联合起来的生产者(直接的社会财产)迈出了重要的一步,是私人所有的此端迈向真正社会所有的彼端的过渡点(间接的社会财产)。而且,这还不能完全看作中介意义上的过渡点,应该视作从量变向质变转化的过渡点:先是在资本的"单纯职能"上属于社会,"取得了社会资本的形式",接下来逐渐达到将私有性完全消除,真正成为社会共有

---

[1] 姜素勤:《论当代发达资本主义国家中的社会主义因素》,《理论探讨》2007年第2期。
[2] 吴海山:《资本社会化与资本主义的发展变化——考察资本主义的一种视角》,《内蒙古师范大学学报》(哲学社会科学版)2005年第5期。
[3] 何伟:《股份制是社会所有制》,《中国经济时报》2005年3月18日。

财产。[1]

第二种观点与第一种观点针锋相对，认为资本社会化不会改变资本主义的根本性质，不会使资本主义经济转化为社会所有制经济。

一些学者认为，资本社会化不会改变资本主义的根本性质。南开大学经济学院教授张彤玉认为，股份资本作为社会资本是私人资本社会性的实现形式，它本身虽然已经具有社会资本的属性，但还不是社会公有的资本，它只是向社会公有资本发展中的一种过渡形式或中间形式。[2]

中共深圳市委党校教师余文烈和内蒙古师范大学教授吴海山认为，资本社会化的过程本质上是一种为资本主义的发展创造条件的过程，在资本主义私人占有制没有根本改变的情况下，资本社会化始终是为资本主义服务的，始终是维护和巩固资本的统治地位的。它不会从根本上改变资本主义制度，因而也不会超越资本主义制度本身。[3]

还有一些学者认为，资本社会化不会使资本主义过渡到社会主义。内蒙古师范大学教授吴海山和讲师苏布德认为，迄今为止的资本社会化进程没有从根本上改变资本主义私人占有制的统治地位，而只是以不同形式推动资本主义经济社会的发展，加强资本的力量，从而维护和巩固资本主义私人占有制的统治地位。因此，资本社会化进程本身不会使资本主义自然而然地过渡到社会主义。[4]

中共中央党校研究生岳冰认为，资本社会化没有从根本上解决资本主义社会的基本矛盾。资本社会化只是在资本主义生产关系所允许的范围内

---

[1] 董建萍、罗布：《考察与评析：当代资本主义的资本社会化运作问题》，《中共长春省委党校学报》2005年第5期。

[2] 张彤玉：《如何认识资本主义所有制关系发展的历史进程》，《南开经济研究》2001年第2期。

[3] 余文烈、吴海山：《论资本社会化》，《马克思主义研究》2006年第12期。

[4] 吴海山、苏布德：《论资本社会化与资本主义、社会主义的关系》，《内蒙古师范大学学报》（哲学社会科学版）2006年第5期。

所不得不做出的局部调整，其目的仍是资产阶级利益最大化，并不像有些学者所说，资本主义能够通过资本社会化演变成为"资本社会主义"，接近或达到社会主义的目标。[1]

参考文献

于光远：《关于"社会所有制"》，《学术月刊》1994年第2期。
王学东：《关于社会所有制的几点思考》，《当代世界与社会主义》1994年第4期。
蒋学模：《社会主义全民所有制改革的基本途径——兼评何伟的〈试论社会主义国家所有制向社会所有制过渡〉》，《上海社会科学院学术季刊》1992年第3期。
唐宗焜：《关于社会所有制范畴的若干讨论——评于光远的"社会所有"观，兼论马克思的"社会所有制"概念》，《经济学家》1994年第1期。
董辅礽：《谈于光远社会所有制和私有制的论述》，《经济前沿》2003年第3期。
丁建中：《论社会所有制——兼答于光远同志在〈关于"社会所有制"〉一文中提出的有关问题》，《当代经济科学》1994年第5期。
宋书声、王锡君、王学东：《马克思恩格斯著作中表述未来社会所有制的几个概念辨析》，《求是》1995年第18期。
丁冰：《也谈社会所有制》，《当代思潮》1994年第6期。
何伟：《对社会所有制的探索》，《学术月刊》1994年第4期。
忠东：《公有制、社会所有制与社会所有制的当代形式》，《学习与探索》1988年第5期。
于光远：《政治经济学社会主义部分探索（五）》，人民出版社，2002。
关柏春：《论社会所有制——兼评目前学术界关于所有制问题的流行观点》，《社会科学评论》2006年第4期。
何伟：《股份制是实现社会所有制的一种好形式》，《中国改革报》1997年8月23日。
何伟：《再论"股份制是社会所有制"》，《中国经济时报》2005年9月2日。
何伟：《股份制是社会所有制》，《中国经济时报》2005年3月18日。
杨惠昶、马晓春：《社会所有是公有制的有效实现形式》，《社会科学战线》2006年第5期。

---

[1] 岳冰：《资本社会化问题刍议》，《中共山西省直机关党校学报》2013年第4期。

关于社会所有制的讨论

林凌：《股份制经济是社会所有制经济》，《经济体制改革》1998年第3期。

陈小玲：《是公有制还是社会所有制——建立现代企业制度中一个根本性的理论问题》，《岭南学刊》1994年第5期。

智效和：《论重建个人所有制与股份制问题》，《理论学刊》2007年第9期。

黄范章：《股份制是社会主义公有制实现的好形式》，《中国经济时报》2006年1月9日。

邬名扬主编《〈资本论〉与当代》，华文出版社，2001。

易培强：《也谈"社会所有制"——兼评关于"社会所有制"的几种观点》，《湖南师范大学社会科学学报》1995年第4期。

裴晓军：《"重新建立个人所有制"的当代解读》，《贵州财经学院学报》2006年第2期。

于金富、安帅领：《"重建个人所有制"是共产主义社会所有制关系的本质特征——兼论公众股份制是我国现阶段"重建个人所有制"的重要形式》，《经济学动态》2010年第4期。

尹倩：《试析当代资本主义社会内部的社会主义因素》，《烟台大学学报》（哲学社会科学版）2006年第2期。

姜素勤：《论当代发达资本主义国家中的社会主义因素》，《理论探讨》2007年第2期。

吴海山：《资本社会化与资本主义的发展变化——考察资本主义的一种视角》，《内蒙古师范大学学报》（哲学社会科学版）2005年第5期。

董建萍、罗布：《考察与评析：当代资本主义的资本社会化运作问题》，《中共长春省委党校学报》2005年第5期。

张彤玉：《如何认识资本主义所有制关系发展的历史进程》，《南开经济研究》2001年第2期。

余文烈、吴海山：《论资本社会化》，《马克思主义研究》2006年第12期。

吴海山、苏布德：《论资本社会化与资本主义、社会主义的关系》，《内蒙古师范大学学报》（哲学社会科学版）2006年第5期。

岳冰：《资本社会化问题刍议》，《中共山西省直机关党校学报》2013年第4期。

（本文由王碧峰撰写。）

资本社会化的理论设想及实践探索

资本社会化是现代资本主义经济发展的一个必然趋势，在这一过程中出现了垄断集团、法人持股、机构持股等现象，以及合作社、职工持股、共同决定等进步的组织形式或制度，呈现多种方式齐头并进的资本社会化趋势。在这个趋势中，资本的所有权、经营权、决策权、收益权等发生了多层次、多样化的转移和分离。本文回顾了马克思主义理论对资本社会化具有前瞻性的洞见，介绍了市场社会主义关于超越资本主义的几种制度设计，分析其实现资本社会化的思路与合理性，并对现代以来的资本社会化现象进行分类梳理，结合理论探究各种形式的性质和趋势。

一 马克思主义资本社会化理论

（一）马克思资本社会化思想

马克思的《资本论》中并没有明确提出资本社会化理论，而是用"社会资本"的概念来指代建立在生产社会化基础上的社会集中的资本。相比之下，资本社会化这一概念更能体现资本集中和资本所有权分散的运动过程，反映社会生产关系的动态特征，其理论根源与马克思政治经济学是一脉相承的。

马克思所处的时代资本社会化初现苗头，股份制公司在铁路、运输等行业开始兴起，他敏锐地注意到了这一昭示资本主义发展趋势的现象，将其纳入政治经济学框架内加以剖析。在马克思的语境下，社会资本的含义与股份资本可以说是等同的，因为在那个时候除了股份制并没有出现资本社会化的其他形式。

第一，股份制是资本社会化的基本形式，它以生产社会化为前提。社会化大生产对资本提出了更高的要求，单个资本积累的速度太过缓慢，根本无法在短时间内达到满足社会化生产的巨额资本量，由此单个资本通过股份制联合了起来，以适应生产社会化的发展。"那种本身建立在社会生产方式的基础上并以生产资料和劳动力的社会集中为前提的资本，在这里直接取得了社会资本（即那些直接联合起来的个人的资本）的形式，而与私人资本相对立，并且它的企业也表现为社会企业，而与私人企业相对立。"[1] 他认为，股份经济使资本主义的生产资料私人占有性质出现了一定程度的变化，社会资本与私人资本是对立的，社会企业与私人企业也是对立的。这种对立并不意味着已经克服了资本主义制度的基本矛盾，而只是克服内在矛盾过程中的量变阶段。"但是，这种向股份形式的转化本身，还是局限在资本主义界限之内；因此，这种转化并没有克服财富作为社会财富的性质和作为私人财富的性质之间的对立，而只是在新的形态上发展了这种对立。"[2] 股份制使资本主义在一定程度上完成了自我超越，作为上层建筑的生产关系主动去适应经济基础的变化，从而进一步释放了生产力。

---

[1]〔德〕马克思：《资本论》（第三卷），人民出版社，1975，第493页。
[2]〔德〕马克思：《资本论》（第三卷），人民出版社，1975，第497页。

第二，信用制度对资本社会化的催化作用。信用是一种借贷行为，偿还性是信用的基本特征。股份制公司的资产构成，从会计的角度讲可以简单地分为负债和所有者权益两个部分，其中所有者权益部分代表了股东的自有资本，负债则是以信用的形式从社会募集的资金，必须以一定的条件偿还，一般来说是利息。马克思指出，"信用制度是资本主义的私人企业逐渐转化为资本主义的股份公司的主要基础"。[1] 信用制度为股份制形式下的资本集中创造了新的途径，通过银行机构的协调，股份公司能够以除了发行股票以外的方式募集资金，确保股东的权益不被稀释，使股份制具有更高的灵活性和适应性，进一步促进资本社会化的发展。

第三，股份制下资本所有权和经营权分离。当股份制产生以后，原本集中统一于资本家自身的企业所有权和经营权发生了分离。"实际执行职能的资本家转化为单纯的经理，即别人的资本的管理人，而资本所有者则转化为单纯的所有者，即单纯的货币资本家。"[2] 经营权转移到职业的经理阶层手中，他们被专门雇佣作为资产阶级的管家和代言人，资本家逐渐退居幕后，凭借所有权索取剩余价值。当所有权和经营权分离以后，信息不对称引发了委托—代理问题，高层次经理阶层直接掌握了生产资料，能够在很大程度上影响生产和分配。大型企业中被雇佣的 CEO 收入可以是普通员工的千倍以上，虽然他们表面也是被雇佣劳动者，但实际上不再是被剥削的劳动者，相当于被吸纳入了资本家阶层，所得的远远超过他们付出的劳动。"在股份公司内，职能已同资本所有权相分离，因而劳动也已经完全同生产资料的所有权和剩余劳动的所有权相分离。"[3] 股份制下，通过劳工持股，剩余价值的剥削更加隐蔽，同时剩余价值的分配也更加间接。

第四，股份资本是作为私人财产的资本在资本主义生产方式范围内的

---

[1]〔德〕马克思：《资本论》（第三卷），人民出版社，1975，第498页。
[2]〔德〕马克思：《资本论》（第三卷），人民出版社，1975，第493页。
[3]〔德〕马克思：《资本论》（第三卷），人民出版社，1975，第494页。

扬弃。马克思对股份制的评价非常高，认为其是资本主义生产方式范围内所能达到的"最高形式"和"最后形式"。"恰恰是各资本作为单个资本而相互作用，才使它们作为一般资本而确立起来，并使各单个资本的表面独立性和独立存在被扬弃。……这种扬弃的最高形式，同时也是资本在它的最适当的形式中的最终确立，就是股份资本。"[1] 旧事物中蕴含新生事物的萌芽，股份制所有权、控制权、经营权的分离，是对资本主义生产资料私人所有制的否定，包含了进步的因素。"资本主义生产极度发展的这个结果，是资本再转化为生产者的财产所必需的过渡点，不过这种财产不再是各个互相分离的生产者的私有财产，而是联合起来的生产者的财产，即直接的社会财产。"[2] 从某种意义上讲，当今世界各国大力发展的养老基金、年金基金使许多企业初步具备了社会财产的性质，通过这些金融机构法人，大部分人民拥有了社会财富的所有权，虽然只是名义上的所有权，却让我们看到了更公平的财富分配方式的可能。

（二）恩格斯的资本社会化思想

恩格斯在马克思去世之后，观察到资本主义在新的时代条件下表现出新的发展特征："历来受人称赞的自由竞争已经日暮途穷，必然要自行宣告明显的可耻破产。这种破产表现在：在每个国家里，一定部门的大工业家会联合成一个卡特尔，以便调节生产……但是生产社会化的这个形式还嫌不足。各个公司的利益的对立，过于频繁地破坏了它，并恢复了竞争。因此，在有些部门，只要生产发展的程度允许的话，就把该工业部门的全部生产，集中成为一个大股份公司，实行统一领导。"[3] 他认为，卡特

---

[1] 中共中央马克思恩格斯列宁斯大林著作编译局编译《马克思恩格斯全集》第四十六卷（下册），人民出版社，1980，第167页。
[2] 〔德〕马克思：《资本论》（第三卷），人民出版社，1975，第494页。
[3] 〔德〕马克思：《资本论》（第三卷），人民出版社，1975，第495页。

尔、托拉斯等垄断生产组织形式代表着股份公司的二次方和三次方，是股份公司的发展形态。

恩格斯认为，垄断生产方式为过渡到未来社会做了准备。"由股份公司经营的资本主义生产，已经不再是私人生产，而是由许多人联合负责的生产。如果我们从股份公司进而来看那支配着和垄断着整个工业部门的托拉斯，那么，那里不仅没有了私人生产，而且也没有了无计划性。"[1] 垄断资本的生产方式体现出更强的生产社会性，大规模的社会化生产机构从股份公司转向托拉斯等垄断组织，而后又被国家占有。资本主义为了适应生产社会化而不得不调整生产关系，使资本社会化成为客观的发展过程。托拉斯等垄断形式在完善部门之间统筹生产的过程中，发展出的种种手段，为资本主义过渡到未来社会做了更加充分的准备。

尽管垄断资本主义和国家垄断资本主义的生产方式反映了资本社会化的进步趋势，生产力和生产关系发展程度进一步深化了，可资本主义的基本矛盾并没有因此得到解决，反而变得更加尖锐。恩格斯认为："无论转化为股份公司和托拉斯，还是转化为国家财产，都没有消除生产力的资本属性。"[2] 因为国家机器是资产阶级利益的代言人，即使生产资料由国家占有也不代表真正由社会全体成员占有，生产社会化与资本主义私人占有的矛盾在这个阶段被推到了一个新的高度。

（三）列宁的资本社会化思想

列宁所处的时代是19世纪末20世纪初，资本主义世界进入了帝国主义阶段，金融资本成为占据统治地位的资本形态。列宁指出："资本主义

---

[1] 中共中央马克思恩格斯列宁斯大林著作编译局编《马克思恩格斯选集》（第四卷），人民出版社，1995，第408页。

[2] 中共中央马克思恩格斯列宁斯大林著作编译局编《马克思恩格斯选集》（第三卷），人民出版社，1972，第436页。

的一般特性，就是资本的占有同资本在生产中的运用相分离，货币资本同工业资本或者说生产资本相分离，全靠货币资本的收入为生的食利者同企业家及一切直接参与运用资本的人相分离。帝国主义，或者说金融资本的统治，是资本主义的最高阶段，这时候，这种分离达到了极大的程度。"[1] 相比马克思关于职能资本家和货币资本家分离的论述，列宁的补充提出了分离程度最大化的论断，指出三个层面的分离关系。

金融资本通过金融寡头进行统治，主要通过参与制实现。参与制是建立在股份制的基础上的，垄断资本通过购买股票达到一定比例实现对企业的控制，通过股权稀释从小资本家、劳动者手中集中了闲散资金，用更少的自有资本控制大量的社会资本。部分劳动者虽然持有企业的股票，但是由于持股比例太小，在企业经营决策中并没有话语权，更不用说利润分配的决策了。有些学者提出劳动者持股后也占有了生产资料，也是资本家。股份制度最终将实现"资本民主化"。列宁尖锐地指出："虽然资产阶级的诡辩家和机会主义的'也是社会民主党人'都期望（或者要别人相信他们期望）股票占有的'民主化'会造成'资本的民主化'，会加强小生产的作用和意义等等，可是实际上它不过是加强金融寡头实力的一种手段而已。"[2] 事实上，劳动者持股只是在一定程度上增加了劳动者的收入方式，并没有真正打破剩余价值的分配格局。

1917年十月革命后，布尔什维克建立了第一个共产主义政权，颁布土地法令，废除土地私有制，没收了地主阶级的土地，实行土地国有制，率先开辟了社会主义条件下的资本社会化形式。我国新中国成立后也进行了土地改革，对农业、手工业、资本主义工商业进行社会主义改造，资本社

---

[1] 中共中央马克思恩格斯列宁斯大林著作编译局编《列宁选集》（第二卷），人民出版社，1995，第624页。

[2] 中共中央马克思恩格斯列宁斯大林著作编译局编《列宁选集》（第二卷），人民出版社，1995，第614页。

会化有过合作社和人民公社的形式，部分实现了马列的设想。资本社会化是社会生产力发展的内在趋势，在资本主义条件和社会主义条件下结合各国国情发展出了多种实践形式。

二 资本主义国家资本社会化形式的理论设想

（一）从"费边主义"到"第三条道路"

社会民主党也有一些理论涉及资本社会化问题，比如被英国工党所接受的费边社会主义理论和20世纪80年代欧洲资本主义国家出现的第三条道路的探索。

费边主义是19世纪后期流行于英国的一种主张采取渐进措施对资本主义实行点滴改良的资产阶级社会主义思潮。费边主义者认为只有通过公共使用生产资料才能得到最大幸福，与地方和企业的"民主管理"相适应，他们更主张地方公有化，即"市政社会主义"，提出要把土地和工业资本从个人和阶级的所有制下解放出来，把它们转为公社所有，以谋公众的福利。具体来说，土地耕作者交地租，由资产阶级国家（市政当局）购买土地，而剥削者将土地出售给市政当局还可以购买公债逐年减息。在他们看来，这种地租和利息的社会化意味着生产资料的社会化。至于如何实现这种资本社会化，他们主张除少数不适合地方经营管理的全国性大型企业实行国有外，大部分企业应按行政区划归地方政府管理，地方政府是生产资料社会化的代理机构。进入20世纪以后，由于资本主义垄断的增强，"市政社会主义"的设想破灭了，一些费边主义者才又提出了纯粹的国有化的方案。

20世纪80年代以来，随着社会民主党在各国纷纷上台执政，"第三条道路"作为一种重建的社会民主主义理论开始盛行。"第三条道路"是民主社会主义与自由主义的又一次新的融合，其主张是在资本主义框架下建立合作包容型的新社会关系，表现在经济方面就是私有制的实现形式的变化，包括推广股份制、实行雇员持股计划、主张国有企业重新私有化等。这一时期，资本社会化程度的提高主要表现在机构投资者等法人股东的崛起。机构投资者是相对于个人投资者而言的用自有资金或信托资金进行证券投资活动的组织或机构，主要包括保险公司、投资信托公司、养老基金、共同投资基金等，它们一般拥有巨额资金和收集、分析证券信息的能力，并拥有大批专业人员从事高水平的风险投资组合活动。机构投资者的进入使社会资本在占有、组织和管理上进入了更高的层次。

（二）"人民资本主义"理论

20世纪50年代冷战期间，苏联在建设上取得巨大成就，社会主义的意识形态对世界人民产生强烈的吸引力，社会主义阵营发展极为迅猛。出于意识形态对抗的需要，美国商会会长约翰·斯通第一次提出了"人民资本主义"的概念，并在艾森豪威尔总统的支持下得以广泛宣传。

"人民资本主义"是在股份制充分发展的背景下提出来的，其基本理论内容包括"资本民主化"和"管理民主化"两部分：在股份制充分发展的背景下，大量小额股票的发行使公司的股权更为分散，各社会阶层都持有股份公司的股票，资本所有权实现分散，企业也为工人所有，不存在阶级对立，人人都是资本家，即"资本民主化"；公司所有权和经营权分离，资本家退居二线，工人阶级通过持有公司股票获得公司管理的参与权，作为自然人的个人资本家逐渐失去管理的决定权，从而实现"管理民主化"。

美国经济学家纳德勒声称："美国的经济正在很快地带有我们可以称为'人民资本主义'的那种性质，在这种制度下，全国的生产设备，特别是工业设备，已经逐渐为低等或中等收入的人士所占有。"[1] 实际上，人民资本

---

[1] 倪力亚：《论当代资本主义社会的阶级结构》，中国人民大学出版社，1989，第140~141页。

主义理论是意识形态对抗的产物，所谓工人都是资本家显然是无稽之谈，一是持有股票的人数是绝对少数，1980年美国持有股票的人数只占全国人口的13%，二是在持股人中少数人拥有大量股票，1983年占美国人口不到2%的富豪拥有80%以上的股票。[1] 无论如何都谈不上"人民资本主义"。

虽然该理论的阐述毫无根据，但是资本民主化部分的论述正是资本社会化的具体表现。所谓资本民主化描述的核心社会现象是雇员股东制，分为企业储蓄计划、养老基金、期权股份三种主要形式。

（三）市场社会主义理论

1. 市场社会主义理论起源

19~20世纪，在马克思主义思想的指导下，国际工人运动蓬勃兴起。苏联成功建立第一个社会主义政权时，马克思早已去世，并没有具体论述社会主义的制度应该是怎么样的。在马克思思想的影响下，一大批学者开始探索社会主义的道路，试图设计出更好的制度以解决资本主义的基本矛盾。生产社会化是社会进步历史发展的必然趋势，生产关系必须适应生产力的发展，要改变的只能是资本主义生产资料私人占有这一生产关系。社会主义者们探索和设想要解决的问题可以提炼为一个：如何合理地实现资本社会化，或者说如何合理地实现生产资料的社会化。在这一点上，市场社会主义的理论似乎十分契合。

苏联选择的计划经济体制与资本主义国家的市场经济体制对资源的配置方式截然不同，激发了两个阵营学者们的激烈争论。20世纪初，波兰经济学家奥斯卡·兰格提出了著名的"兰格模型"，他把市场机制的作用引入社会主义经济，提出了在分散模型限制下计算经济的可能性，认为计划经济可以通过"试错法"实现资源的理性配置，达到和竞争性市场一样的

---

[1] 李益民：《"人民资本主义"的内容和实质》，《理论导刊》1992年第3期。

均衡。从兰格开始，学界探索市场机制与社会主义结合的理论不断涌现，形成了市场社会主义。

前苏东社会主义国家把公有制等同于国有制，认为生产资料国家所有就等同于社会所有，国有制是公有制的唯一实现形式。市场社会主义者们否认了这种观点，约翰·罗默从目标的角度理解社会主义，认为社会主义是为了实现平等，因此所有制形式的选择就只是一种手段，公有制尤其是国有制不是决定社会主义制度的唯一选择。锡克指出，国有制很大程度上表现为"官僚所有制"，中央计划高度僵化的指令打击劳动者的生产积极性，不利于生产力的发展。此外，国有制经济存在人民—国家、国家—企业、企业—经理三层委托—代理关系，每一层委托方和代理方的利益目标都不完全一致，信息不对称进一步带来生产效率降低。南斯拉夫的自治社会主义认为国有制是公有制的低级形式，依然会造成劳动者与生产资料分离。

市场社会主义者们提出了各自的解决方案，其中一个重要的思路是生产资料由人民直接控制，而困难之处也在于如何设计一个合理的制度，使生产资料由人民直接控制，同时保持经济活力使生产力能够发展。这个问题实质上也是对资本社会化的探讨，究竟何种形式的资本社会化能够保障人民尤其是劳动者的利益？同时，又有何种形式的资本社会化是切实可行的？

2. 全民证券的市场社会主义

美国市场社会主义经济学家约翰·罗默认为市场是一种中性的手段，对刺激企业创新是必要的外部条件，秉持的原则是"尽可能使新的模式与现实资本主义区别最小化"，这样它最有可能经营得像资本主义那样有效率。

罗默对苏联的经济做出如下理解：在战后重建的前 20 年苏联型经济能够集中资源快速推动建设，是由于经济重建不需要技术革新推动经济发展，可是在完成重建后，就需要革新带来新的增长动力，苏联型经济在这方面不如市场经济。他认为国家干预对于市场社会主义是必要的，尤其在教育、科研、公共事业等方面，但国家干预的方式应该采用经济手段而非行政手段。

罗默认为，苏联的实践是对马克思思想的误解，马克思认为私有制是剥削的根源，但是废除私有制并不是只能采用国家所有制。他提出证券所有制的市场社会主义形式，将全国所有企业的证券平等地分配给每一位成年公民，使所有人能够分享社会经济发展的总利润。这种体制将人的收入分为工资和社会红利两部分，与之相对应的是两种货币体系，一类是现金货币，用于日常流通，另一类是证券货币——每个年满21周岁的公民都会从政府领到同样数量的息票，死亡后把全部息票交还政府——用于购买企业的股票，从而通过企业分红的形式分享该企业的利润。两种货币体系不能互相兑换，证券市场上同样存在交易，股票借助于息票进行流通，以息票价格的形式标价，这样优秀的企业同样会有较高的息票价格。如果个人具有较高的投资水平，就有可能获得较高的收益，对于那些不懂投资的普通人，可以选择合股投资公司代为购买。企业的资金由公共银行提供，银行负责监督企业的经营管理，但是企业的利润分配给个人股东，而不是给银行。当企业股票的息票价格下跌时，银行就需要介入企业经营管理。经营中允许私人企业的存在，但是私人企业发展到一定规模后必须拍卖给公有部门，实行国有化。息票体系让全体公民能够分享经济的总利润，由于货币体系和息票体系不能互相兑换，这就不会出现少数的富有市民阶层控制大量的股权的情况，维持了最基本的公平，而劳动力市场的存在允许竞争造成工资差异，兼顾效率与公平，避免贫富两极分化。

3. 经济民主的市场社会主义

美国洛约拉大学的大卫·施韦卡特教授在他的著作《超越资本主义》中对资本主义的诸多弊端进行了批判，并就如何改良资本主义制度提出了不同的看法。他的批判和建设着重于民主制度。资本主义社会政治提倡的民主，在施韦卡特看来只是多头政治，形式上代表了人民的利益诉求，而实质只是党派争夺选票的表演。他认为，民主的实现是后继制度超越资本主义制度的关键，民主精神本身契合了马克思主义"每个人自由而全面的发展，是所有人自由而全面发展的前提"。但是社会过多把民主概念和政治联系起来了，反而忽视了真正能应用民主的地方是经济，尤其是微观经济单位——企业。

普通大众难以对整体的社会现状有清晰深刻的认识，也没有能力全面考虑政策的多重社会影响和长远后果，而对他们自己的工作和为之服务的企业，他们的认知和理解反倒更加清楚和深刻。这也是施韦卡特提出将企业民主化的重要理由之一。在他的经济民主的市场社会主义架构中，最重要的三个特点分别是：工人自我管理、市场、投资的社会控制。

生产资料归社会集体所有，工人们拥有使用权而没有所有权，为使用生产资料上缴资本资产税，这些税收用来成立社会的投资基金。企业受委托保持资本存量的价值，如果经营不善可以选择出售，所得必须上交投资基金而不能用于支付工人工资。在经济民主下，企业组织工人委员会和管理委员会等机构组织生产，受工人支配，不需要董事会、股东大会等，企业作为一个共同体存在，不能自由买卖。劳动者加入一个共同体后就获得了对应的公民权，离开加入另一个企业时权利也随之转移。

经济民主的社会主义保留商品市场，企业依然追求利润最大化。这里最大的区别在于，资本主义下企业的利润中劳动是成本，而工人管理的企业中劳动不是成本，而是全部剩余的权利所有者。资本主义制度下，金融市场对资本进行配置，投资资金来源于私人储蓄、企业盈余。经济民主制度下，新增投资来自对生产资料征收的资本资产税，用这些税收成立投资基金，通过一定的程式配置。一种方案是由专门的国家计划部门负责，另一种方案是将资金分配给公共银行，像资本主义银行一样以一定的利率放贷。施韦卡特倾向于折中，兼顾公平与效率，追求充分就业目标，以此作为公共银行业绩的考核指标。

大卫·施韦卡特对主流经济学为资本家辩解的"企业家功能"进行了反驳，指出企业家和资本家二者是可分离的，作为提供资本的资本家功能对于社会生产的贡献为零，取缔资本家的资产性收入对超越资本主义是必要的。

总体来看，市场社会主义者们就如何变革资本主义制度提出了各自的解决方案，罗默的证券市场社会主义、施韦卡特的经济民主的市场社会主义，在具体制度设计上差别较大，不过都秉持一致的框架思路。从自由竞争的市场角度理解，资本主义在资本市场、劳动力市场、商品服务市场都是自由竞争的，市场社会主义则是保留商品服务市场的市场机制，资本和劳动力市场部分取缔了市场机制。从资本主义基本特征理解，资本主义以生产资料私人占有、市场和工资劳动为特征，苏联模式取消了生产资料私人占有和市场，保留工资劳动，市场社会主义取消了生产资料私人所有制和工资劳动，保留了市场。

除以上二者外，市场社会主义还有米勒的合作社，阿森纳·扬克的"实用的市场社会主义"，伊藤诚的"民主分权的市场社会主义"等，他们的理念和解决思路与施韦卡特等人基本无二，这些理论设想为未来社会主义制度的发展提供了丰富的理论素材。

市场社会主义的资本社会化设想是在理论上进行开拓，世界各国的实践并没有按照他们的设想进行，至少他们的设想没有成为主流的资本社会化形式。从资本社会化的角度，回顾一个多世纪以来在各国特定的社会历史条件下制度的演变，厘清由此导致的资本各项权力的转移分配，是思考资本社会化将如何发展这个重要问题必须要做的工作。

三 资本主义国家资本社会化的实践形式

资本社会化是生产资料所有权的变革，是资本主义发展阶段中呈现的趋势。需要明确的是，资本社会化的过程并不具有统一的形式，恰恰相反，它在世界各个地区不同的历史条件下表现出不同的具体形式。多样化的演变路径存在共同的本质特征，即资本所有权的扩散和资本的集中。在大的潮流中，以股份制为基本特征的资本社会化形式占据了主导地位，在股份制的基础上出现了垄断财团、跨国公司、法人机构等，并且出现了职工股份持股、共同决定、集体协议等进步的社会化表现。除此之外，不容忽视的还有合作社制度，这是与以股份制为基础各类资本社会化完全不同的另一条道路，在实践中证明了它的可行性和合理性。

（一）股份制——资本社会化的重要制度基础

历史上第一家股份有限公司是1602年成立的荷兰东印度公司，其借助强大的武力进行殖民扩张，垄断了各类香料的海上贸易，在大航海时代赚得盆满钵满，当时它的股息率高达40%。东印度公司股份运作模式对欧洲资本主义的发展具有重要借鉴意义。科技革命产生了巨大的生产力，推动生产组织形式从手工作坊、工场手工业向大工厂和机械化大生产转变。在独资或合伙的企业里，经营规模要受到单个资本家或几个资本家本身所拥有的资本数量的限制。股份公司通过发行股票，能够短时间内把分散在社会上的或大或小的货币资源，整合到一起成为集中的大量资本，达到经营大规模生产所需要的必要的最低资本额。伴随生产社会化的发展，以资本集中为核心特征的资本社会化也就从这里开始了。

19世纪下半叶，第二次工业革命带来了运输业、采掘业、汽车业、制造业等一系列产业的兴起，这些产业推动了社会化大生产的发展。原先的合伙制等形式难以适应大规模生产的巨额资金需求，股份制成为企业组织形式的最优选择，19世纪70年代后股份制的推广呈加速趋势，到了90年代，股份制经济已经成为资本主义企业的主要组织形式。20世纪90年代，美国的股份制企业数量虽然只占15%，但是占美国企业总资产的80%

以上。

股票并非实在的资本，而是股份公司发行的所有权凭证，是股份公司为筹集资金而发行给各个股东的作为持股凭证并借以取得股息和红利的一种有价证券，是一种虚拟资本。生产组织的所有权、经营权、控制权三权分立是在这种特殊的资本形式下才得以产生的。

股份公司的组织架构如下：股东大会—董事会—经理—监事会。名义上股份公司有很多股东，但能够对公司的经营管理产生影响的只有大股东。股东们按照持股比例委任董事，组成董事会，只要掌握相当比例的公司股份，控制了董事会，就能掌握股份公司的经营管理实权。经理层和董事会是资本家财团利益的代理人，他们只拥有日常事务的管理权，而不具有真正的最终决定权，尤其是管理层的人选权，而管理人员和董事会的人员任命才是控制权的真正体现。

早期资本主义企业采用的独资或合伙企业形式，经营权和所有权是统一的，资本家同时担负企业家的职能。19世纪七八十年代铁路业的发展，其规模和行业特点要求大量专业化的管理人员，促进了所有权和经营权的分离，组织上的进步又反过来推动铁路业的迅猛发展，带动股份制这种形式的普及与推广。

值得注意的是，股份制下企业的所有权、经营权、控制权的分离在不同阶段和制度下的程度、层次、形式都不尽相同，反映资本社会化过程中生产关系适应发展需求的特点，展现了资本主义制度本身的弹性和令人惊叹的创造性。19世纪末到二战结束，股份资本向垄断资本发展。第二次技术革命使产业结构重心从轻工业转向重工业，生产力的发展对管理组织、资金设备提出了更高的要求，中小型企业在激烈的竞争中纷纷破产，被大公司吞并，大公司之间也互相合并推动了资本迅速集中。垄断是资本追逐剩余价值而发展出来的生产组织形式，自由竞争中较大的企业通过规模效应降低成本，用价格战等方式击败或吞并弱小的企业，独占市场形成垄断，之后抬升价格攫取利润。垄断是有边界的，很少有单独一个企业完全垄断整个行业的，零散的中小企业还是存在的，垄断是竞争的结果，但是并不会使竞争完全消失，这部分归因于政府反垄断管制。

资本主义制度下，资本力量雄厚的股份公司可以通过占有其他公司股份，对其他公司形成控制。因此，一个大公司借助股份制度可以逐层控制许多公司。通过这种"参与制"的方法，一个垄断财团能够控制比本身资本大几倍甚至几十倍的资产。如1974年洛克菲勒家族拥有的财产估计为15亿美元，而受洛克菲勒财团控制的总资产高达4000亿美元。新的时代条件下，经历残酷的市场竞争后各国走出了一批世界级企业，纷纷进军海外市场。它们都是所在行业的垄断者：美国的亚马逊、谷歌、苹果，日本的丰田、索尼，韩国的三星，中国的腾讯、阿里等，无一例外都是采取了股份制的形式。

（二）职工股份所有制形式

美国的职工股份所有制发端于17世纪，可以分为四个阶段：萌芽期（17世纪至20世纪20年代）、停滞期（20世纪30年代至20世纪50年代）、发展期（20世纪50年代至1973年）、高涨期（1973年至今）。20世纪20年代，美国约有750家企业施行职工持股计划，1929年陷入经济危机，大量企业破产倒闭，投入公司持股的微薄储蓄和工作一起失去，到30年代末期，这种计划仍在施行的公司不到10个。二战期间又一次出现职工持股计划高潮，1947～1957年登记的公司有425个，而后又逐渐销声匿迹。20世纪70年代，美国经济出现滞涨，失业率高企，财政赤字居高不下，劳资矛盾尖锐，很多公司依据凯尔索的理论推行职工持股计划。同时政府先后出台多项相关法案，基于税收优惠等政策，促进职工持股计划的推广。

职工股份所有制经济主要有四种类型，分别是：已运用杠杆型ESOP、可运用杠杆型ESOP、非杠杆型ESOP和可税收减免的ESOP。其运行机制是企业通过奖励或者职工贷款购买的形式让职工持有本企业股票。职工股票由职工信托投资基金会统一管理，代表职工集体作为大股东之一参与企业管理。非杠杆型 ESOP 由公司每年按计划提供股票或用于购买股票的现金，职工不用出资，股票由职工信托投资基金会持有，定期汇报股票的数量和价格，当职工离职时根据规定取得股票或现金。杠杆型 ESOP 则是美国的主要类型，公司为职工信托基金会担保，向金融机构贷款购买公司的股票，公司每年以工资总额为基数按一定比例提取金额投入基金会偿还贷款，一般是 5~10 年内还清，之后股票就分配到职工个人账户下，在退休或离开企业时，职工可以取得股票或现金。

20 世纪 70 年代，美国参与计划的职工只有 5000 人，到 80 年代迅猛增长达到 1000 万人，90 年代人数达到 1200 万人，目前职工持股人数仍保持在 1000 万人以上，各类计划有 10000 多个。Kruse 和 Blasi 的研究表明，施行 ESOP 的公司效率都有所增长，至少没有变差，员工的福利比其他可比公司提升 8%。

我们应该看到，职工股份所有制是资本主义进步的表现，它打破了生产资料私人占有的界限，劳动者争取到了一小部分剩余的权利。但是这种程度还远远不够，并不能够从根本上解决基本矛盾，最直接的表现就是贫富分化始终在加剧，2010 年美国的财产基尼系数高达 0.84，前 10% 的富人占有约 80% 的社会总财富，资本在剩余的分配中始终占了大头。马克思指出："消费资料的任何一种分配，都不过是生产条件本身分配的结果。而生产条件的分配，则表现生产方式本身的性质。"[1] 职工股份所有制是资本社会化的进步，反映了发展过程中资本的权利被分化转移了，主要是所有权和部分收益权向劳动者转移，使生产资料所有制更加适应社会化大生产。需要清醒认识到，这种转移是有限度，只能缓和矛盾而没有解决矛盾。

---

[1] 中共中央马克思恩格斯列宁斯大林著作编译局编《马克思恩格斯选集》（第三卷），人民出版社，1995，第 306 页。

(三)美国的法人机构持股

阿道夫·贝利在 20 世纪 50 年代观察到,"第三种有些类似的集团正在露头,即所谓的……'互助基金公司'……这种基金公司已被证实相当受欢迎;它们的所有有价证券总计已超过一百三十亿美元。""不管怎么样,他们开始在他们所投资的公司里成为一个有潜力的非个人控制的有力因素。要作任何预测,则为时尚早。"[1] 他所指的就是法人机构在整个经济中股份比例逐渐提高的现象。

证券市场的蓬勃发展,使企业的股权能够迅速在市场上交易流通,为普通大众提供了参与资本市场的渠道。1929 年经济危机之后,美国出台了《证券法》《证券交易法》多项法案规范证券市场。从 1934 年开始在联邦层面实行证券发行注册制,在州层面实行以实质审核为基础的注册制,要求企业如实披露财务信息,进一步促进了证券市场的繁荣。1950 年,纽约证券交易所(NYSE)上市的所有股票综合市值约为 940 亿美元,到 2017 年 3 月,纽约证券交易所的股票市值高达 28 万亿美元。1971 年美国纳斯达克交易所正式开业,到 2017 年 3 月股票市值达到 10 万亿美元。两个交易所 2017 年的市值加起来为 38 万亿美元,而美国 2016 年的 GDP 仅为 18 万亿美元。[2]

在美国,这些发展迅速的机构投资者包括了各类金融法人,如养老基金、商业银行、保险公司、共同基金等,它们以不同的形式,从社会公众手中将分散的资金集中起来,进行证券和相关金融衍生品的投资活动。养老基金和保险基金属于美国社会保障制度的重要组成部分,它们的资金来源涉及中产阶级和底层劳动者。养老基金,准确地说应该是年金基金,是

---

[1] [美]阿道夫·贝利:《没有财产权的权力》,江清译,商务印书馆,1962,第55页。
[2] Wind。

在劳动者的工资中扣除一部分，等到劳动者退休以后按合同要求逐期返还。在劳动者工作期间，这些资金名义上属于他们，实际上如何使用是由养老基金管理者决定。2012年，美国各类养老基金的资本规模总和达到12.5万亿美元，其中有一半以直接或间接的途径投资于股票市场。与养老基金的资本来源渠道不同，商业银行主要通过信托业务，管理富裕家庭的私人财产。共同基金则是为所有有投资需求的社会成员提供投资渠道，将从社会上分散募集到的资金按照一定的策略投资于资本市场。

值得一提的是，近年来被动投资在美国大为盛行，表现最突出的是指数类基金。指数根据一定的规则筛选出一篮子股票，每年更新，不去预测市场，而被动型指数基金将资金按照跟踪的指数配置到对应的股票上。2006~2014年，主动型基金累计资金流出在6000亿美元左右，被动型基金累计资金流入在8000亿美元左右，2017年美国股票市场上有6000多个指数，而挂牌上市公司不到4000家。相较于主动管理的共同基金，这些受投资者欢迎的被动基金在持有股票上更加稳定和长久，同时由于指数投资的资金门槛很低，能够大量吸纳低收入群体的闲置资金，这就进一步促进了资本来源的分散化和社会化。法人机构持股比例上升，意味着有越来越多的人持有股权，1953年美国的直接持股人数占成年总人口数的4.3%，到1995年上升到31%。2001年美国持有股票的家庭占比达到51.9%。

从企业的角度看，法人机构的迅速发展对整个社会企业的股权结构产生了重大影响。法人机构股东逐渐取代公司自然人或家族代表股东，控制了上市公司的多数股权。1900年到1978年美国机构持股比例从6.7%上升到34.7%。[1] 20世纪90年代末，美股市场上机构投资者控股比例达到48%。2009年，机构投资者持有1000家最大的美国公司总计约73%的流通股权。在股权结构中占据了支配地位的机构，可以凭借手中的控股权参

---

[1]〔英〕约翰·斯科特：《公司经营与资本家阶级》，张峰译，重庆出版社，第69页。

与公司的经营决策,这种情况下,股份制发展进入了新的阶段,所有权、控制权的分离形式发生了转变。作为个体投资者(原先是直接持股人),数量众多的小股东无法对公司的经营决策产生影响,大小股东都有所有权,只有大股东有控制权。新阶段下,个体投资者作为最终持股人,拥有名义上的所有权,法人机构作为直接持股人,集中了大量散户的资金从而占据了高比例的企业股份,实现对企业的部分控制权。尽管如此,对于广大普通劳动者来说,依然只享有部分收益权,并不是真正占有了生产资料。

(四)日本的法人公司持股

二战前至战后解散财阀前,日本经济是以三井、岩崎、住友、安田四大财阀家族和中岛、野村、大仓、古河、浅野、鲇川等二流财阀家族为主体和顶点的金字塔形垄断资本占有结构,具有明显的私人家族性质。绝大部分股份资本的终极所有者是财阀家族及其成员个人,具有垂直单向性,即财阀家族—财阀总公司—"伞下"子公司—"伞下"孙公司。二战后,美国占领军敦促日本实施了解散财阀政策。在这一过程中,无论在解散持股公司,还是在排除经济力量集中方面,均未以任一大垄断金融机构为对象,这就为后来以大垄断银行及其他金融机构为中心的垄断资本占有主体的法人化创造了有利条件。

在解散财阀时,持股整顿委员会将集中于手中的大量股票抛售给群众股东,因此,个人持股比例超过60%。1961年,股价下跌,导致了1965年的"证券恐慌",投资信托遭到毁灭性打击,个人投资者也随之离散。日本政府采取了通过日本银行贷款,通过"共同证券"和"持有证券公会"大量购进股票,并加以冻结,这些冻结的股份后来在股价回升时全部售给了法人。在国际竞争加剧的背景下,日本政府为了防止外国资本吞并日本公司,开展"稳定股东活动",从市场购进股份并出售给稳定的股东,而金融法人机构就成为最适合的销售对象。随后,个人持股比例逐年下降,而持股的法人化现象急速发展。个人持股率1950年是61.3%,到1969年下降至40.3%,相应的金融机关持股率从1950年的12.6%上升至1969年的32.2%,其他国内法人从11.0%上升至21.3%(见表1)。

表1 20世纪50~60年代日本不同所有者的股票分布状况

单位:%

所有者	1950年	1955年	1960年	1965年	1969年
政府和公共机关	3.2	0.4	0.2	0.2	0.3
法人					
金融机关	12.6	19.5	23.1	25.6	32.2
投资信托	—	4.1	7.5	5.1	1.3
证券公司	11.9	7.9	3.7	6.1	1.4
其他国内法人	11.0	13.2	17.8	17.3	21.3
外国法人	—	1.5	1.1	1.6	3.2
小计	35.5	46.2	53.2	55.7	59.4
个人					
个人及其他	61.3	53.1	46.3	43.9	40.1
外国人	—	0.3	0.3	0.2	0.2
小计	61.3	53.4	46.6	44.1	40.3
合计	100	100	100	100	100

资料来源:〔日〕宫崎义一:《日本经济的结构和演变》,中国对外经济贸易出版社,1990,第180页。

法人化过程伴随着产业资本和金融资本的融合。银行与企业之间,企业集团内部各企业间互相持股,节约了交易费用,促进了日本企业的集团化,使企业集团内企业之间既相互依存,又相互制约。在此基础上,银行通过贷款和人事参与成为垄断企业集团的核心。另外,由于股权结构高度法人化,保险、银行、信托公司等纯粹的法人机构对企业经营施加的压力较小,相比财阀垄断时期,企业的经营者对企业拥有更高的支配权,并能从企业长远发展角度进行战略决策,避免了来自股东的压力而使决策行为短期化。

以法人机构持股为主流的资本社会化趋势中，由于历史原因日本比美国的机构持股比例更高，资本所有权更加分散。然而正如我们所见，资本所有权的分散化并没有削弱资本的集中，只是将权利从个人资本家转移到抽象的法人机构手中，而经营权、决策权从资本所有权中分离出来后，由专门的经理层行使，并没有消除劳资双方的对立，使劳动者从资本社会化的趋势中受益。

（五）劳动参与形式的资本社会化

建立在股份制上的资本社会化侧重于资本所有权的分散，而经营权、决策权的社会化停滞不前。劳动参与形式的资本社会化则恰好相反，雇员有参与经营决策的权利，这种权利不依赖于资本所有权，靠法律保障实施。典型代表是德国的共同决定制度和北欧的集体协议制度。

1848年，在法兰克福召开的德国首届当选国会上，德国第一次提出在企业中设立工人代表的《德意志国家工商业管理条例》法案，虽最终未获通过，却产生了积极的影响，许多条款被企业自发采用。工人和企业都发现，不用诉诸国家权力就能达成互惠的契约性协议。这种现象引起了政府部门的关注，1890年开始，德国相继颁布了《工人委员会法》《煤钢企业共同决策法》等法律。1918年工人运动高涨，资本家与工会达成协议，成立了由劳资双方对半参加的"德国工商业劳资中央委员会"，同年底，政府颁布法令，规定拥有职工20名以上的企业必须设置工会和职工委员会，并于1920年通过了《企业职工委员会法》。1922年，又通过一项新法令，规定股份制企业的监事会必须有1~2名工人代表，该项法令是德国第一个关于共同决定制度的法令，自此，工人开始参与企业管理。然而，二战期间，这一法令名存实亡。1945年5月，德国战败后，军事占领当局制定了《煤钢参与决定法》，第二年又通过第22条法令重建了企业职工委员会。随后，1951年4月颁布《煤钢行业共同决策法》，1952年10月通过

《企业组织法》，1976年通过《共同决策法》。这三项法令构成了目前德国企业员工参与企业管理的基本框架。监事会中的共同决策、职工委员会制度，从法律上保证了员工参与公司治理，实现了劳资合作博弈。

德国的共同决定制建立在监事会和领导机构的二元治理结构上，把股东、老板、管理干部、工会和雇员等有关各方面结合起来参与决策。监事会必须有雇员代表参加，对董事会提交的议案拥有保留同意权，通过监事会雇员对公司经营拥有发言权与决策参与权。

北欧三国的集体协议制度起源很早，瑞典等国已实施近百年，各级工会组织通过集体协议工作影响企业的经营和管理。

集体协议制度一般可以分为四个层次：一是全国工会同全国雇主协会就劳动关系等框架制订基本协议；二是由全国行业工会同产业雇主协会就劳资双方基本权利制订集体（或工资）协议；三是行业分会或大中型公司工会同对等的雇主就行业、公司中的权利制定公司协议；四是车间工会小组也可根据本部门情况就劳动时间安排、人员配备、技能津贴等同雇主代表签订基层协议。上一级协议对下一级协议有约束力，下一级协议是对上一级协议的补充和扩展，每一级集体协议都必须由会员或会员代表大会通过方可生效。基层工会对企业的管理决策和生产有较大的影响，法律规定董事会必须有2名职工董事，一般占董事会的1/3。公司工会参与管理的主要途径还有：工会同雇主有集体协议，涵盖所有劳资关系、劳动关系、管理关系；工会同管理层有对话协商机制，厂方介绍情况，回答会员提问；派代表参与企业管理，包括限定雇佣外劳务工等；工会定期有会员大会、执委会、委员会会议，主要讨论集体协议的执行等情况，向雇主、管理层反馈意见。工程项目转包、人员调配都要根据协议事先听取工会意见。

德国的共同决定制度和北欧的集体协议制度均让劳动者参与到企业的经营决策中来，实际上反映了资本各项权利在逐步转移。企业作为生产第一线的基层实行有限度的民主参与，提升了劳资关系中劳动者的地位和话语权。尽管劳动者没有具体的股权控制，但这些协商制度仍然能在一定程度上保障他们的利益，相比美国、日本、法国等其他发达国家，德国工薪阶层的收入最高，而且工资差别更小。

在劳动参与形式中，资本社会化表现为企业内部实现经营权和决策权有限度的民主，证明了社会化决策的可行性，但是这种让步没有改变根本的生产资料所有制，企业所有者的利益与雇员的利益不一致，利润和工资分配的矛盾不可能通过协商形式就得到解决。没有资本所有权支撑的决策参与权，依旧是脆弱而不现实的。

（六）劳动合作形式的资本社会化

近代合作社运动从19世纪30年代后在英国发展起来，并逐渐向欧洲其他国家乃至全世界扩展。合作社是劳动者们自愿联合起来，共同占有和使用生产资料，共同进行劳动、生产并共同享有劳动成果的劳动集体和经济组织。近一百年的合作社运动中最为成功的当属西班牙的蒙德拉贡合作社。

西班牙蒙德拉贡合作社是目前世界上最大的工人合作社，由天主教神父何塞·玛丽亚·阿里斯门迪所创建。1943年，神父在蒙德拉贡村民的帮助下为没有机会接受教育的工人子弟建立了一所初级技术学校。1956年，这所学校第一届的五位毕业生在他的教导之下，创建了一家生产煤油炉的小型合作社工厂——乌尔格（ULGOR）。此后，一家又一家产业合作社陆续诞生。为满足合作社的融资需要，1959年，在何塞·玛利亚的倡议下，合作社性质的"劳动大众信贷合作银行"成功组建，通过合作社模式创造就业岗位，吸引了公众储蓄以支持合作社发展。1956~1970年，蒙德拉贡合作社数量迅速增长，从1956年的1个24名员工的合作社发展到1970年的40个合作社和8743名员工。1970年的销售额是1960年的47倍。1974年，为提高合作社科技水平，研究与开发中心"埃柯兰"（Ikerlan）应运而生。

20世纪80年代,合作社积极应对西班牙经济危机的影响,以"就业优先"方针为主导,推行了一系列应变图存的对策,其中,特别有意义的是利润资本化,当年的净利润,除10%提作社会事业基金外,其余90%全部资本化,用以充实合作社自有资金。尽管西班牙经济危机时全国失业率曾超过20%,巴斯克地区失业率甚至高达27%,但蒙德拉贡合作社社员的失业率最高点不过0.6%。同时,合作社于1984年12月建立了"合作社代表大会"和常务委员会制度,形成了可以在整体范围内共同讨论与协调改革和发展战略的机制,以此来应对西班牙加入欧盟后市场与整个社会的变化。到1990年,合作社数量由1980年的94个增加到109个,员工总数由17733人增加到23130人。1991年12月,为适应欧洲统一市场的竞争环境,合作社代表大会决定组建蒙德拉贡联合公司(MCC),下设工业、商业、金融三大子集团和蒙德拉贡大学。目前MCC旗下拥有257家公司和合作社,已经成为西班牙第十大集团,截至2014年,拥有7万多名合作社成员,收入达到125亿欧元。

蒙德拉贡合作社的社员既是劳动者,又是所有者,集体拥有并控制这个企业,施行工人民主管理,最高权力机构是由全体职工组成的社员大会,社员大会每年至少召开一次,遵循"一人一票"制,社员无论投入"股金"多少,都有权对合作社的重大决策和发展方向进行投票表决。合作社集团内部福利丰厚,设有养老、医疗、教育、房屋、消费、妇女、培训、研发等方面的二级合作社。

蒙德拉贡合作社几十年来能在市场竞争的环境中发展壮大,很大程度上依赖于它所独创的内部资本账户制度,这种账户分为个人内部资本账户和集合内部资本账户。职工可以自由入社,加入时需缴纳社费,缴纳后开始拥有个人的内部资本账户,账户的初始值是入社费,增加值来自职工逐年的劳动贡献,这部分资本是企业向职工借贷的,需支付利息。合作社每年的净利润中,七成存入社员的个人账户,三成存入合作社的集合账户。所以实际上,社员资金连本带利几乎都成了合作社的运营资本。职工退休或离开合作社时可全部取回个人资本账户的资金,为防止大批成员退休或离职时抽走资本过多,合作社还规定,成员退社时其个人资本账户余额分5年偿还,每次偿还1/6,同时企业每年支付现金总额不超过年盈利的10%。为使不同的成员承担的风险大体相等,在条件许可时,合作社定期向账户余额较大的职工支付一部分现金,使其余额减少,尽量减少不平等。而在工资支付方面,合作社请社会中介机构按照其规模、技术水平、效益情况确定职工的总体工资水平,使其与社会同类型企业基本相当。起初,蒙德拉贡的最高与最低工资之比不得超过1∶3,后来逐步调整到1∶8。

从蒙德拉贡合作社成为跨国集团这一例子来看,效率上合作社不输于资本主义私有制下的生产组织形式,公平性上更是远远超过,而且能够适用于高科技的产业。但是随着它逐步参与国际贸易,在资本主义市场竞争环境下也产生了类似私有制下的"病症":"非会员"的比例不断上升,资本主义企业设立的分厂不采取合作社的组织方式,等等,这反映了追求剩余价值、出现剥削在合作社内部不断增强的趋势。

合作社是一种完全不同于股份制的资本社会化形式,也不同于劳动参与式的企业民主。就生产资料的占有情况而言,合作社是一种直接的资本社会化,劳动者直接占有生产资料。相比基于证券市场和股份制的资本社会化,它体现出以下两个特点。第一,资本分散与集中的边界十分明确,仅限于劳动组织内部,形象地说,资本按合作社单位分布成团存在,而股份制下资本的来源散落在国家乃至世界的各个角落,就社会化的广度而言,不如其他资本社会化形式。第二,合作社的所有权、控制权、经营权、收益权更为统一,其分离程度远远低于股份制企业,就社会化的深度而言,合作社远胜于股份制的资本社会化形式。

四 我国资本社会化的途径和进展

借助于股份制和日渐发达的金融工具，普通人民群众的财产间接地进入了金融市场。我国社保基金、养老金相继进入证券市场，以期通过分享上市公司的利润进行间接的再分配，实际上与美国的法人机构持股性质十分相似。社保基金资产的所有权归属缴纳社保的居民，而运作和统筹则由全国社保基金理事会负责。2003年6月，社保基金开始投资股票市场。2012年以来社保基金持仓市值大幅上升，2017年达到2428亿元，与此同时，股票资产占社保基金资产比重受二级市场影响波动极大，但整体呈上升趋势，这意味着越来越多的个人财产以共同资本的形式参与到投资中去，证明资本社会化的程度进一步加深（见表2）。

表2 中国社保基金资产情况（2003～2017年）

单位：亿元，%

年份	股票持仓市值	全国社保基金资产总额	股票市值占资产总额比重
2003	14	1325	1.06
2004	39	1711	2.28
2005	75	2118	3.54
2006	217	2828	7.67
2007	178	4397	4.05
2008	101	5624	1.80
2009	255	7766	3.28
2010	372	8568	4.34
2011	284	8688	3.27
2012	488	11060	4.41
2013	701	12416	5.65
2014	1162	15356	7.57
2015	1972	19138	10.30
2016	1786	20423	8.74
2017	2428		

资料来源：股票持仓数据来自Wind统计十大流通股股东持仓，全国社保基金资产总额数据来自全国社保基金理事会。

除了通过集中居民资金进入金融领域这种间接的方式外，居民部门负债的升高也是一种间接的资本社会化形式。在这个过程中，信贷提前将居民未来的收入转移到当期消费，在我国主要形式为住房贷款，从而提前实现了商品和资本的价值，加速了资本的周转。从表3中我们可以看出，我国住户部门贷款占可支配收入的比重波动较大，2008年金融危机时骤然降至3.77%，之后一直维持在8%以上。以2008年为分界，后7年整体的贷款占比高于前7年，在一定程度上反映了资本社会化加深的趋势。

表3 中国住户部门新增存款、贷款与可支配总收入变化（2001~2015年）

单位：亿元，%

年份	可支配总收入	存款	贷款	存款/可支配收入	贷款/可支配总收入
2001	71865	9973	3507	13.88	4.88
2002	77423	14252	5074	18.41	6.55
2003	87268	16560	6988	18.98	8.01
2004	98509	15678	5802	15.92	5.89
2005	112910	21053	3541	18.65	3.14
2006	131426	21284	6664	16.19	5.07
2007	158559	10407	11979	6.56	7.55
2008	185926	46543	7012	25.03	3.77
2009	207302	43160	24889	20.82	12.01
2010	243122	44492	30548	18.30	12.56
2011	285773	47690	25496	16.69	8.92
2012	321399	58929	27724	18.34	8.63
2013	357113	55888	41850	15.65	11.72
2014	391110	44788	38079	11.45	9.74
2015	422629	46818	41497	11.08	9.82

资料来源：《中国统计年鉴》资金流量表。

五 资本社会化的本质及发展趋势

关于资本社会化，在马克思的《资本论》中并没有单独予以阐述，但是随着社会化大生产在规模和层次上不断突破与发展，与它相适应的社会化生产关系也在发生变革。马克思指出，生产社会化和生产资料私人占有是资本主义的基本矛盾，如今这个基本矛盾以全新的面貌呈现出来，我们必须对这个问题予以高度重视。

资本主义社会的基本矛盾是生产社会化与生产资料私人占有的矛盾，资产阶级凭借对生产资料的占有权吮吸无产阶级的剩余价值，实现资本积累。要完成对资本主义的超越必须克服这个基本矛盾，实现生产资料的社会化占有。在近两百年可被观察的史实中，资本主义在基本矛盾的运动中，与各国的社会文化结合，适应特定的历史条件，发展出了多种资本社会化的形式。

在资本社会化过程中，资本集中和资本所有权分散化一体两面，是同一个客观现象在不同角度观察下的两个表现。资本社会化是伴随经济发展发生的一个社会过程，在不同的国家它表现为不同的经济组织形式，这些经济组织形式在不同的发展阶段呈现不同的特点，它无法简单地从其他经济现象中剥离出来单独研究。从马克思的政治经济学原理出发，资本社会化一方面表现为资本的集中，另一方面表现为资本所有权的分散。我们考察这一过程，需要将其还原到具体的社会组织形式中，确定某一特定形式下资本集中的范围和方式，确定随着时间推移和组织形式的演变，资本集中的程度变化。在同一时间段内，资本所有权的表现形式和分散程度、范围也在发生着变化。

从资本生产集中的角度，资本社会化在来源上表现为对闲散资本的集中，作为个人意义上的货币储蓄在这个环节被抹去了特殊的个人印记，成为一个紧密的资本整体；去向上表现为对各个生产部门的分散投资，还原到社会化大生产的具体过程中去。从资本所有权分散的角度，越来越多的劳动者以各种形式，直接或间接地拥有了企业的所有权，劳动者与资本家绝对的界限在社会化过程中被模糊了，但是这并没有抹除资本和劳动的对立,反而进一步展现了资本"非人格化"的特征。资本不再需要具体的个人资本家站在台前代言,法人机构、经理层均是资本意志的延伸。

资本的所有权、经营权、控制权、收益权在广泛的资本社会化形式中,发生了多层次、多样化的分离和转移,在资本社会化的过程中对私人占有制进行了扬弃。股份制下垄断集团、法人机构持股等缓和了生产资料私人占有和生产社会化的矛盾,使资本的所有权与经营权等发生了分离,扩大了资本的社会范围,促进了生产力的进一步发展,体现了积极的一面;与此同时,社会化相当于给资本整体上了杠杆,增强了资本的力量以维护根本的资本主义制度,财富集中到大资本家手中的速度始终快于集中到中产乃至底层人民手中的速度。社会化的另一条线路是直接形式的社会化,包括合作社和职工股份所有制,这两种比其他形式在生产资料社会化占有程度上更加彻底,实现或者部分实现所有权、经营权、控制权的统一,在一定意义上劳动者成为自己劳动的主人。但是在整个资本主义环境背景下,它们没有成为占据主导地位的经济形式,受私人占有制度支配和影响,容易出现"病变"的趋势。

社会主义必然替代资本主义是资本主义基本矛盾决定的客观趋势,资本社会化是实现这种超越的必由之路。市场社会主义者们提出了各自的制度设想,现实中法人机构持股似乎与证券市场社会主义相印证,共同决定制度、集体协议制度、合作社制度与施韦卡特的经济民主市场社会主义相印证,资本社会化越来越高涨、相关的各种制度和现象在经济中渐渐占据主要地位,让我们看到了通过非暴力的"革命"实现对资本主义制度超越的可能性。马克思曾预言,人类社会在财产占有关系上要经历一个否定之否定的过程,最终达到"重建个人所有制","重建的"个人所有制"必然是以资本主义发展阶段中的有益制度为基础的,多样化的资本社会化发展形式推动着资本主义制度逐步走向消亡。

参考文献

[1]〔美〕阿道夫·贝利:《没有财产权的权力》,江清译,商务印书馆,1962。
[2]丁戎、丁爱华:《社会主义源流述评》,天津社会科学院出版社,2012。
[3]高德步:《世界经济通史(下卷):现代经济的发展》,高等教育出版社,2005。
[4]〔日〕宫崎义一:《日本经济的结构和演变》,中国对外经济贸易出版社,1990。
[5]江瑞平:《法人垄断资本主义——关于日本模式的一种解析》,《中国社会科学》1998年第5期。
[6]解安、朱慧勇:《股份合作制的治理机制及其创新实践——西班牙蒙德拉贡合作社的借鉴与启示》,《中共浙江省委党校学报》2016年第5期。
[7]李益民:《"人民资本主义"的内容和实质》,《理论导刊》1992年第3期。
[8]中共中央马克思恩格斯列宁斯大林著作编译局编《列宁选集》(第二卷),人民出版社,1995。
[9]刘群:《当代西方国家股份经济发展的十大趋势》,《税收与企业》1995年第11期。
[10]〔德〕马克思:《资本论》(第三卷),人民出版社,1975。
[11]倪力亚:《论当代资本主义社会的阶级结构》,中国人民大学出版社,1989。
[12]〔美〕大卫·施韦卡特:《超越资本主义》,黄瑾译,社会科学文献出版社,2006。
[13]吴海山:《马克思主义资本社会化理论及其启示和意义》,《当代世界与社会主义》2003年第6期。
[14]徐大同主编《西方政治思想史(第4卷):19世纪至二战》,天津人民出版社,2005。
[15]杨浩全:《北欧中小企业工会工作的特点与思考》,《工会理论研究》2001年第6期。
[16]姚会元、孙玲:《美国机构投资者发展的解析与启示》,《金融经济学研究》2006年第4期。
[17]余文烈、吴海山:《论资本社会化》,《马克思主义研究》2006年第12期。
[18]〔美〕约翰·罗默:《社会主义的未来》,余文烈等译,重庆出版社,2010。
[19]〔英〕约翰·斯科特:《公司经营与资本家阶级》,张峰译,重庆出版社,2002。
[20]张培刚:《对〈资本家宣言〉的批判》,《经济研究》1963年第8期。
[21]张若钦:《资本社会化及其相关制度比较研究》,中共中央党校博士学位论文,2005。
[22]张晓山:《一种独特的企业制度:蒙德拉贡合作社纪实》,《经济学动态》1995年第9期。
[23]张志忠、张雪瑞:《当代西方市场社会主义者的公有制实现形式理论评述》,《内蒙古社会科学》(汉文版)2003年第5期。

[24] 赵峰、田佳禾:《当前中国经济金融化的水平和趋势——一个结构的和比较的分析》,《政治经济学评论》2015年第3期。

[25] 中共中央马克思恩格斯列宁斯大林著作编译局编译《马克思恩格斯全集》(第四十六卷)(下册),人民出版社,1980。

[26] 中共中央马克思恩格斯列宁斯大林著作编译局编《马克思恩格斯选集》第三、四卷,人民出版社,1972、1995。

[27] 周茂荣、聂文星:《德国共同决定制的起源、演化及其在战后德国经济发展中的作用》,《世界经济与政治论坛》2000年第5期。

(本文由高德步、陈中南撰写。)

全球 85 个国家（地区）3 万家企业股权及控制情况

——《全球企业控股情况》摘译*

企业的所有权结构是各方面关注的焦点，但由于股权持有主体的复杂性，尤其是一致行动关系或者通过金字塔式持股的方式在各国比比皆是，往往很难通过名义持股情况来发现真正的股权和控制权分布情况。而且这一工作需要通过人工从众多渠道收集相关信息，工作量很大，因此并没有多少高质量的研究成果清晰呈现全球上市公司的股权结构，分析各个国家的股权集中度情况。

2020 年 6 月，美国金融协会（The American Finance Association）会刊《金融学杂志》（*The Journal of Finance*）发表了伦敦商学院（London Business School）两位研究人员 Gur Aminadav 和 Elias Papaioannou 的学术文章《全球企业控制情况》（Corporate Control around the World）。文章对全球上市企业的所有权和控制权情况进行了非常系统的梳理，并基于数据做了相关性分析，能够为关注企业所有权和公司治理结构的相关人员提供有价值的参考。

---

* 经多方联系，未联系到本文版权方，请版权方看到此文后联系我们。

文章共包括六章。第一章是数据情况及确定企业受控的两种方法；第二章讨论全球企业控制情况的主要模式；第三章分析企业控制与法律来源（Legal Origin，即英美法系或大陆法系）的关系；第四章进行非均匀性分析（Heterogeneity Analysis，即大中小企业以及企业成立时间）；第五章检查企业控制与投资者保护、法律形式主义（Legal Formalism，即司法系统效率）、劳动与产品市场监管之间的相关性；第六章是结论。现将文章摘译如下。

一 数据情况

作者基于穆迪下属商业智能和公司信息供应商 Bureau van Dijk（BvD）的 ORBIS 数据库，研究2004~2012年全球134个国家（地区）46699家上市公司。BvD 的 ORBIS 数据库不仅关注持股比例，更关注投票权，考虑了双投票权、金股（Golden Shares）以及其他特别股权类型，因而更能反映实际控制情况。

作者将 BvD 数据与汤森路透的 Datastream 数据库和标准普尔的 Compustat 数据库进行比对，随后进行工作量巨大的人工检验和数据补充，对超过1万家企业补充了所有权信息。经过对数据的补充和清洗，最终研究2004~2012年覆盖全球127个国家（地区）的42720家上市公司，可以说是迄今为止全球规模最大的公司所有权、控制权研究项目。

作者对这些样本进行了细分，其中2012年子样本包括85个国家（地区）的26843家上市公司，所涉国家（地区）覆盖了95.2%的全球 GDP 和85%的全球人口；85个国家（地区）的上市公司市值覆盖度平均数（中位数）为83.1%（85.7%），上市公司数量覆盖度平均数（中位数）为64.4%（65.5%）。

2007年子样本包括74个国家（地区）的25976家上市公司，所涉国家覆盖了95%的全球 GDP 和77%的全球人口；74个国家（地区）的上市公司市值覆盖度平均数（中位数）为84%（87%），上市公司数量覆盖度平均数（中位数）为66%（72%）。

二 公司所有者类型

文章对2012年85个国家（地区）26843家上市公司的所有者进行深入追踪和分析，最终可以定位到80607个最终持股股东（见表1），包括以下几种。

第一种，个人或家族，36823个持股主体，占比为45.7%。

第二种，私营非上市企业（不包括银行、公募基金、养老金、信托），25210个持股主体，占比为31.3%。

第三种，上市公司（不包括银行、公募基金、养老金、信托），2295个持股主体，占比为2.85%。

第四种，公募基金、养老金、名义持有人/信托，12007个持股主体，占比为14.9%。

第五种，银行，1343个持股主体，占比为1.7%。

第六种，私募股权基金、创业投资基金、对冲基金，655个持股主体，占比为0.8%。

第七种，政府、公共机关、地方政府，75个持股主体，占比为0.1%。

第八种，其他（包括基金会、保险公司、员工/管理层/董事会成员等），2199个持股主体，占比为2.7%。

表1　2012年样本上市公司的所有者类型

单位：个，%

序号	股东类型	股东数量	占比
1	个人或家族	36823	45.7
2	私营非上市企业	25210	31.3
3	上市公司	2295	2.85
4	公募基金、养老金、名义持有人/信托	12007	14.9
5	银行	1343	1.7

续表

序号	股东类型	股东数量	占比
6	私募股权基金、创业投资基金、对冲基金	655	0.8
7	政府、公共机关、地方政府	75	0.1
8	其他	2199	2.7
	合计	80607	100

三 企业控制情况

（一）认定拥有控制权的方法

作者首先将公司控制情况大致划分为股权广泛分散（widely-held）和有控制人的（controlled）两类。

拥有投票权超过20%的股东被认定为有控制人的企业。2012年26843家样本企业中，12432家企业是有控制人的企业，占比为46.3%。2007年的25976家样本企业中，12557家是有控制人的企业，占比为48.3%。作者对2007年的情况同样做了相应的分类统计，比较来看，2007年与2012年差异并不大。

另一种确定控制权的方法是博弈论方法，根据投票权的分布情况和相对集中度确定是否拥有控制权。简单来讲：如果投票权非常分散，则对认定拥有控制权的投票权占比要求较低；如果投票权较为集中，则对认定拥有控制权的投票权占比要求较高。这种方法和20%投票权认定方法得出的结论相差很小。

（二）确定细分类型

股权分散的公司又划分为两类：一类是至少有一个大股东的公司（持股

超过5%），另一类则是完全分散的（没有一个股东持股超过5%）。

对于有控制人的公司，其控制人划分成以下几类：个人或家族；私人企业（无法追踪到实际控制的个人或家族）；政府（包括地方政府）；股权分散的私人公司；股权分散的上市公司。

据文章统计，近一半的公司（2007年是48.7%，2012年是44.7%）是股权分散但有一个持股超过5%的大股东。这一结论与大多数研究的结论相一致，即便是在美国和日本这种股权分散且投资者保护程度很高的市场，持股5%以上的大股东还是在公司中普遍存在。相对而言，无持股5%以上大股东的股权分散公司占比较低（2007年为6.3%，2012年为9%），但是这些公司通常是非常大型的企业，他们的市值占比很高（2007年占11%，而2012年占到了15.2%）。

关于有控制人的公司，在2012年的数据中政府控制的企业占比为4.8%，但是这些企业占总市值的13.8%，因为政府通常控制着大型的公共设施和银行；个人或家族控制企业占比达到16.4%，市值占比14.7%；私人企业控制企业占比为15.5%，这些公司通常规模较小，市值占比仅为3.6%；由股权分散的私人公司控制的比例约为2.9%；由股权分散的上市公司实际控制的公司比例约为6.8%（见表2）。

表2 2012年样本上市公司受控情况

单位：%

类型	子类	数量占比	小计	市值占比	小计
股权广泛分散	有持股5%以上股东	44.7	53.7	43.0	58.2
	无持股5%以上股东	9.0		15.2	
有控制人	个人或家族控制	16.4	46.4	14.7	41.8
	政府控制	4.8		13.8	
	私人企业控制	15.5		3.6	
	股权分散的私人公司控制	2.9		3.4	
	股权分散的上市公司控制	6.8		6.3	

（三）国家差异

在非洲（乌干达、科特迪瓦、博茨瓦纳等）和东欧（俄罗斯、捷克、保加利亚等）超过75%的公司是有控制人的。另外，有控制人的企业在新西兰、加拿大、美国、澳大利亚、英国和中国台湾地区占比较低，这些市场存在大量股权分散的上市公司。

将统计中无法最终归类的私人企业进行重新划分的话，这些企业中有很大一部分可以被划入家族公司中，如果将这些公司也作为家族企业进行计算的话，全球家族控制的上市公司可以占到30%左右。家族控制的公司在家族亲缘关系较强的国家和地区更为普遍，例如意大利和希腊；相比之下，澳大利亚、爱尔兰和中国台湾地区的家族控制上市公司占比最小。

国家或政府控制的公司在诸如美国、加拿大几乎为零，而在非洲（如乌干达、加纳）、阿拉伯国家（如阿曼、卡塔尔和阿联酋）、俄罗斯、中国占比则很高。

（四）股权集中度

文章对第一大股东、前三大股东、前五大股东的持股情况进行了分析。平均来看，单一第一大股东的平均持股比例为31.5%，前三大股东和前五大股东的合计持股比例分别为41.7%和44.6%。股权集中度最高的是非洲和东欧地区，相对而言，在美国、加拿大、中国台湾地区、澳大利亚、韩国等市场的股权结构相对分散。

（五）小结

按照20%投票权这一较为宽松的标准，全球股权广泛分散的企业数量占比超过50%，市值占比近6成。这些企业的股份被前述八类持股主体分散持有，可以称为名副其实的公众公司或社会企业。

四 所有权和控制权的大致趋势

文章对所有权集中度和公司控制类型从2004年至2012年的变化情况进行了动态的分析,尽管这一个时间段相对较短,但是作者认为可以检验2007~2009年美国次贷危机以及2010~2012年的欧元危机给公司股权结构带来的冲击情况。

从平均数据来看,公司的所有权集中度和控制类型总体上保持平稳,主要原因是股权分散和股权集中是动态变化的,在统计的时候会相互抵销。因此,作者通过观察具体公司的变化情况进行分析。从2004年至2012年,文章分析了70个国家(地区)的9957家样本公司。这些公司2012(2007)年的市值为41.542(49.193)万亿美元,其中1967家有控制人的公司实际控制者没有发生变化(例如:中石油始终由中国政府控制,沃尔玛由沃尔玛家族控制,大众汽车由保时捷家族控制);4412家股权分散的公司在这期间保持了股权分散的结构(如埃克森石油、通用电气、力拓)。所以有将近64%的上市公司在这9年时间里没有发生实质的控制权变化。而剩下36%的样本公司中,有607家维持着有控制人的状态但是更换了控制人,剩下的2971家公司则存在从有控制人变成股权分散或是由股权分散变成有控制人的情况。

五 主要结论

基于这些数据,作者进一步分析了企业控制与法律起源(英美法系或大陆法系)的联系,分析了企业控制与投资者保护、法律形式主义(通过法院解决争端的时间)、劳动市场监管之间的相关性,主要结论如下。

其一,控制程度与股东保护、雇佣合约严格度、工会权力强相关,但与债权人权力、法律形式主义（通过法院解决争端的时间）、准入监管的相关性弱。

其二，政府和家族控制在大陆法系国家很普遍，有控制人的企业在法国大陆法国家占比最高，其次是德国和斯堪的纳维亚大陆法国家。

其三，普通法系对投资者保护更好，因此普通法系的国家更容易形成股权分散的结构。在企业控制和法律起源之间的相关性适用于大中小企业，以及新成立的企业和老企业。

其四，持股超过5%的大股东很普遍，80%的股权分散企业存在大股东，但在普通法国家相对较少。

其五，企业控制模式稳定，没有受到金融危机影响。

其六，全球主要市场的股权集中度差异较大，美、英、日和中国台湾地区属于股权相对分散的市场，而中国属于股权相对集中的市场。

其七，所有权分散和人均GDP相关，但相关性不是很强，且相关性主要体现在大企业。

附表

表1 2012年全球企业所有权情况

单位：家，%

国家（地区）	企业数量	企业所有权		
		第一大股东持股占比平均数	前三大股东持股占比平均数	前五大股东持股占比平均数
阿根廷	79	64.7	69.8	70
澳大利亚	1347	22.1	32.9	36.8
奥地利	96	49.2	63.5	65.5
巴林	41	29.8	45.1	47.1
孟加拉国	46	38.1	45.6	47.7
比利时	161	38.6	52.6	55.6
波黑	83	47.7	63.4	67.9
博茨瓦纳	7	56.7	65.3	67.4
巴西	276	47	60.5	63.2
保加利亚	77	53.1	64.4	65.1
加拿大	2019	25.5	31.6	32.2
智利	182	44	58.6	63.8
中国	1679	37.1	47.6	50.3
哥伦比亚	35	46.7	56.8	59.7
克罗地亚	174	45.3	59.1	63.6
塞浦路斯	68	27.5	35.1	36.5
捷克共和国	21	63.6	68.1	68.1
丹麦	156	32	44.1	46.5
埃及	87	41.9	52.6	55.7
爱沙尼亚	15	43.8	63.2	71.3
芬兰	113	24.3	36.8	42.1
法国	788	46.4	60.2	63.3
德国	722	45.3	56.8	59.1
加纳	14	51.9	63.1	66.6
希腊	229	44.2	57.1	58.6
中国香港	694	37.9	49.2	51.6
匈牙利	39	38	61.9	66.6
冰岛	19	42.6	56.9	60.8
印度	1478	27.3	35.7	38.4

全球 85 个国家（地区）3 万家企业股权及控制情况

续表

国家(地区)	企业数量	企业所有权		
		第一大股东持股占比平均数	前三大股东持股占比平均数	前五大股东持股占比平均数
印尼	250	51	63.4	65
爱尔兰	65	23.3	36.3	41
以色列	457	39.9	50.8	53
意大利	266	44	58.8	63.1
科特迪瓦	14	68	72.9	72.9
日本	1452	28	32.5	34.1
约旦	119	31.5	46.1	51.5
肯尼亚	19	44.6	53.8	55.6
韩国	817	21	24.1	24.4
科威特	155	32.1	43.8	45.9
拉脱维亚	27	46	75.4	80.3
黎巴嫩	6	49.8	68.7	74.1
立陶宛	34	59.2	73.3	78.2
卢森堡	44	36.7	48	49.9
马其顿	8	48.2	53.2	53.3
马来西亚	528	33.3	46.2	51
马耳他	17	47.4	58.3	60.2
墨西哥	52	46.8	52.1	53.3
黑山共和国	161	53.6	68.7	71.3
摩洛哥	58	57.8	84.1	88.7
纳米比亚	5	53.4	58	58.9
荷兰	133	34.6	48.2	54.4
新西兰	100	30.5	43.6	48.6
尼日利亚	38	43.2	48.4	49.2
挪威	201	32.4	47.7	53.1
阿曼	41	28.5	38.7	40.9
巴基斯坦	102	41.9	51.8	53.9
巴布亚新几内亚	4	38.5	41.3	41.4
秘鲁	129	52.4	70.4	73.7
菲律宾	57	47.8	60.8	64.2

续表

国家(地区)	企业数量	企业所有权		
		第一大股东持股占比平均数	前三大股东持股占比平均数	前五大股东持股占比平均数
波兰	713	44.7	62.8	66.4
葡萄牙	54	45.5	66.7	73.4
卡塔尔	28	32.5	37.9	38.9
罗马尼亚	152	59	72.3	73.9
俄罗斯	436	53.1	70.7	73.5
沙特阿拉伯	119	28.4	40.8	43.3
塞尔维亚	106	43.7	53.3	55.7
新加坡	511	30.1	36.9	38.7
斯洛伐克	41	49.8	68.2	71.5
斯洛文尼亚	54	34.2	51	57.3
南非	206	30.1	40.8	44.2
西班牙	182	39.6	57.4	64.7
斯里兰卡	74	46	52.4	54.5
瑞典	337	28.7	37.7	40.8
瑞士	276	37.9	49.4	53.3
中国台湾	962	12.3	18.7	21.6
泰国	126	37	45.2	47
突尼斯	32	41.4	55.7	57.7
土耳其	296	50.1	63.3	64.5
乌干达	4	67.8	67.8	67.8
乌克兰	102	55.5	74.1	78.8
阿拉伯联合酋长国	94	36.9	51.6	55.1
英国	1347	19.5	31.9	37.1
美国	4461	21.4	30.5	33.9
委内瑞拉	14	40.5	47.1	48.8
赞比亚	12	48.2	51	51.1
国家层面汇总				
平均数		41.3	53.1	56
中位数		42.6	52.6	55.6

全球85个国家（地区）3万家企业股权及控制情况

表2 2012年全球企业控制权情况

单位：%

国家（地区）	企业控制权							
	有控制人的企业	政府控制	个人或家族控制	私人企业控制	股权分散私人公司控制	股权分散上市公司控制	有持股5%以上股东	无持股5%以上股东
阿根廷	93.7	8.9	38	24.1	12.7	10.1	6.3	0
澳大利亚	23.3	0.3	4.6	11.8	1.7	4.9	71.6	5.1
奥地利	82.3	8.3	19.8	39.6	7.3	7.3	17.7	0
巴林	53.7	19.5	12.2	9.8	4.9	7.3	41.5	4.9
孟加拉国	63	4.3	8.7	8.7	26.1	15.2	28.3	8.7
比利时	63.4	5.6	17.4	29.2	6.2	5	31.7	5
波黑	51.8	18.1	6	20.5	6	1.2	42.2	6
博茨瓦纳	100	0	0	14.3	42.9	42.9	0	0
巴西	71.4	9.1	22.8	29	3.6	6.9	27.2	1.4
保加利亚	83.1	7.8	19.5	42.9	1.3	11.7	14.3	2.6
加拿大	26	0.3	12.5	7.7	2	3.4	70.7	3.4
智利	67.6	3.8	8.8	37.9	4.9	12.1	29.1	3.3
中国	72.2	23.2	17.3	29.5	1.9	0.4	21.3	6.4
哥伦比亚	68.6	14.3	25.7	8.6	0	20	31.4	0
克罗地亚	59.8	4	18.4	21.8	7.5	8	32.2	8
塞浦路斯	39.7	1.5	20.6	14.7	1.5	1.5	57.4	2.9
捷克共和国	95.2	23.8	14.3	19	9.5	28.6	4.8	0
丹麦	35.9	0.6	7.1	17.3	5.8	5.1	55.8	8.3
埃及	62.1	12.6	11.5	25.3	6.9	5.7	29.9	8
爱沙尼亚	73.3	0	40	33.3	0	0	26.7	0
芬兰	36.3	7.1	8.8	15	0.9	4.4	53.1	10.6
法国	68	2.9	29.2	24.9	5.8	5.2	29.8	2.2
德国	68.7	3.6	26.2	25.3	6.4	7.2	28.5	2.8
加纳	92.9	28.6	7.1	7.1	7.1	42.9	7.1	0
希腊	76.4	3.1	51.5	12.7	1.3	7.9	22.3	1.3
中国香港	59.1	4.3	20.6	30.3	1.2	2.7	36.7	4.2
匈牙利	59	7.7	20.5	25.6	0	5.1	41	0
冰岛	52.6	5.3	10.5	26.3	10.5	0	42.1	5.3
印度	47.2	5.6	21	13.6	0.9	6.1	40	12.8
印尼	78.4	8.8	11.6	42.4	2.8	12.8	19.2	2.4

续表

国家(地区)	企业控制权							
	有控制人的企业	政府控制	个人或家族控制	私人企业控制	股权分散私人公司控制	股权分散上市公司控制	有持股5%以上股东	无持股5%以上股东
爱尔兰	26.2	1.5	7.7	13.8	1.5	1.5	61.5	12.3
以色列	61.9	0.7	31.7	16.8	2.6	10.1	30.4	7.7
意大利	69.5	3.8	36.1	22.9	2.3	4.5	25.6	4.9
科特迪瓦	92.9	0	7.1	21.4	28.6	35.7	7.1	0
日本	47.3	1.4	4.2	7.9	2.1	31.7	43.5	9.2
约旦	48.7	2.5	24.4	10.1	0.8	10.9	43.7	7.6
肯尼亚	78.9	10.5	5.3	5.3	15.8	42.1	15.8	5.3
韩国	35.6	1.2	17.4	5	1.1	10.9	49.9	14.4
科威特	52.9	11.6	9.7	13.5	5.2	12.9	46.5	0.6
拉脱维亚	70.4	0	33.3	33.3	0	3.7	29.6	0
黎巴嫩	100	0	66.7	16.7	0	16.7	0	0
立陶宛	76.5	5.9	20.6	41.2	0	8.8	20.6	2.9
卢森堡	59.1	4.5	27.3	13.6	11.4	2.3	34.1	6.8
马其顿	75	0	0	37.5	12.5	25	12.5	12.5
马来西亚	54.7	5.9	16.1	26.7	0.8	5.3	40.2	5.1
马耳他	88.2	5.9	5.9	35.3	35.3	5.9	5.9	5.9
墨西哥	80.8	0	32.7	23.1	11.5	13.5	15.4	3.8
黑山共和国	71.4	5.6	28	32.9	4.3	0.6	17.4	11.2
摩洛哥	77.6	1.7	19	41.4	8.6	6.9	22.4	0
纳米比亚	80	0	20	0	0	60	20	0
荷兰	46.6	2.3	10.5	21.1	6	6.8	51.9	1.5
新西兰	28	5	5	8	4	6	64	8
尼日利亚	68.4	2.6	13.2	18.4	7.9	26.3	31.6	0
挪威	41.3	5	13.4	16.9	4	2	54.2	4.5
阿曼	65.9	24.4	22	12.2	2.4	4.9	31.7	2.4
巴基斯坦	61.8	5.9	9.8	11.8	4.9	29.4	21.6	16.7
巴布亚新几内亚	75	25	0	0	25	25	25	0
秘鲁	74.4	1.6	27.1	34.1	0.8	10.9	24.8	0.8
菲律宾	61.4	5.3	21.1	17.5	1.8	15.8	33.3	5.3
波兰	64.1	3.1	30.7	24.5	1.4	4.3	34.9	1
葡萄牙	72.2	5.6	40.7	18.5	3.7	3.7	25.9	1.9
卡塔尔	64.3	46.4	7.1	7.1	3.6	0	25	10.7

全球 85 个国家（地区）3 万家企业股权及控制情况

续表

国家(地区)	企业控制权							
	有控制人的企业	政府控制	个人或家族控制	私人企业控制	股权分散私人公司控制	股权分散上市公司控制	有持股5%以上股东	无持股5%以上股东
罗马尼亚	75.7	8.6	21.1	34.2	2.6	9.2	19.1	5.3
俄罗斯	78.4	26.6	16.7	25.9	5.3	3.9	20.2	1.4
沙特阿拉伯	48.7	12.6	11.8	14.3	5	5	49.6	1.7
塞尔维亚	61.3	12.3	13.2	31.1	2.8	1.9	24.5	14.2
新加坡	48.5	5.9	19	17.2	1.4	5.1	34.8	16.6
斯洛伐克	68.3	4.9	7.3	41.5	2.4	12.2	29.3	2.4
斯洛文尼亚	64.8	29.6	7.4	22.2	3.7	1.9	22.2	13
南非	38.3	0.5	6.8	12.1	4.9	14.1	52.4	9.2
西班牙	51.1	3.8	22	12.1	5.5	7.7	47.3	1.6
斯里兰卡	74.3	8.1	8.1	14.9	1.4	41.9	24.3	1.4
瑞典	42.7	1.2	13.4	19.3	3.6	5.3	47.8	9.5
瑞士	51.4	6.9	19.9	14.5	5.4	4.7	42.4	6.2
中国台湾	15	0.6	2.2	3.8	0.8	7.5	47.2	37.8
泰国	64.3	17.5	17.5	7.9	1.6	19.8	28.6	7.1
突尼斯	75	12.5	9.4	21.9	12.5	18.8	21.9	3.1
土耳其	76.7	2.7	29.1	29.1	7.1	8.8	22	1.4
乌干达	100	50	0	0	0	50	0	0
乌克兰	73.5	11.8	18.6	40.2	2	1	26.5	0
阿拉伯联合酋长国	68.1	37.2	19.1	7.4	2.1	2.1	31.9	0
英国	20.6	0.9	10.1	5.7	1.2	2.7	66.3	13.1
美国	28.4	0.2	16.2	6.2	3.4	2.4	57	14.6
委内瑞拉	71.4	35.7	14.3	21.4	0	0	21.4	7.1
赞比亚	75	8.3	33.3	0	8.3	25	16.7	8.3
国家层面汇总								
平均数	63.1	8.7	17.4	19.8	5.7	11.6	31.5	5.3
中位数	65.9	5.3	16.7	18.4	3.6	6.9	29.3	4.2

（本文由北京大成企业研究院刘贵浙编译。）

下 篇
企业案例

제 7 장

데이터

"民营企业向社会企业转变研究"案例之一

华为投资控股：以奋斗者为中心，员工与企业共成长[*]

华为投资控股有限公司1987年在深圳正式注册成立，是一家生产销售通信设备的民营通信科技公司。经过30多年的发展，华为已经成为世界最大通信设备制造与应用服务公司。2020年，在面临多重压力的情况下，华为实现销售收入8913.68亿元，同比增长3.8%，净利润646.49亿元，同比增长3.2%（详见表1）。目前，华为约有19.7万名员工，业务遍及170多个国家和地区，服务全球30多亿人口。

表1 华为主要财务指标（2016~2020年）

单位：亿元，%

项　　目	2020年	2019年	2018年	2017年	2016年
销售收入	8913.68	8588.33	7212.02	6036.21	5215.74
销售收入同比增长	3.8	19.1	19.5	15.7	32
资产负债率	62.3	65.6	65.0	65.2	68.4
净利润	646.49	626.56	593.45	474.55	370.52
净利润同比增长	3.2	5.6	25.1	28.1	0.4

资料来源：华为历年年报。

---

[*] 本案例数据除注明的以外，均来自华为投资控股有限公司的官网和年报。

2020年《财富》世界500强榜单中,华为名列全球第49位。在全国工商联发布的"中国民营企业500强"名单中,华为连续5年排名榜首。

30多年来,华为逐渐树立起做世界一流电信设备制造和服务商的发展目标,将技术创新作为企业的生存之基、发展之本。在公司治理上,华为摸索建立了独具特色的"员工持股"模式,使员工与企业发展形成紧密的利益和命运共同体,将企业发展的红利最大限度与员工分享。华为的发展历程,是中国民营企业内部社会化的典型样本。

一 虚拟受限股——特色的员工持股模式

作为一家非上市公司,华为投资控股有限公司是100%由员工持有的民营企业,股东为华为投资控股有限公司工会委员会和任正非,没有任何政府部门、机构持有华为股份。华为通过工会实行员工持股计划,员工持股计划参与人数为121269人[1],参与者均为公司员工。任正非作为公司个人股东持有公司股份,同时,也参与了员工持股计划。截至2020年12月31日,任正非的总出资相当于公司总股本的约0.90%。[2]

应当指出,华为的大规模员工持股并非国际意义上的员工持股计划(ESOP),这些持有股份的员工不同于公司法中的股东,员工并不是公司直接的股东,仅享有分红权和股份增值权。事实上,除了员工激励,这也是华为的内部融资行为。作为华为成功的一种公司治理模式,员工持股既发挥了巨大的激励作用,也为公司融得了大量资金,支撑了公司连续多年的高速发展。

华为的员工持股模式是经过多年的摸索逐渐形成和不断完善的。

---

[1]《华为投资控股有限公司2020年年报》。
[2]《华为投资控股有限公司2020年年报》。

（一）内部融资、员工持股的早期探索

1987年华为成立之初注册资本2万元，任正非只有3000多元，不得不集资以满足营业审批的要求。1990年，华为第一次提出内部融资、员工持股的理念。华为的员工持股模式，建立之初，就与国际意义上的员工持股有着本质区别：首先，工会（下面有持股委员会）代表员工管理持有的股份，是公司真正的股东，内部持股员工只有分红权，没有公司法中规定的股东所享有的其他权利；其次，员工所持股份在退出公司时价格是按照购股之初的原始价格回购，员工不享有股东对股票的溢价权。[1]

（二）改实股为虚拟受限股

随着华为公司人数的增加，实股的一些弊端逐渐显露出来。因此，2001年华为实施了虚拟受限股的激励方式。新员工不再派发长期不变1元1股的股票，而老员工的股票也逐渐转化为期股，即所谓的"虚拟受限股"。虚拟受限股（下称"虚拟股"），是华为投资控股有限公司工会授予员工的一种特殊股票。每年华为根据员工的工作水平和对公司的贡献，决定其获得的股份数。员工按照公司当年净资产价格购买虚拟股。拥有虚拟股的员工，可以获得一定比例的分红，以及虚拟股对应的公司净资产增值部分，但没有所有权、表决权，也不能转让和出售。在员工离开企业时，股票只能由工会回购。公司规定：根据内部的评价体系，员工的虚拟股每年可兑现1/4，价格是最新的每股净资产价格；中高层每年则只能兑现1/10，除非离职，并且在离开后，还要经历公司严格的6个月审核，确认不存在创业公司的产品与华为

---

[1] 张敬峰：《华为员工持股的做法与启示》，《中国航空报》2013年7月18日，第7版。

构成同业竞争、从华为内部挖过墙脚等条件中的任何一条后，方可全额兑现。[1]

（三）与时俱进，不断调整虚拟股制度

为适应企业发展和市场形势的变化，激励年轻和新进员工，2008年，华为微调了虚拟股制度，实行饱和配股制，即规定员工的配股上限，每个级别达到上限后，就不再参与新的配股。这一规定使手中持股数量巨大的华为老员工的配股受到了限制，但是有利于激励华为公司的新员工。

为了解决员工购股资金压力，2013年华为实施了"时间单位计划"（Time Unit Plan，TUP）。TUP计划依据每位员工的岗位、级别和工作业绩给员工配置相应数量的期权。这个期权规定了5年的持有期，即以5年为一个周期，员工在持有满5年时进行结算。期权由公司直接配给员工，员工不需要花钱去购买。持有期权的员工同时享有分红收益和累计增值收益，其中分红收益在员工持有期权的5年内均享有，由公司拟定。在持有满5年时，员工可以同时享有分红收益和股票累计增值收益。累计增值收益在员工持有期权满5年或者与公司解除劳动合同关系时，以现金支付给原持股员工。

通过推行员工持股计划，华为成功地将公司的长远发展和员工的个人贡献及发展有机地结合在一起，形成了长远的共同奋斗和分享机制。这种机制和制度，吸引、团结、黏合住了大批人才，包括国际化员工。

二 利益分享——以奋斗者为中心进行利润分配

华为的成功，在于它最大限度地组织和利用好了世界上最大规模的聪明

---

[1] 张敬峰：《华为员工持股的做法与启示》，《中国航空报》2013年7月18日，第7版。

工程师的大脑。同时，华为与企业员工共同分享了企业发展积累的财富，这种利益分享直接体现在华为的高薪酬和员工的股权分红和增值方面。

华为持股员工除薪酬收入和获得高额分红外，还可以享受到公司净资产增加带来的股份增值。例如，2011年华为虚拟股的总规模已达到惊人的98.61亿股，在华为公司内部，超过6.55万人持有股票，收益相当丰厚。2010年，股票购买价格为5.42元，每股分红2.98元，收益率超过50%。2011年，分红为每股1.46元，对比前一年大幅下滑，但收益仍然可观。2008~2011年，华为的股东权益回报率分别为21%、42%、40%和17%。因为华为是根据净资产作价配股，所以华为员工在华为公司的虚拟股的年回报率与上述股东权益回报率应当基本一致，这个回报率确实不可谓不高。[1]

再如2015年，华为虚拟受限股每股分红1.95元，升值0.91元，合计2.86元，工作5年基本可达15级，饱和配股（包括TUP）9万股，分红加上升值可获得收益25.74万元（2.86×9万元），即使不饱和配股，基本分红也可以达到税前20万元。工作10年，17级配股普遍超过20万元，税前分红加升值超过50万元，而23级虚拟股票超过200万股，税前分红加升值超500万元。[2]

三 世界顶尖——企业发展目标

从2万元的小厂，到世界第一的电信设备供应商，华为的经营目标已经不仅仅是为创始人和员工创造财富，而是把创立世界一流企业，成为世界通信行业的领导者和打造技术创新高地作为企业发展目标。

---

[1] 张敬峰：《华为员工持股的做法与启示》，《中国航空报》2013年7月18日，第7版。
[2] 《华为投资控股有限公司2015年年报》。

为始终保持竞争优势，华为从不吝惜研发投入。过去20多年，华为始终坚持按销售额的10%投入研发，近10年累计投入研发费用超过7200亿元人民币。以2018~2020年为例，2018年研发经费1015亿元人民币，占销售收入的14.1%，2019年研发经费1317亿元人民币，占销售收入的15.4%，2020年研发经费1419亿元人民币，占销售收入的15.9%。2020年，华为从事研究开发的人员约10.5万名，约占公司总人数的53.4%。在研发上的高投入，带来的是企业核心竞争力的提升和市场份额的扩大。目前，华为是全球最大的专利持有企业之一。截至2020年底，华为在全球共持有有效授权专利4万余族（超过10万件），其中90%以上的专利为发明专利。

华为坚持突破边界，与世界握手，与合作伙伴一起建立"互生、共生、再生"的产业环境和共赢繁荣的商业生态体系，实现社会价值与商业价值共赢。聚焦ICT基础设施和智能终端，坚持开放式创新，构建友好、健康的产业环境，开拓遍及全球、贴近生态伙伴的数字化、智能化、本地化的"黑土地"，让各个伙伴的内容、应用在上面生长，形成合力，为客户提供场景化的解决方案与服务。

截至2020年底，华为市场合作伙伴数量超过30000家，其中销售伙伴超过22000家，解决方案伙伴超过1600家，服务与运营伙伴超过5400家，人才联盟伙伴超过1600家。华为联合合作伙伴在超过600个场景落地和探索智能体应用，覆盖政府与公共事业、交通、工业、能源、金融、医疗、科研等行业。华为帮助全球多家运营商在LTE/5G网络测评中全面领先；在GlobalData发布的报告中，华为5G RAN和LTE RAN综合竞争力均排名第一，蝉联"唯一领导者"桂冠。华为全球终端连接数超过10亿户，手机存量用户突破7.3亿户。全球集成HMS Core能力的应用已超过12万个，全球注册开发者超过230万人，其中海外开发者30万人，上架华为应用市场的海外应用数较2019年增长超过10倍，HMS生态已经成为全球第三大移动应用生态。

截至2020年底，华为在全球600多个标准组织、产业联盟、开源社区、学术组织中，担任超过 400 个重要职位，如在 3GPP、ETSI、IETF、IIC、IEEE SA、Linux 基金会、CCSA、AII、TM Forum、WFA、WWRF、CNCF、OpenInfra（原 OpenStack）、LFN、LFDL、IFAA、GP、CUVA、VRIF 和 BBF 等组织担任董事会或执行委员会成员。

四 可持续发展——企业的社会责任

华为秉承把数字世界带给每个人、每个家庭、每个组织，构建万物互联的智能世界的愿景和使命，制定了可持续发展战略，并将可持续发展作为一项优先的准则，全面融入企业的整体发展战略当中。围绕可持续发展战略，华为主要聚焦数字包容、安全可信、绿色环保与和谐生态等方面开展工作，做出了突出的贡献。

（一）数字包容

华为希望每一个人都能够从数字技术中受益，不让任何一个人在数字世界中掉队，并在技术、应用、技能三个方面发力，推进数字包容。通过与 UN 组织、NGO、科研机构、政府以及运营商和企业客户等全球合作伙伴一起努力，围绕公平优质教育、保护脆弱环境、促进健康福祉、推进均衡发展四大领域积极开展合作。如在哥斯达黎加，自 2019 年开始，华为与雨林保护组织 RFCx（Rainforest Connection）展开一系列密切合作，开发包括采集设备、存储服务、智能分析的创新平台，从而有效监测和防止雨林盗伐，保护蜘蛛猴等濒危动物。

（二）安全可信

华为支持并积极倡导开放、安全、稳定、和平的网络空间，尊重并遵循联合国《人权宣言》所倡导的通信、隐私等基本人权，依据适用的法律法规和业界优秀实践保护网络安全和用户个人数据。华为将保障网络安全稳定运行作为最重要的社会责任，从组织、人员、流程和IT工具等方面全方位构建客户网络保障体系，保障人们随时随地获取、分享信息和通信的权利；同时建立了业务连续性管理体系，包括应对重大自然灾害、网络病毒灾害，以及政治、经济、贸易等领域风险事件的应急预案，以保证在重大事件发生后，华为能够保障供应连续性，确保客户的产品与服务及时交付。华为在全球有5000多名专业的客户支持服务工程师和维护技术专家，并设立了2个全球技术支持中心和10个区域技术支持中心，为客户提供7×24小时技术支持服务。华为网络保障团队时刻坚守岗位，帮助客户快速恢复和保障网络稳定运行，确保通信畅通。2019年，华为保障了全球1/3以上人口的通信畅通，支持了170多个国家和地区的1500多张网络的稳定运行；为印度尼西亚大停电、菲律宾地震、日本"海贝思/博罗依"台风等全球200多起自然灾害及重大事件提供网络保障。[1]

（三）绿色环保

华为秉持"让科技与自然共生"的环保理念持续行动，在减少碳排放、加大可再生能源使用和促进循环经济三个方向上加强投入，并计划到2025年，实现单位销售收入碳排放量（温室气体排放范畴一和范畴二）相较于2019年下降16%，主力产品平均能效相比2019年提升2.7倍。

（四）和谐生态

华为始终将诚信合规经营、恪守商业道德作为开展一切工作的最基本的要求和前提，并发布了相关政策、流程等以指导全体员工遵守；高度重视员工的发展，为多元化的员工提供充分、平等的学习和培训机会，帮助

---

[1]《华为投资控股有限公司2019年可持续发展报告》。

员工成长，实现个人价值；坚持以负责任的采购行动来降低供应链的可持续发展风险，并通过供应商管理模式创新和供应商能力发展，打造供应链的可持续发展竞争力。作为一家全球化公司，华为坚持"在当地、为当地"，并秉持"积极、多元、开放"的人才观，为当地培养和发展人才。2019年，华为在全球招聘4000多名本地员工，为所在地创造就业机会。同时，华为在全球开展了170多项社区公益活动，包括保护环境、培养ICT人才、慈善捐赠等，为社区发展做出了贡献。

2020年，华为一方面采取措施加强防疫抗疫，保障员工健康与安全，有序复工复产；另一方面，在全球业务所在地，包括疫情最严重的地区，华为和运营商一起坚守岗位，保障网络的稳定运行，满足用户对网络流量的需求，并通过新技术的创新应用，助力各国抗疫。比如，在中国，华为和客户一起，仅用3天时间就开通了武汉火神山医院的5G网络，为远程会诊平台提供高速网络支持；在海外，华为的远程视频系统帮助泰国、意大利等国家医疗机构实现了更高效的沟通；基于AI的新冠诊断技术方案，也在亚洲、欧洲、拉美的60多家医疗机构应用，将CT看片时间从12分钟缩短到2分钟，提高了诊断效率。

五 海纳百川——企业管理的社会化

在公司治理上，华为与国内大多数民营公司不同，这也是由华为员工持股模式所决定的。

股东会是华为最高权力机构，由工会和任正非两名股东组成。工会履行股东职责、行使股东权利的机构是持股员工代表会。持股员工代表会由115名持股员工代表组成，代表全体持股员工行使有关权利。工会作为公司股东参与决策的公司重大事项，由持股员工代表会审议并决策。

持股员工代表和候补持股员工代表由在职持股员工选举产生，任期5

年。持股员工代表缺位时，由候补持股员工代表依次递补。持股员工代表会由全体持股员工代表组成，代表全体持股员工行使有关权利。

享有选举权的持股员工一股一票选举产生持股员工代表会，持股员工代表会一人一票选举产生公司董事会、监事会。持股员工代表会及其选举产生的公司董事会、监事会对公司重大事项进行决策、管理和监督（见图1）。

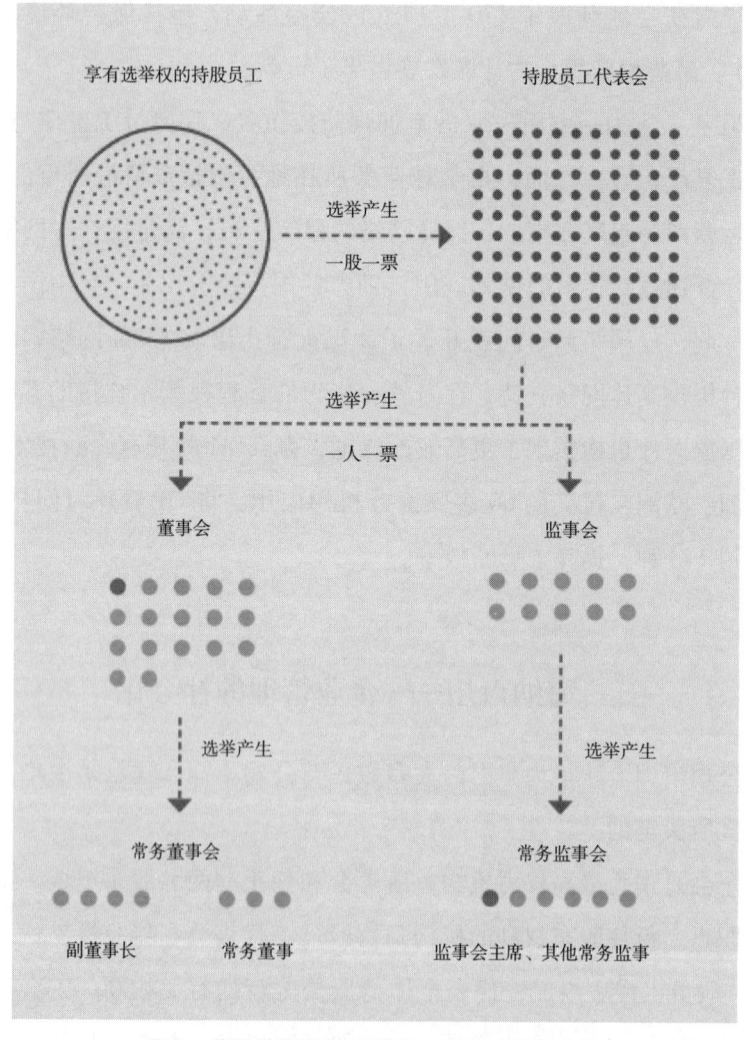

图1 华为持股员工代表会、董事会及监事会

资料来源：《华为投资控股有限公司2020年年报》。

董事会是华为战略和经营管理的决策机构，对公司的整体业务运作进行指导和监督，对公司在战略和运作过程中的重大事项进行决策。董事会成员共 17 名，由全体持股员工代表选举产生。

从董事会成员来看，除创业元老外，华为也一直注重培养和使用年轻干部，保持领导班子的年轻化和流动性。例如，华为的轮值 CEO 制度，轮值 CEO 由 3 名副董事长轮流担任，轮值期为 6 个月，依次循环，在轮值期间作为公司经营管理以及危机管理的最高责任人，为公司生存与发展负责。

近年来，随着任正非的年龄越来越大，关于华为接班人的讨论也较多。关于这个问题，任正非曾表示："公司不是我个人的，因此接班人不是我说了算，而是大家说了算。……我的家人有四人在华为公司上班……他们都是凭自己的劳动，在华为努力工作。他们仅是一个职业经理人员，决不会进入接班人的序列。"

在员工的招聘使用上，华为非常注重海纳百川，广募良才。另外，作为一个全球化的企业，华为在海外坚持优先聘用当地员工，2018 年，华为在海外聘用的员工总数超过 2.8 万人，海外员工本地化率约 70%。

（本文由北京大成企业研究院徐鹏飞根据公开资料撰写。）

"民营企业向社会企业转变研究"案例之二

福耀集团：发展自我，兼善天下，以行动回报社会[*]

福耀集团全称福耀玻璃工业集团股份有限公司，1987年成立于中国福建省福州市。经过30余年的发展，福耀集团已在中国16个省市以及美国、俄罗斯、德国、日本、韩国等11个国家和地区建立现代化生产基地，并在中、美、德等国设立6个设计中心，全球雇员约2.7万人，福耀产品在全球70多个国家销售，得到全球知名汽车制造企业及主要汽车厂商的认证和选用，市场占有率达25%。2021年，福耀集团总资产384.24亿元人民币，2020年实现营业收入199.1亿元人民币，实现利润总额31.10亿元人民币、净利润26.01亿元人民币（见表1）。

表1　福耀集团主要财务指标（2016~2020年）

项　目	2020年	2019年	2018年	2017年	2016年
营业收入(亿元)	199.1	211.0	202.2	187.1	166.2
营业收入同比增长(%)	-5.67	4.35	8.08	12.58	22.45
资产负债率(%)	43.81	44.96	41.46	40.05	39.60

[*] 本案例数据除注明的以外，均来自福耀集团的官网和年报。

续表

项　目	2020年	2019年	2018年	2017年	2016年
净资产收益率(加权)(%)	12.06	14.11	20.81	17.16	18.62
归属净利润(亿元)	26.01	28.98	41.20	31.49	31.44
归属净利润增长(%)	-10.27	-29.66	30.86	0.14	20.68
每股派息(元)	0.75	0.75	1.15	0.75	0.75
派息比率(%)	72.09	63.34	46.42	51.87	61.85

资料来源：东方财富网。

作为专注于汽车安全玻璃和工业技术玻璃领域的大型跨国集团，福耀集团多年入列《财富》中国500强、中国民营企业500强，多次获得"中国最佳企业公民""中国十佳上市公司""CCTV最佳雇主"等社会殊荣。目前，福耀集团家族企业的色彩日益淡化，正在向社会企业转变。

一　社会公众投资者占大多数——股权高度分散化、社会化

福耀集团分别于1993年和2015年在上海证券交易所和香港交易所上市。2021年，公司总股本为2508617532股，截至2020年12月31日，公司股东总数为：A股股东109042户，H股股东46户，合计109088户，前十大股东如表2所示。

表2　福耀集团前十大股东持股情况

单位：股，%

名次	股东名称	股份类型	持股数	持股比例
1	HKSCC NOMINEES LIMITED	流通H股	491746759	19.60
2	三益发展有限公司	流通A股	390578816	15.57
3	河仁慈善基金会	流通A股	221089084	8.81
4	香港中央结算有限公司	流通A股	169799259	6.77

续表

名次	股东名称	股份类型	持股数	持股比例
5	白永丽	流通A股	34653315	1.38
6	福建省耀华工业村开发有限公司	流通A股	34277742	1.37
7	中国证券金融股份有限公司	流通A股	28095495	1.12
8	中国农业银行股份有限公司—易方达消费行业股票型证券投资基金	流通A股	27053793	1.08
9	中央汇金资产管理有限责任公司	流通A股	24598300	0.98
10	招商银行股份有限公司—睿远成长价值混合型证券投资基金	流通A股	22078000	0.88
	合计	—	1443970563	57.56

注：HKSCC NOMINEES LIMITED 即香港中央结算（代理人）有限公司，其所持股份是代表多个客户持有。

资料来源：《福耀玻璃工业集团股份有限公司2020年年度报告》。

公司股本构成为：H股（香港各类投资者）占20.16%，A股占79.84%。其中曹德旺先生直接持有314828股A股，通过三益发展有限公司间接持有390578816股A股。曹晖通过鸿侨海外有限公司间接持有12086605股A股。此外，曹德旺先生被视为于其配偶陈凤英女士间接持有（福建省耀华工业村开发有限公司）的34277742股A股中拥有权益。因此，曹德旺先生持有股份约为17.43%。河仁慈善基金会（曹德旺家族实际拥有表决控制权，但无分红权）占8.81%的股份。据此，曹德旺家族实际控制了26.04%的股权，其余73.96%的股权为其他投资者持有。

除曹德旺家族外的大股东持股情况如下。

HKSCC NOMINEES LIMITED 即香港中央结算（代理人）有限公司持股比例为19.60%，代表通过香港证券交易所投资的机构及个人，持股比例较大的有：Harding Loevner LP 持有1.44%的股份，Citigroup Inc. 持有2.25%的股份，Royal Bank of Canada 持有1.45%的股份，Mitsubishi UFJ Financial Group, Inc. 持有1.60%的股份。

香港中央结算有限公司（香港公众投资者）持股比例为6.77%，白永丽（境内个人）持股比例为1.38%、中国证券金融股份有限公司持股比例为1.12%，这3家投资者持股合计占比为9.27%，其中国有占比为1.12%。

剩余45.09%的股份主要为社会公众投资者所持有。

综上所述，福耀集团股权已经高度分散化、社会化，其中专业投资者持有公司大部分股份。福耀集团机构持股情况如表3所示。

表3 福耀集团机构持股情况

单位：股，%

机构类型	持仓家数	持仓股数	占流通股比重	占总股本比重
基　金	95	176093431	8.79	7.02
保　险	—	—	—	—
券　商	—	—	—	—
QFII	—	—	—	—
社保基金	—	—	—	—
信　托	—	—	—	—
其他机构	6	872696345	43.57	34.79
合　计	101	1048789776	52.36	41.81

注：数据截至2021年3月31日。
资料来源：东方财富网。

二　累计分红大于募资——利润分配社会化

与国内大多数上市公司分红很少甚至不分红形成鲜明对比，福耀集团是一家累计分红大于募集资金的公司。公司将大多数利润与投资者共享，并且，曹德旺家族及河仁慈善基金会还将其获得的分红用于公益事业，造福社会。

《福耀集团2019年度社会责任报告》数据显示，福耀集团自1993年6月上市至2019年的26年时间，累计已向投资者派发现金红利1553335

万元，股票股利 140559 万元，现金分红占至 2018 年度累计实现的归属于上市公司股东的净利润（2671422 万元）的 58.15%。而同期福耀集团在中国内地资本市场通过两次配股、两次增发，共募集资金 742150 万元（含发行费用），累计分红 169.39 亿元，为总募资的 2.28 倍，真正实现分红大于募集资金。

2020 年，福耀玻璃以公司总股本 25.1 亿股为基数，向全体股东每 10 股派发现金红利 7.5 元（含税），合计派发现金红利为 18.8 亿元。按所占股份计算，曹德旺家族成员及控股企业分红 48993 万元，河仁基金会分红 16576 万元，均用于社会公益与慈善事业。

据曹德旺本人介绍，他及家族一年的实际总消费 600 万~700 万元人民币，其余的钱主要用于投资再生产、新增加的公益慈善事业支出和其他社会性开支。

三 注重发挥职业经理人作用——管理社会化

福耀集团虽然是从一个家族企业成长起来的，但曹德旺本人及公司一直十分注重使用社会人才经营管理企业。截至 2020 年 12 月底，福耀集团的董事、监事及高级管理人员共 18 名，除曹德旺、曹晖、叶舒及何世猛为曹氏家族成员外，其他成员均为职业经理人或者加入福耀多年的创业元老，可见福耀集团在公司管理上，已经十分注重发挥职业经理人的作用。

作为一个全球化的跨国企业，福耀集团在海外投资建厂时，十分注重雇佣当地人员进行管理，如福耀美国工厂，投入之初，就计划在 4~5 年内把工厂交给一个以当地管理人员为主的团队打理，在其投入运营后，也一直在积极雇佣美国本土管理人员。

四 成立基金——财产传承社会化

曹德旺认为，慈善是社会的第三种分配方式，其终极目的是推动社会的和谐发展。2011年，曹德旺捐出名下3亿股股票，发起成立河仁慈善基金会，成为中国境内首例股权捐赠案例，开创了中国基金会资金注入方式、造血方式、运作模式和管理规则等的多个"第一"。

河仁慈善基金会（以曹德旺父亲的名字命名），创立于2011年4月6日，曹德旺将福耀集团3亿股权捐给河仁慈善基金会，并于当年4月14日完成了过户手续。以过户当日收盘价计算，捐赠的股票市值达到35.49亿元。曹德旺认为，自己站出来，把相当大一部分创业所得捐给基金会，也是给其他企业家提供一条可选的道路，即企业财富的社会化传承。

根据河仁慈善基金会官网披露，河仁慈善基金会自成立以来累计已捐赠超过30.74亿元，捐赠社会公益慈善项目遍及我国西藏、新疆、云南、四川、甘肃、宁夏、重庆、福建、江西等多个省区市以及邻国尼泊尔等，覆盖扶贫、救灾、环保、助学、公益传播与研究等多个领域。

2021年5月2日，河仁慈善基金会网站发布消息，计划总出资100亿元筹建"福耀科技大学"（暂定名）。为共同探索新型公办大学办学模式，采用基金会办学方式，由基金会作为学校的创办者，成立董事会，由董事会负责学校的重大办学战略决策，包括制订学校预算、遴选大学校长；办学发展思路上，基金会提出按照"高水平、小规模、应用型、国际化、市场化"的办学理念，兴办理工类科技型大学。

五 切实履行社会责任——经营目的社会化

福耀集团发展至今，在追求自我完善的同时，有一种与生俱来的使命感。从最早的"为中国人做一片汽车玻璃"到"树立汽车玻璃供应商的典范"到"福耀全球"以及以董事长为核心的回报社会的行动,福耀集团秉承勤劳、朴实、学习、创新的核心价值观,以技术和创新的文化和人才,系统打造可持续的竞争优势和盈利能力,成为一家让客户、股东、员工、供应商、政府、经销商、社会长期信赖的企业。

福耀集团的发展,已经不仅仅是为曹德旺家族积累财富,更多体现为一种社会责任,在为股东创造价值以及为客户创造财富的同时,积极投身公共服务事业,关注弱势群体和困难群众生活,切实履行社会责任,全力推动社区、企业和区域的进步与和谐发展。

(一)推动企业发展,致力于成为汽车玻璃行业领导者

福耀集团将引领行业发展和进步、推进技术创新作为企业的核心发展目标。目前,福耀集团拥有"国家认定企业技术中心"、"国家技术创新示范企业"和国家级"玻璃工程研究院"等技术研发平台,汽车玻璃及玻璃原片制造在材料、工艺、技术、设备、节能环保和功能化等各方面,均达到国内一流水平,相当一部分工艺领先国际水平。如今,福耀集团已成为全球规模最大的汽车玻璃专业供应商,产品得到全球顶级汽车制造企业及主要汽车厂商的认证和选用,包括宾利、奔驰、宝马、奥迪、通用、丰田、大众、福特、克莱斯勒等,为它们提供全球OEM配套服务和汽车玻璃全套解决方案,并被各大汽车制造企业评为"全球优秀供应商"。

也正是福耀玻璃的以上贡献,曹德旺广受赞誉。如2009年荣膺企业界的"奥斯卡"——安永企业家全球奖;再如2016年荣获全球玻璃行业最高奖项——金凤凰奖,评委会称"曹德旺带领福耀集团改变了世界汽车玻璃行业的格局"。

（二）高度重视职工权益保护

福耀集团始终推行"以人为本"的管理文化，努力构建和谐、双赢的劳动关系。在生产经营、员工培训、用工保障、薪酬福利等方面切实推行"以人为本"方针，有文化的宣导，更有制度的保障，全方位、多角度地关心员工的工作、生活和职业发展。截至 2019 年底，公司在册员工达 26727 人，遍布海内外。福耀集团为社会提供了大量的就业机会，创造了良好的社会效益。

一是建立健全用工制度，构建和谐劳工关系。福耀集团严格落实各项劳动法律法规，规范员工招聘流程，健全人才选用机制，积极保障员工合法权益，保护员工人权和个人隐私。

二是完善企业民主管理制度。福耀集团尊重工人自由结社和集体谈判的权利，允许工人自由组织工会或参加工会组织。充分发挥公司工会的作用，以维护职工权益为核心，建立健全职工代表大会制度、职工代表大会代表提案制度等，切实保障员工民主决策、民主管理和民主监督的权利。凡是与工资福利、集体合同和定额调整等员工切身利益相关的事宜，公司均主动征求员工意见，引导员工理性合法表达诉求，参与企业管理，增强员工主人翁意识。

三是立足"企业发展、以人为本"的理念，重视员工关怀。福耀集团在突出对员工科学、人性化管理的基础上，十分重视员工凝聚力和归宿感的培养。倡导企业员工共同发展，努力为员工提供良好的工作条件、健康的生活环境、广阔的发展空间，营造"宜学习、宜工作、宜生活、宜发展"的四宜环境，并组织各式各样的活动来保障员工的身心健康，如定期安排员工体检，提供带薪年假、伙食补贴、高温补贴等。

四是建立健全安全卫生制度，保障员工安全。福耀集团竭力保障员工的职业健康与安全，提供安全的工作环境和设备，确保实施安全的工作行为。公司在总裁办下设置了 EHS（环境、健康与安全）部门，负责建立福耀集团 EHS 管理体系。

五是建立职业培训制度，规划职业通道，为员工发展提供机会。公司为员工提供持续且有针对性的教育培训，并致力于不断提高各级员工的素质及能力。福耀集团还提出打造"高质量全球化"的战略，强调技术领先和持续改进，制订人才队伍建设规划，加速建立学习型组织，用知识驱动公司的进步和发展，成为中国工业4.0的典范。

（三）积极投身公益

在福耀集团核心文化体系的指导下，福耀集团始终以"发展自我、兼善天下"为企业核心理念，在为股东创造价值以及为客户创造财富的同时，积极投身公共服务事业，关注弱势群体和困难群众生活，切实履行社会责任，全力推动社区、企业和区域的进步与和谐发展。以曹德旺为例，作为福耀集团创始人、董事长，曹德旺坚持"义利相济"的中国商道文化，一方面积极建言献策，推动国家竞争力的提升，另一方面身体力行地投身社会公益事业。曹德旺的慈善活动，有两个开风气之先的创举：一个是开创了"捐款问责"之先河；另一个是创办河仁慈善基金会，实现了慈善事业的永续发展。

自1983年以来，曹德旺先生不断向社会捐赠，帮助了难以计数的灾民、贫困家庭，以及帮助了众多的贫困大学生完成学业，走入社会。截至2019年底，福耀集团和曹德旺累计捐赠约120亿元，范围涉及救灾、扶贫、助困、教育、文化等各领域。继两获"中国首善"、六获"中华慈善奖"后，2019年10月，曹德旺又荣获国务院扶贫开发领导小组颁发的"全国脱贫攻坚奉献奖"，旨在表彰他在打赢脱贫攻坚战中做出的突出贡献。

（四）在企业发展过程中注重环境保护与可持续发展

福耀集团秉承企业效益和环境保护并重的社会理念，以科学发展观为指导，着力建设环保节能长效机制，努力构建资源节约型、环境友好型和谐企业。福耀集团坚持"宣传环保、符合法规、清洁生产、持续改善"的环境保护方针和"打造资源节约型环境友好型企业"的环保理念，将节能减排工作贯穿于生产的始终，高度重视环境保护工作，按照国家环境保护法律法规和技术要求，建立了ISO14001环境管理体系。

曹德旺坚信，通过大量消耗资源、污染环境、贻害子孙积累的财富是恶财富，用恶财富做公益不叫慈善，而叫"洗白"。例如，福耀集团曾在吉林四平的双辽市收购了一家玻璃厂。因为双辽有现成的硅砂，为降低成本，福耀集团决定在双辽再投资建设一个洗砂场。但双辽的硅砂的硅含量只有96%，因此福耀集团从德国进口了全球顶尖的环保洗砂设备。但实际情况是，洗砂后溢出的废水氟超标，污染环境。后来找到了一个解决方案，即在洗砂场和双辽市污水厂之间铺设一条无缝钢管，将废水送入污水厂处理后再排放。污水问题得到解决后又出现了一个新问题，洗砂过程中会产生沉渣，沉渣中的氟含量也很高，政府建议他们购买一个采石坑填埋，但当地农民担心采石坑如有裂缝会造成外泄，并予以反对。最终，2009年，曹德旺决定关闭洗砂场。为此，福耀集团付出的代价是，双辽玻璃厂从辽宁本溪购买硅砂作为原料，光运费一项费用每吨增加100元。

（本文由北京大成企业研究院徐鹏飞根据公开资料撰写。）

"民营企业向社会企业转变研究"案例之三

腾讯控股：科技向善，打造推动数字中国的先行者[*]

一 发展概况

腾讯计算机系统有限公司（即腾讯控股有限公司，以下简称腾讯）成立于1998年，是中国头部的互联网企业。在2020年《财富》世界500强企业排行榜中，腾讯排名第197位。腾讯由马化腾、张志东、陈一丹、许晨晔、曾李青五人共同创立，总部位于深圳市南山区腾讯滨海大厦，注册资本6500万元人民币。截至2021年上半年，腾讯控股的法定代表人、实际控制人、最终受益人均为马化腾。

1999年2月，腾讯推出即时聊天工具"OICQ"，OICQ原本是利用中国电信深圳分公司的资金和服务器资源开发，并提供给中国电信使用的，腾讯与中国电信交涉后收回此软件的使用权。从OICQ起步，逐步跨入网购平台、游戏等领域，腾讯始终把握市场发展脉搏，学习并优化替代成熟技术，逐渐打通产业链上下游，成为中国最大的互联网综合服务提供商之

---

[*] 本文数据、企业资料来自公开资料和企业年报。

一，业务涵盖 IM 软件、网络游戏、门户网站等互联网相关的各细分行业，形成了完整的互联网生态闭环，投资版图涉及 O2O、医疗健康、电商、教育、出行、游戏、社交、金融等多个领域。截至 2020 年第四季度，腾讯的两大国民级流量入口总账户数进一步增长，其中 QQ 月活跃账户数为 5.95 亿户，微信和 WeChat 合并月活跃账户数为 12.25 亿户。

近年来，腾讯以金融支付业务为抓手，加快由互联网企业向金融科技企业转型升级的步伐，用户基础和业务规模不断扩大，商业支付、理财服务及云服务的收入增长较多。截至 2019 年底，腾讯公司云技术专利申请量和专利授权量分别达到 4899 件和 1892 件，在安全技术以及大数据领域方面的专利申请量位居行业第一。2019 年，腾讯商业支付日均交易笔数超过 10 亿笔，月活跃账户数超过 8 亿户，月活跃商户数超过 5000 万户。2020 年，腾讯金融科技与企业服务业务实现收入 1281 亿元，同比增长 26%。

二 经营业绩

自成立以来，腾讯业务范围不断扩大，业绩增长迅速，经营业绩表现优异。尤其是近 5 年，营业收入从 2015 年的 1028.6 亿元增长到 2020 年的 4820.6 亿元，归母净利润从 2015 年的 288.1 亿元增长到 2020 年的 1598.5 亿元（见表 1）。

表 1　腾讯 2015～2020 年财务指标

单位：亿元，%

项目	2015 年	2016 年	2017 年	2018 年	2019 年	2020 年
营业收入	1028.6	1519.4	2377.6	3126.9	3772.9	4820.6
营收增长	30.3	47.7	56.5	31.5	20.7	27.8
归母净利润	288.1	411.0	715.1	787.2	933.1	1598.5
归母净利润增长	21.0	42.7	74.0	10.1	18.5	71.3
资产负债率	60.2	53.0	50.0	50.8	48.8	41.7
净资产收益率	28.8	27.9	33.2	27.2	24.7	28.1

资料来源：东方财富网。

2020年，腾讯营业收入增长28%，归母净利润增长71.3%，资产负债率41.7%，净资产收益率28.1%，表现远高于彭博等专业机构的预期。

三 公司股权社会化

2004年6月，腾讯在香港交易所上市，并在2016年9月5日成为亚洲市值最高的上市公司，在2017年11月21日成为亚洲首家市值突破5000亿美元的公司，更在2020年跃居全球市值第六位。截至2020年末，腾讯的营收达到4820.6亿元人民币，较上一年增长28%。截至2021年4月26日，腾讯总市值为5.04万亿元人民币。

（一）上市前股权情况

腾讯创立初期，创始人团队共持有公司60%股份，IDG和盈科数码各持股20%。

2001年，南非投资公司MIH从盈科数码购入腾讯20%的股权，并从IDG手中购入12.8%的股权。

2002年，MIH又从腾讯创始人团队手中购入13.5%的股权。而到腾讯IPO之前，腾讯又将IDG持有的股权全部购回，并调整股权结构，最终MIH持股50%，腾讯创始团队持股50%。

（二）上市后股权情况

2004年，腾讯在香港证券交易所上市，通过IPO发行4.2亿股，增加股本稀释原有股东持股比例。腾讯及其创始人团队持有股份37.5%，MIH集团持有37.5%，ABSA Bank持有10.43%，公众持有14.6%。管理团队中，马化腾持有14.43%，张志东持有6.43%，曾李青、许晨晔、陈一丹共持有9.87%，其他7位高管共持有6.77%。

截至 2020 年 12 月 31 日，南非报业集团 Naspers Limited 旗下投资公司 MIH 是腾讯的第一大股东，持有 30.87% 的股份，第二大股东为马化腾实际控制的 Advance Data Services Limited，持有 7.40% 的股份，第三大股东为马化腾实际控制的马化腾环球基金会，持有 0.99% 的股份，第四大股东为腾讯公司总裁刘炽平，持有 0.35% 股份，第五大股东为腾讯公司高管布鲁士（Lain Ferguson Bruce），持有 0.0035% 股份（见表 2）。

表 2 腾讯控股主要股东（截至 2020 年 12 月 31 日）

单位：万股，%

股东名称	最终控制人	持股数	占总股本比重	持股变动	股票类型
MIH TC Holdings Limited	Naspers Limited	296122.36	30.87	不变	普通股
Advance Data Services Limited	马化腾	70985.97	7.40	不变	普通股
马化腾环球基金会	马化腾	9500.00	0.99	不变	普通股
刘炽平	刘炽平	3326.78	0.35	不变	普通股
布鲁士	布鲁士	33.28	0.0035	不变	普通股
STONE Ian Charles	STONE Ian Charles	26.08	0.0027	不变	普通股
杨绍信	杨绍信	1.27	0.0001	不变	普通股
李东生	李东生	0.88	0.0001	不变	普通股
柯杨	柯杨	0.15	0.0000	不变	普通股

资料来源：同花顺财经。

必须指出的是，虽然南非报业集团 Naspers Limited 旗下股份公司 MIH 是腾讯的第一大股东，但其所持股票并没有投票权，而马化腾直接控制的 8.39% 的股份有投票权，因此实际上腾讯的经营决策还是由马化腾控制。

四 利润分配社会化

（一）股票分红较少，股东财富增长较大

腾讯这样的爆发式增长的互联网企业，成立以来分红次数较少，基本上每年仅一个季度会进行分红派息。例如，2021 年第一季度每股派息

1.60 港元，2020 年第一季度每股派息 1.20 港元，其余三个季度不分红（见表3）。

表3 腾讯 2005~2021 年分红情况

公告日期	方案	除净日	派息日	类型	进度	以股代息
2021年3月24日	每股1.60港元	2021年5月24日	2021年6月7日	年报	预案	否
2020年3月18日	每股1.20港元	2020年5月15日	2020年5月29日	年报	实施完成	否
2019年3月21日	每股1.00港元	2019年5月17日	2019年5月31日	年报	实施完成	否
2018年12月13日	每3900股分派1股腾讯音乐美国预托股份，可选择收取现金	2018年12月28日	2019年2月20日	其他	实施完成	否
2018年3月21日	每股派0.88港元	2018年5月18日	2018年6月1日	年报	实施完成	否
2017年10月6日	每持有1256股可认购1股 China Literature Ltd. 预留股份	2017年10月18日	—	其他	实施完成	否
2017年3月22日	每股派0.61港元	2017年5月19日	2017年6月2日	年报	实施完成	否
2016年3月17日	每股0.47港元	2016年5月20日	2016年6月2日	年报	实施完成	否
2015年3月18日	每股0.36港元	2015年5月15日	2015年5月29日	年报	实施完成	否
2014年8月13日	每股拆细股份0.24港元	2014年5月16日	2014年6月30日	年报	实施完成	否
2013年3月20日	每股1.00港元	2013年5月20日	2013年5月30日	年报	实施完成	否
2012年3月14日	每股0.75港元	2012年5月18日	2012年5月30日	年报	实施完成	否
2011年3月16日	每股0.55港元	2011年5月3日	2011年5月25日	年报	实施完成	否
2010年3月17日	每股0.4港元	2010年5月5日	2010年5月26日	年报	实施完成	否
2009年3月18日	每股0.1港元	2009年5月6日	2009年5月27日	年报	实施完成	否
2009年3月18日	每股0.25港元	2009年5月6日	2009年5月27日	年报	实施完成	否
2008年3月19日	每股0.16港元	2008年5月6日	2008年5月28日	年报	实施完成	否
2007年3月21日	每股0.12港元	2007年5月9日	2007年5月30日	年报	实施完成	否
2006年3月22日	每股0.08港元	2006年5月15日	2006年6月7日	年报	实施完成	否
2005年3月17日	每股0.07港元	2005年4月19日	2005年5月17日	年报	实施完成	否

资料来源：同花顺财经。

从资产价格的变化来看，腾讯的股价自上市以来增幅很快。2004 年上市时为 3.7 港元/股，到 2021 年 4 月 27 日涨到 623.5 港元/股，10 多年来增长了 167.5 倍。无疑这样的爆发式增长能够惠及股东，尤其是持有腾讯股票的广大股民，其中必有相当一部分人靠持有腾讯股票而实现了较大的财富增值。从腾讯在股市的良好表现来看，这家互联网企业通过自身的高增长、高回报，将企业发展的部分红利回馈给了持股者，呈现了利润分配社会化的初步特征。

（二）持股员工占比过半，平均获益近50万港元

腾讯股权分布中，员工持股虽然占总股本的比例很小，但持有公司股份的员工数量占比较大，接近正式员工总数的半数。半数员工在2019年、2020年的三次大规模员工持股激励计划中，可以低于市价的价格认购腾讯股份，据估算，一次分红的人均获利高达50万港元左右。由于腾讯大部分员工及管理层都来自社会招聘，且具有一定的流动性，这一制度也体现了腾讯集团在利益分配方面的社会化。

2019年7月，腾讯向23271名员工奖励3418万股，价值120亿港元，相当于人均奖励50万港元；同年12月，腾讯授出5.27万份购股权以认购股份，认购价格为每股335.84港元。2020年7月，腾讯计划斥资142亿港元发行2664万新股，授予不少于29700位员工（占当年腾讯员工总人数的近50%），认购标准为每股532.81港元，平均每位员工约可获得897股，相当于人均奖励49万港元。

五 经营目标和管理模式社会化

（一）商业化组织架构，专业化管理团队，多样化人才培养

截至2019年12月31日，腾讯的正式员工共有62885名，其中2万多人是工程师，来自全球18个国家和地区。所有员工中，硕士研究生及以

上学历者占50.2%，本科及以上学历者占98%。

腾讯现任董事会主席兼首席执行官是创始人马化腾，现任总裁为联合创始人刘炽平。腾讯公司的管理架构由宏观管理大三层金字塔模型和微观管理小三层金字塔模型共同组成。顶端是总经理办公室，下有七大事业群。总经理办公室负责把控企业整体的战略方向、产品方向，协调跨事业群合作的工作，由马化腾、刘炽平、许晨晔、任宇昕、张小龙、James Mitchell、汤道生、卢山、网大为等高级管理顾问及以上职位的高层管理人员组成。七大事业群包括互动娱乐事业群（IEG）、移动互联网事业群（MIG）、网络媒体事业群（OMG）、社交网络事业群（SNG）、微信事业群（WXG）、企业发展事业群（CDG）、技术工程事业群（TEG）。

腾讯公司的高层管理人员主要来自软件业、金融业等行业的资深从业人员，从创立之初开始，任人唯贤始终是腾讯的用人准则，市场化的人才选拔机制和社会化的经营管理模式，是腾讯保持竞争力的重要因素。例如，历届高管团队中，汤道生曾在美国多家软件公司工作，刘炽平和James Mitchell都曾在高盛任职，其中刘炽平还曾帮助腾讯上市；2005年腾讯收购Foxmail后，传奇软件工程师张小龙加入腾讯高管团队；等等。

在吸纳人才方面，腾讯除了外部招聘招揽，也制订了内部人才的中长期培养计划。例如，"飞龙计划""领航计划"培养中层后备干部，主要通过组织企业交流、配备导师、定期项目汇报，以及承担重大课题等方式进行培养。又例如，"潜龙计划""育龙计划"培养基层干部，"新攀登计划""飞跃计划"培养技术人员，等等。

此外，腾讯还成立了"腾讯学院"，这所企业大学成立于2007年，主要针对腾讯员工开展各类课程。截至2019年末，腾讯学院拥有课程448门，公司级讲师1495位，开班量9600余次，总课时24000余小时，面授覆盖率达87%，网课覆盖率达90%。

（二）配合国家"新基建"，推进数字中国建设

2020年4月20日，国家发布"新基建"三大方面和七大领域，其中包括以人工智能、云计算、区块链等为代表的新技术基础设施，和以数据中心、智能计算中心为代表的算力基础设施。"新基建"计划发布后，腾讯紧跟国家发展战略，继续在人工智能、云计算、区块链技术的研发与应用上大力投入，大力推进数据中心、智能计算中心等算力基础设施的升级和建设，提升腾讯云的服务质量和效益，做好各行各业的"数字化助手"，与行业伙伴共同推动民生政务、产业经济和社会治理等各领域的数字化升级，助力数字中国建设。

腾讯作为中国领先的互联网金融科技企业，其网络基础设施覆盖全球，能够进行百T级流量的实时调度。2019年，腾讯实现了全网服务器总量超过100万台、带宽峰值突破100T的"双百"里程碑，成为中国首家、全球第五家服务器总量超过100万台的公司；腾讯图计算平台的高性能分布式图计算世界领先，可满足十亿级节点的超大规模图计算需求，只需10台服务器就可将计算时间从天级缩短到分钟级，在数字化应用和助力政府、企业转型升级方面有较为广阔的发展前景。

例如在数字政务方面，腾讯已经展开了丰富的探索，积累了许多经验。2017年，腾讯参与组建数字广东公司，创新数字政府的"3＋3＋3"模式，为广东省数字政府改革提供政务云平台、政务大数据中心、公共支撑平台三大基础资源平台，"粤省事"移动政务服务平台、广东政务服务网、"粤省事·协同办公"平台三大应用，从便利民生事项办理、优化营商环境、提升政府行政效率等多方面助力数字政府建设，"数字广东"已成为腾讯数字政府的最佳实践。2019年，腾讯与江苏省政务服务办联合打造的江苏政务服务微信小程序，成为华东地区先进的一体化在线政务服务平台，涵盖了省、市、县政务服务和民生服务事项，打通江苏全省政务服

务体系。2019年10月，腾讯退税通携手阿联酋退税服务商PLANET，率先通过微信为中国游客提供在阿联酋国家的电子退税服务，支持在全球28个国家的88个机场和3个国际港口实时退税，覆盖27个国家和地区。

在司法和警务领域，腾讯积极协助法院、公安等司法机关探索数字化升级，在云上构筑更高效、更便民、更透明的司法秩序。例如，腾讯推出集云存储、人脸识别、语音识别、同步多方音视频等数字技术于一体的"微法院"小程序解决方案，助力基层法院提升信息化办案能力，能够实现从立案到执行的全流程在线运转，并支持诉讼服务事项跨区域远程办理、跨层级联动办理、跨部门协同办理。截至2019年末，"微法院"已在北京、宁波和汕头等多地上线。此外，广东省公安厅将政务微信作为实时指挥调度平台，报案人可通过政务微信平台推送地理位置，110指挥中心可以迅速发出调度指令，即时获悉处理进度，实现警务资源合理调配。

2019年，腾讯推出的灵鲲科技监管平台，以安全黑产库为驱动，通过AI大数据分析建模能力，助力金融监督管理、市场监管、政务服务数据管理、发展和改革委员会等有关监管部门，及时发现互联网领域存在的风险，实现事前发现、事中检测、事后处置跟踪的全链条治理；整合腾讯的黑灰产大数据优势和AI能力，推出"守护者智能反诈中枢"，从源头防范政企数据和个人隐私的泄露造成的诈骗风险，并协助检察和公安机关侦破诈骗案件。2019年守护者计划协助公安机关开展各类网络黑灰产打击行动，协助各地公安机关共计破获案件超过115件（串），抓获犯罪嫌疑人3800余人，涉案总金额超过271亿元人民币。

在医疗领域，腾讯打造大众医学科普资讯平台"腾讯医典"，覆盖超8000个常见疾病科普，并依托腾讯医典，联手国家药监局新闻中心启动全民用药安全科普计划，与人民网、医渡云共同打造权威健康科普智库——"人民医典"，为公众提供覆盖生命全周期的高质量科普知识。此外，腾讯还推出微信医保支付、电子健康卡和腾讯健康微信服务平台，帮助医院提高运营效率、改善患者就医体验。截至2019年11月，就诊买药可通过微信医保支付直接缴费，服务已触及超5亿人参保人；截至2019年9月，电子健康卡落地全国10个省市，接入超过300家医院，累计用卡超过1000万次；近200个城市开通电子社保卡及医保卡电子凭证，接入近1万家医院、药店，节省排队时间3亿分钟。为了推动医疗健康事业长远发展，腾讯还联合行业合作伙伴发起成立"数字医疗创新联盟"，以推动医疗健康领域技术创新、应用创新、合作模式创新为宗旨，通过产业链上下游的开放与合作，为医疗健康行业数字化升级提供全场景、全周期的创新方案，推动形成共同发展、互惠互利的数字医疗新生态。

在智慧城市领域，腾讯推出全场景、多维度的社区综合解决方案——腾讯海纳标准化解决方案，借助腾讯自身的云计算、大数据、物联网等技术，打通物业、居民、政府、媒体和社区之间的信息链路，推动智慧社区建设和综合管理，打造智慧社区新模式，服务内容涵盖基础管理、物业服务、运营工具和公共服务四大功能模块，并通过基础数据接口和基础能力接口的开放进行多场景对接，打通自有应用数据，实现深度融合。例如，提供物业缴费、设备管理、营销工具等物业内部智能管理十余种基础服务，以及腾讯医典、珊瑚积分、邻里圈等智慧社区解决方案。截至2019年10月，腾讯海纳拥有133个开放应用，服务小区超过7000家。智慧物联、智能垃圾分类、企鹅医生、爱心书屋、智慧停车、智能车位柜、智能语音客服、智慧通道管理等生态已经陆续接入开放平台。

（三）以微信生态繁荣，带动社会就业

腾讯开发的国民级流量入口微信带来了独特的数字生态，在微信生态内便于孵化新产业，产业链条长，就业方式灵活，兼职占比较高，线上线下融合，以线上就业带动线下就业。尤其是在三、四线城市，微信平台聚集了大量个人创业者，年轻人包括大学生是微信就业的"主力军"，这样

的就业生态打破了时空限制、解放了体力劳动，促进应届大学生、退役军人、农民工、残障人士等群体就业，加快数字化就业岗位在三、四线城市的普及，重点帮扶人群在微信更易找到就业新机会。截至2019年末，微信生态带动了全国2963万个就业岗位，微信创业者创造直接就业岗位2601万个，间接带动就业岗位362万个。

六　履行社会责任

腾讯作为一家国内领先的互联网企业，能够引领互联网行业的发展潮流，其用户数量庞大，涉及业务广泛，具有较大的公众影响力，腾讯的一举一动，都会对社会产生影响，因此腾讯在履行企业社会责任方面的表现值得关注。

腾讯主动参与关于企业社会责任价值理念的构建，将如何提升企业承担社会责任的能力和意识作为重要议题。例如，在产品设计方面，提出"科技向善"的理念与价值观；在公益事业方面，成立基金会、志愿者协会等组织，大力投入慈善；在配合国家战略方面，积极开展扶贫攻坚工作，帮助实现乡村数字化转型，助力乡村振兴，以及在新冠肺炎疫情中，助力复工复产；等等。

（一）配合国家战略，助力脱贫攻坚，提升乡村治理水平

腾讯积极配合国家乡村振兴战略，助力脱贫攻坚，运用自身优势提升乡村治理水平。例如，通过开发具有可采集、可计算、可存储、可应用等数据特征的数字"村平台"，为乡村治理提供数字化助力。"村平台"能有效调动村民参与村中事务的主动性，激发乡村发展内生动力，助力实现乡村长效脱贫。"腾讯为村"计划从2015年正式推出以来，通过搭建平台和研发产品和服务，为乡村治理探索数字化解决方案，有效疏通了农村错综复杂的党

务、村务、事务、商务等交互领域,实现各方虚拟或现实场景下的"共同在场",是乡村治理各方主体的数字化助手。通过"村平台",村干部工作效率和质量得以提升,为村民服务更便捷,村民的需求能够得到及时反馈和解决,地方政府得以充分洞察基层乡村百态,提升乡村治理和决策水平。

(二)热心公益,调动全员积极性

腾讯员工在 2006 年自主发起成立腾讯志愿者协会,截至 2019 年底,志愿者活动次数累计 142 次,平均每年举办 10 余次,主要是运用腾讯在科技方面的优势,参与投入信息寻人、特殊儿童关怀、扶贫济困、助学等领域。例如,腾讯在 2017 年创办公益文创品牌 STARRY COLOR,并开展移动课堂,为自闭症儿童提供艺术疗愈课程,并通过员工自愿购买定制文化衫的方式,为自闭症儿童募集捐款。

利用区块链技术,腾讯落地帮助走失、被拐、流浪儿童回家的可信区块链方案"公益寻人链",连接腾讯内部多个寻人平台,打破信息壁垒,实现各大公益平台信息共享,提升公益寻人的协同效率。区块链技术还被腾讯应用于旗下"手机管家小管寻人""404 寻亲广告""广点通寻人""QQ 全城助力""管家寻人""优图寻人""朋友圈广告寻人""微信小程序寻人"等公益寻人平台。其中,"QQ 全城助力"借助 QQ 网友力量寻找失踪儿童、失踪老人、稀有血型献血者。一旦有求助需求,平台就可以基于地理位置,为同一地区的 QQ 网友发布及时的求助信息。截至 2020 年 4 月 12 日,"QQ 全城助力"发布失踪儿童案例 807 例,已结案 660 例;发布失踪老人案例 449 例,已结案 168 例;发布稀有血型案例 171 例,已结案 164 例;人脸识别技术为 5 个案例成功提供帮助。

(三)助力抗击新冠肺炎疫情,推进复工复产

2020 年新冠肺炎疫情出现后,微信通过开放远程办公、无接触交易、

小程序直播等系列功能,帮助企业逐步复工复产。为推进复工复产,腾讯采取的措施还包括:为开发运营提供资金和资源支持,通过小程序建立就业服务平台,以轻量、便捷的方式匹配求职人员和复工企业,等等。2020 年前 4 个月,微信生态相关岗位总数增加 59.7 万个,相关职位需求投递总量增长 9.39%;微信就业招聘相关小程序累计 15430 个,日活跃用户数达 150 万人。

(本文由北京大成企业研究院葛佳意编撰。)

"民营企业向社会企业转变研究"案例之四

联想控股：职工持股，产业报国，打造"没有家族的家族企业"[*]

联想控股股份有限公司（以下简称"联想控股"）于1984年由中国科学院计算技术研究所投资，柳传志等11名科研人员创办。从IT行业起步，经过30多年的发展，现已成为中国领先的多元化投资控股公司。目前，联想控股采用母子公司组织架构，通过主动系统布局，形成了颇具协同效应的"战略投资"和"财务投资"两大业务。战略投资以长期持有为目的，聚焦于战略方向构建和优化投资组合，打造支柱型业务；财务投资包括天使投资、创业投资及私募基金投资，以财务回报为导向，选择合适的产品与标的进行组合投资。

自1984年投资IT行业、创办联想集团开始，联想控股战略投资业务关注IT、金融服务、创新消费与服务、农业与食品以及先进制造与专业服务五大板块，通过战略投资培育和打造了一系列行业领先的旗舰型企业，包括中国最大的个人电脑公司Lenovo、中国领先的互联网金融服务公司拉卡拉、中国最大民营口腔服务连锁品牌拜博口腔、中国最大水果全产业链

---

[*] 本案例数据除注明的以外，均来自联想控股股份有限公司的官网和年报。

公司佳沃鑫荣懋等。

2015年6月29日，联想控股在香港交易所主板上市（HK：03396）。截至2020年12月31日，联想控股综合营业收入为4175.67亿元人民币，归母净利润为38.68亿元人民币（见表1），综合总资产达6517.33亿元人民币。[1]

表1 联想控股主要财务指标（2016~2020年）

项目	2020年	2019年	2018年	2017年	2016年
营业收入（亿元）	4175.67	3892.18	3589.20	3162.63	2947.46
营收同比增长（%）	7.28	8.44	13.48	7.30	-4.69
资产负债率（%）	86.70	85.28	85.13	76.43	78.59
平均净资产收益率（%）	6.39	6.11	7.79	9.46	9.61
归母净利润（亿元）	38.68	36.07	43.62	50.48	48.59
归母净利润增长（%）	7.24	-17.30	-13.60	3.89	429
每股派息（HKD）（元）	0.4259	0.3615	0.3501	0.3373	0.2728
派息比率（%）	21.6	21.03	16.40	13.05	11.84

资料来源：东方财富网。

一 股权社会化——股权高度分化的混合所有制企业

自1984年成立以来，联想控股股权经过多次变动，最终从一个中国科学院所办企业逐步转变为以企业管理层、企业员工、社会公众、社会机构持股为主的混合所有制企业。

在联想控股的股权结构中，员工持股是主要特点。1999年，联想控股

---

[1]《联想控股股份有限公司截至2020年12月31日年度全年业绩公布》，联想集团官网。

联想控股：职工持股，产业报国，打造"没有家族的家族企业"

在集团内部推行员工持股计划，通过该计划对联想控股自身持有的35%股权进行划分。按照1994年确定的方案，持股员工分为三部分：第一部分是创业员工，总共15人，获得其中的35%，这些人主要是1984年、1985年创业时的骨干；第二部分是核心员工，约160人，他们主要是1988年6月1日以前的老员工，获得其中的20%；第三部分是未来的骨干员工，包括现在的联想员工，将获得剩余的45%。联想控股员工持股方案在设置之初，注意兼顾企业的过去和未来，既妥善地解决了早期创业人员的历史贡献问题，又恰当地考虑了企业的发展前途，因而是一个富有创新意识，比较公平、合理的股权改革方案。通过员工持股计划，既对企业发展做出突出贡献的员工做出奖励，也使这些员工与企业的发展紧密联系在一起，使员工成为企业的主人，更有力地促进了企业的发展壮大。

2001年，在中国科学院、北京市及有关部门的支持下，联想控股员工通过购买的方式，拥有了公司35%的股权；2009年，中国泛海控股集团有限公司入资联想控股，成为第三大股东，公司治理结构得到进一步完善；2011年，公司进行职工持股会改制，并实施新一轮股权激励计划；2016年，联想控股实施了公司上市后的中长期激励计划。

从联想控股的股权结构来看，国科控股为国有资本，代表中国科学院持有29.04%的股权；中国泛海控股集团有限公司作为社会资本持有16.97%的股权；柳传志作为个人持有3.12%的股权；北京联持志远管理咨询中心和北京联恒永信投资中心是联想员工持股平台，共计持有联想控股25.22%的股权（见表2）。

在其余公众所持股份中，根据香港证券交易所披露的数据，通过中央结算系统代理持股的机构和个人投资者主要为境内机构和券商。

从联想控股的股权结构来看，联想控股已经是一个典型的股权分散、多元的社会化企业。

表 2 联想控股主要股东情况（截至 2020 年 12 月 31 日）

单位：股，%

股东名称	最终控制人	持股数	占已发行股份总数的概约持股百分比	股票类型
国科控股	中国科学院国有资产经营有限责任公司	684376910	29.04	普通股
北京联持志远管理咨询中心（有限合伙）	北京联持志同管理咨询有限责任公司	480000000	20.37	H 股
中国泛海控股集团有限公司	卢志强	400000000	16.97	普通股
北京联恒永信投资中心（有限合伙）	北京联恒永康管理咨询有限责任公司	114287500	4.85	H 股
柳传志	柳传志	73600000	3.12	H 股

资料来源：东方财富网。

二 经营目的社会化——以产业报国为己任

联想控股成立之初，即以产业报国为己任，致力于成为一家值得信赖并受人尊重的企业，随着企业发展，其战略目标逐步转变为在多个行业拥有领先企业，在世界范围内具有影响力的国际化投资控股公司，同时，为中国奉献出一批卓越的企业，为中国和世界经济的发展做出应有的贡献。联想控股战略投资分布于六大行业，包括 IT、金融服务、现代服务、农业与食品、房地产及化工与能源材料，旗下拥有 20 余家成员企业。

联想控股旗下最成功的企业就是联想集团。目前，联想集团已经成长为世界第一大 PC 生产商，业务遍及 180 多个国家和地区，在全球消费、商用以及企业级创新科技领域居领先地位。2020 年，联想集团营业额达 3849.92 亿元人民币，净利润达 75.44 亿元人民币，在 2020 年《财富》世界 500 强排名榜中列第 224 位，在巴西、日本、美国和中国多地设立自主生产基地。

再如联泓集团有限公司，是联想控股成员企业，始创于 2010 年，注册资本 23 亿元，员工约 3000 人。作为一家新材料产品和解决方案供应商，联泓新材料科技股份有限公司（简称联泓新科）专注于先进高分子材料和特种精细材料的生产、研发与销售，是高新技术企业、国家级"绿色工厂"，已连续多年上榜"中国石油和化工民营企业百强"。联泓新科产品主要包括EVA、PP、EO及EOD等，广泛应用于光伏、线缆、鞋材、塑料、日化、纺织、建筑、路桥、汽车、皮革、涂料、农化、金属加工等领域，多个产品在细分市场份额上领先。联泓新科构建了催化剂开发、合成工艺开发、应用体系开发等方面的研发体系，截至2020年5月，已获得授权专利38项，其中授权发明专利20项，主持、参与制修订国家和行业标准13项，先后承担科技部863计划和山东省重大科技创新工程等项目。

再如2018年获得联想控股战略投资的卢森堡国际银行，创立于1856年，是卢森堡大公国三大银行之一，也是卢森堡大公国历史最悠久的综合性银行。其业务涵盖零售银行、私人银行、对公业务以及资金和金融市场服务等；其在卢森堡还拥有多家子公司，提供家庭办公室、投资管理、另类基金管理、租赁以及企业和基金服务。截至2019年12月31日，卢森堡国际银行管理资产达435亿欧元，总资产达281亿欧元。

此外，联想控股还培育出了正奇金融、神州租车、佳沃等具有高成长性、在行业具有领先地位的成员企业。

三 利润归属社会化——全面履行社会责任

从联想的发展来看，联想控股正在将企业利润与股东利益最大化，企业与员工、社区、行业、国家乃至人类社会的整体利益紧密结合，并全面履行企业的社会责任。

联想控股认为：联想控股的社会责任是把企业自身办好，遵纪守法，照章纳税，解决就业，提供高质量的产品和服务，打造出一批卓越企业；秉承"以人为本"的理念，关爱员工，高度重视人才的培养和激励，建立优秀的企业文化；通过自身的践行和努力，积极倡导良好的商业道德风尚，湿润社会空气；同时，利用多年积累的资源与经验，助力更多中国企业成长壮大，贡献于中国经济。30多年来，联想控股始终为成为一家"值得信赖并受人尊重"的企业而努力，将企业社会责任纳入公司的整体战略，力所能及地积极投身社会公益事业，重点在"扶助创业""支持教育""弘扬正气"等领域系统规划并长期投入。同时，联想控股还积极鼓励和倡导员工参与社会公益活动，以实际行动履行社会责任，回报社会。

（一）创造就业并为企业员工提供成长发展的机会

联想控股成员企业，为全球各国创造了数以万计的就业，仅联想集团，在全世界的雇员数量就将近6.3万人。联想控股高度重视人才的培养和激励，为企业员工提供成长发展的机会。

一是建立了不同激励手段相结合且覆盖全员的激励体系，包括短期激励（基本工资和目标奖金）和中长期激励（股权和现金）。短期激励以各专业序列的相对价值为基础，由基本工资和年度目标奖金构成。中长期激励以中长期战略目标为导向，通过股权激励与中长期业绩奖金等组合手段，使价值创造者得到的激励水平随联想控股的整体价值成长显著提升。

二是重视员工的发展，为员工提供可期的职业发展路径和完善的培养发展体系，搭建广阔的职业上升空间与平台。根据不同职位的工作性质，为员工建立了多个职业发展通道。职业发展通道的建立，可帮助员工明确当前的发展阶段以及未来的发展方向，指导员工采取有针对性的措施以提升能力，将个人发展融入企业的长远发展之中。

联想控股在实战中不断总结企业管理的基本规律，形成了以"建班子、定战略、带队伍"为核心的"领导力三要素"，创造性地设计并推进企业机制改革，培养出一批领军人物和优秀人才，这些都为联想控股后来的可持续发展奠定了坚实的基础。

（二）热心社会公益和慈善事业

自成立以来，联想控股一直热心公益和慈善事业。公司创始人、名誉董事长柳传志曾说："像我这个年龄的人，经受过新中国成立前的战乱，我的父辈也经受过外国列强侵略中国的那种屈辱，我们非常希望中国能够更富强、更有凝聚力。做善事、做好事，让它成为一种社会风气，对于整个中华民族的凝聚力和整个社会的空气湿润都有很大好处。"35年来，联想控股秉承"做好人、做好事、为社会做出好样子"的企业精神，在办好自身企业之余，也积极探索公益之路，力所能及地积极投身社会公益事业，以实际行动履行社会责任，回报社会。

目前，联想控股的公益和慈善事业主要通过北京联想控股公益基金这一平台运行。北京联想控股公益基金成立于2013年3月8日，为非公募社会公益组织。基金会资金主要来自联想控股和其他有捐赠意愿的捐方，包括社会组织、个人及公司员工。基金会秉承"践行公益精神，促进社会发展"的宗旨，主要围绕支持教育、扶住创业和弘扬正气三个方面开展公益活动，其主要捐赠项目包括以下几个。

1. 联想进取教育基金

联想进取班是联想控股在教育领域的重点公益项目。自2004年以来，联想控股设立"联想进取教育基金"，主要在贫困地区开设"联想进取班"，长期、持续帮助家庭贫困且品学兼优的高中学生顺利完成学业，帮助他们改变命运。十几年来，联想控股先后在北京、贵州、甘肃、四川、宁夏等地区开设"联想进取班"，迄今已累计投入3500余万元，资助了2600多名莘莘学子，其中2000名贫困学生已经高中毕业走出大山，实现了大学梦想，获得了改变命运的机会。

2. 联想首都英模暨见义勇为人士专项基金

联想首都英模暨见义勇为人士专项基金，是联想控股与柳传志先生个人于 2004 年在中国妇女发展基金会下共同发起设立的公益慈善基金，旨在帮扶和救助北京市政法战线的英模和见义勇为人士本人及其家庭，弘扬社会正气。到目前为止，该基金捐助总额超过 2000 万元，奖励和资助首都政法、民政系统英模英烈及子女、一线优秀干警及见义勇为人士 1500 余人次。

3. 北京市海淀教育基金会

为了支持海淀教育事业发展，2016 年联想控股公益基金会向北京海淀教育基金会捐赠人民币 200 万元，积极助推海淀区基础教育发展，树立尊师重教良好社会风尚，带动更多的企业关心教育、重视教育。

4. 北京乐平公益基金会

北京乐平公益基金会旨在帮助贫困人口提升就业创业能力，促进公益创新，建设和谐社会。经过悉心规划，北京乐平公益基金会以发展农村小额贷款、低收入人口儿童教育、农民工培训、社会创新人才培养和"生态信任农业"为核心领域，主要开展资助低收入人群的创业教育和职业教育，贫困问题研究与交流，以及公益人才培养、和谐社区建设方面的公益活动。

联想控股作为基金会的理事单位，累计捐款超 1000 万元，并长期关注并支持基金会的运营和公益项目的开展。

四 经营管理社会化——广揽全球优秀人才

联想控股从一个中国科学院所办企业发展成全球知名的跨国企业，与其广揽全社会乃至全世界优秀经营管理人才和专业技术人才密不可分。尽管联想控股的成长壮大，打上了鲜明的柳传志个人色彩，早期管理层以中国科学院计算所创始成员为主，但是随着联想控股的逐步发展，其管理团队逐步转变为社会公开选聘的管理人员。从目前来看，联想控股的管理层主要是社会各方面专业人士,以职业经理人为主。其中,名誉董事长柳传志,是联想控股的创始人,董事长宁旻,与李蓬、陈绍鹏、唐旭东等,都是早期加入联想控股并逐步成长为高管的职业经理人。同时,联想控股高管还持有公司股份,这对他们既是激励也是鞭策。表3为截至2020年12月31日联想控股创始人及高管持有公司股份情况。

表3 联想控股高管持股情况

单位:股,%

人员	持股数量	持股比例
柳传志	73600000	3.12
朱立南	56230000	2.38
宁旻	40150000	1.7
李蓬	4394100	0.18

资料来源:东方财富网。

再如联想控股的核心企业联想集团,其管理层更加多元,公司高管中除联想控股自己培养成长起来的杨元庆、刘军等,更多是有丰富任职经历的国际化人才,110多位高管来自17个国家。

(本文由北京大成企业研究院徐鹏飞根据公开资料撰写。)

"民营企业向社会企业转变研究"案例之五

富士康集团：
助力高质量发展转型升级，引领全球工业智能制造*

一 集团概况

富士康科技集团（鸿海科技集团，以下简称富士康集团）创立于1974年，1988年在中国大陆设厂，创始人为郭台铭，在2020年《财富》发布的世界500强中位列全球第26名。富士康集团具有业务范围国际化、股权结构社会化、经营目标社会化的特点，集团母公司为中国台湾上市企业鸿海精密，在世界各地拥有200余家子公司和派驻机构，其中23家为独立上市公司。其中，在A股上市的有工业富联和鹏鼎控股。

富士康集团是计算机、通信及消费性电子（3C）产业制造服务的全球领导者，以高效能著称，采用垂直整合商业模式，为客户提供一站式综合服务解决方案。大中华区和美国是该集团的两大战略重点区域，以中国大

---

* 数据及企业资料来自公开资料和企业年报。

陆为中心，在亚、美、欧三大洲设有制造基地。在转型为工业互联网公司的过程中，富士康集团充分运用其在云计算、移动设备、物联网、大数据、人工智能、网络、机器人及自动化方面的专业知识，逐步扩大现有的IIDM-SM"整合、创新、设计、制造、销售、营销"平台，拓宽业务纵深到硬件创新、云端数据管理服务、平台与基础设施、宽带网络传输服务及智能电动车，并持续投资研发绿色制造科技应用。工业富联（富士康工业互联网股份有限公司）提供以工业互联网平台为核心的新形态电子设备产品智能制造服务和以自动化、网络化、平台化、大数据为基础的科技服务综合解决方案，构建集云计算、移动终端、物联网、大数据、人工智能、高速网络、机器人于一体的"先进制造＋工业互联网"新生态。相关产品主要应用于智能手机、宽带和无线网络、多媒体服务运营商的基础建设、电信运营商的基础建设、互联网增值服务商所需终端产品、企业网络及数据中心的基础建设以及精密核心零组件的自动化智能制造等。

2020年全年，富士康集团实现总营收1913亿美元，同比增长0.31%，净利润35.6亿美元，同比下降12%。2019年全年研发投入达214.92亿元，在欧盟委员会发布的《2020版欧盟工业研发投资记分牌》中位列中国企业第四名。

二 股权结构社会化

富士康集团股权分散，集团下属22个子公司分拆上市，使原本归属于鸿海精密的股权转变为社会持有，股东遍及中国台湾、中国香港和中国大陆（见表1），尤其是集团母公司鸿海精密和子公司工业富联，在股权结构社会化方面表现突出。

富士康集团旗下的子公司中，在中国台湾地区上市的有16家，包括鸿准精密、桦汉、群创光电、建汉科技、F_讯芯等，在中国香港上市的

表1 富士康集团上市公司分布情况

中国台湾上市	中国大陆上市	中国香港上市	收购
鸿海精密（TW$_{2317}$）	工业富联（SH$_{601138}$）	鸿腾精密（HK$_{6088}$）	夏普（J$_{6753}$）
鸿准精密（TW$_{2354}$）	鹏鼎控股（SZ$_{002938}$）	富智康集团（HK$_{2038}$）	SK C&C 4.9%股权
正崴精密（TW$_{2392}$）		云智汇科技（HK$_{1037}$）	台通（TW$_{8011}$）3.4%股权
桦汉（TW$_{6414}$）		讯智海国际（HK$_{08051}$）	
瑞祺电通（TW$_{6416}$）			
正达国际光电（TW$_{3149}$）			
广宇科技（TW$_{2328}$）			
建汉科技（TW$_{3062}$）			
台扬科技（TW$_{2314}$）			
京鼎精密（TW$_{3413}$）			
群创光电（TW$_{3481}$）			
荣创能源科技（TW$_{3437}$）			
F_臻鼎（TW$_{4958}$）			
F_讯芯（TW$_{6451}$）			
F_乙盛（TW$_{5243}$）			
F_GIS（TW$_{6456}$）			
亚太电信（TW$_{3682}$）			

资料来源：北京大成企业研究院根据公开数据整理。

有鸿腾精密、富智康集团、云智汇科技、讯智海国际，在中国大陆上市的有工业富联和鹏鼎控股。

（一）鸿海精密股权情况

鸿海精密工业股份有限公司（简称鸿海精密）于1991年在台湾证券交易所上市，2021年4月6日，总市值3910.7亿元人民币。截至2020年末，发行总股数138.6亿股，共有股东78.94万户，大部分为散户。

股东结构方面：78.54万户台湾地区的个人投资者持有鸿海精密40%的股份，834户境外个人投资者持有0.08%的股份；14户全体董事、监察人、经理人及持股10%以上股东共持有9.75%的股份；台湾地区9家公营机构投资者持有3.56%的股份；台湾地区121家金融机构投资者持有8.47%的股份；台湾地区1354家公司法人投资者持有3.04%的股份（见表2）。

表 2 鸿海精密 2020 年末股权分布情况

股东类别	人数（户）	持股比例（%）	持有股票数（股）
全体董事、监察人、经理人及持股 10% 以上股东	14	9.75	1352217725
台湾地区公营机构投资者	9	3.56	494024332
台湾地区金融机构投资者	121	8.47	1174033198
台湾地区证券投信基金投资者	48	0.55	75787954
台湾地区公司法人投资者	1354	3.04	420795820
台湾地区其他法人投资者	40	0.04	5876827
境外金融机构投资者	1	0.01	1494864
境外法人投资者	6	0.11	14866688
境外证券投信基金投资者	1624	44.14	611795472
台湾地区个人投资者	785407	40.00	5544624906
境外个人投资者	834	0.08	11710548
发行总股数及股东人数	789444	100.00	13862990609

资料来源：钜亨网。

（二）工业富联股权情况

截至 2021 年 3 月 31 日，工业富联总市值 2780 亿元，总股本 198.7 亿股，其中流通股 29 亿股。截至 2020 年末的股东总数为 22.21 万户；前十大股东（见表 3）持有总股本中 86.96% 的股份，其中深超光电（深圳）有限公司是鸿海精密与深圳市国资委的合资公司，香港中央结算公司为港交所全资附属子公司，其余八大股东都是鸿海精密的子公司，富士康集团通过子公司间接持有工业富联至少 83.36% 的股份，是工业富联的最大股东；前十大流通股股东共持有流通股的 42.14%（见表 4）。

金融机构持仓方面，截至 2020 年 12 月 31 日，共有 283 家境内外金融机构持有工业富联 6.51% 的股份，占流通股的 44.67%。其中，274 家基金持有总股份的 0.54%，9 家其他机构持有总股份的 5.97%。个人投资者可通过持有基金间接持有工业富联流通股，工业富联部分股权为政府持有和社会持有并存，股权分布呈现社会化、多元化。

大型民企和国企的战略持有方面，据工业富联 2018 年年报披露：阿里

表3 工业富联前十大股东（截至2020年12月31日）

单位：股，%

名次	股东名称	股份类型	持股数	占总股本持股比例	增减	变动比例
1	China Galaxy Enterprise Limited	限售流通A股	7293115611	36.70	不变	—
2	富泰华工业(深圳)有限公司	限售流通A股	4364680127	21.97	不变	—
3	Ambit Microsystems(Cayman) Ltd.	限售流通A股	1902255034	9.57	不变	—
4	鸿富锦精密工业(深圳)有限公司	限售流通A股	1635887159	8.23	不变	—
5	鸿富锦精密电子(郑州)有限公司	限售流通A股	597861110	3.01	不变	—
6	深超光电(深圳)有限公司	流通A股	402684564	2.03	不变	—
7	Argyle Holdings Limited	限售流通A股	327104697	1.65	不变	—
8	香港中央结算有限公司	流通A股	313362044	1.58	99361364	46.43
9	Joy Even Holdings Limited	限售流通A股	247590604	1.25	不变	—
10	深圳市桓创誉峰咨询管理合伙企业(有限合伙)	流通A股	194630872	0.98	不变	—
	合计	—	17279171822	86.96	—	—

资料来源：东方财富网。

表4 工业富联前十大流通股股东（截至2020年12月31日）

单位：股，%

名次	股东名称	股东性质	股份类型	持股数	占总流通股本持股比例
1	深超光电（深圳）有限公司	其他	A股	402684564	13.90
2	香港中央结算有限公司	其他	A股	313362044	10.82
3	深圳市恒创誉峰咨询管理合伙企业（有限合伙）	其他	A股	194630872	6.72
4	共青城云网创界投资管理合伙企业（有限合伙）	投资公司	A股	80983294	2.80
5	中央汇金资产管理有限责任公司	其他	A股	56249400	1.94
6	共青城裕鸿投资管理合伙企业（有限合伙）	投资公司	A股	43477824	1.50
7	GOLDEN FRAME LP	其他	A股	37548667	1.30
8	中国银行股份有限公司—华夏中证5G通信主题交易型开放式指数证券投资基金	证券投资基金	A股	32964357	1.14
9	SILVER FRAME LP	其他	A股	31722680	1.10
10	上海四季枫商业管理合伙企业（有限合伙）	投资公司	A股	26526684	0.92
	合计	—	—	1220150386	42.14

资料来源：东方财富网。

巴巴、百度、腾讯、东方明珠新媒体、同方金融控股等战略投资者各持有工业富联1.1%的股份，共计6.8%；上海国投协力发展股权投资基金持有1.8%的股份，中央汇金持有1.7%的股份；新华资产管理公司、中国人寿保险、中国国有企业结构调整基金各自持有0.87%股份，共计2.6%。

员工持股方面，工业富联在2019年1月13日公告中披露《2019年股票期权与限制性股票激励计划草案》，将在2019～2023年3个会计年度中，向公司董事、高级管理人员及其他核心技术、业务及管理骨干人员等4600名优秀员工授予共计2.25亿元人民币的股权，大约占股本总额的1.14%，权益包括股票期权和限制性股票两部分。公告称，此次股权激励计划一方面是为调动员工积极性和留住人才，另一方面是为了有效地将股东利益、公司利益和经营者个人利益结合在一起，共同关注公司的长远发展，积极推动公司发展战略实施。员工股权激励实施后，工业富联的股权结构会进一步社会化,这一举措将帮助该企业朝社会型企业又迈进一步。

除以上部分社会化的股权以外,工业富联亦在上市之时公布了其限售股股份的逐年解禁计划,到2024年将把所有受限股解禁,在市场上流通。

三 利润分配社会化

(一)员工分红

员工分红方面,富士康集团母公司——鸿海精密曾向员工进行多次现金、股票分红及大额抽奖。

例如在2017年度,向中国台湾地区内7000名员工发放总额104.98亿元新台币(约合23亿元人民币)的现金分红,平均每人可领到约150万元新台币(约合33万元人民币)现金。例如在2016年度,向中国台湾地区内7500名员工发放分红股票总计126.6万股,市值约合22.3亿元人民币。又例如在2015年度,郭台铭在年会上出资6亿元新台币(约合1.3亿元人民币)用于员工抽奖,员工最多拿到1288万元新台币(约合人民币279.3万元)。

(二)股息分派

鸿海精密每年以现金股利和股权股利两种形式向全体股东发放数百亿元新台币的股息(详见表5)。例如2014年,鸿海精密向全体股东配发总额562.14亿元新台币的现金股利和总额73.96亿元新台币的股权股利。2019年,鸿海精密计划配发554.5亿元新台币的股息(约合人民币122亿元),每股配发4元新台币,散户可以得到大约193亿元新台币(约合人民币42.7亿元)的股息。

集团子公司工业富联在2018年、2019年也都进行了股息分派,2018年

富士康集团：助力高质量发展转型升级，引领全球工业智能制造

表 5 鸿海精密股利发放情况

除权息日	除权息前股价（元新台币）	现金股利（元/股）	现金殖利率（%）	股票股利（元/百股）	无偿配股率（%）	现增配股率（%）	认购价（元/股）	停止过户日
2020年7月23日	85.90	4.2000	4.89	—	0.000	0.000	0	2020年7月27日至2020年7月31日
2019年7月25日	81.30	4.0000	4.92	0.0000	0.000	0.000	0	2019年7月27日至2019年7月31日
2018年7月25日	85.20	2.0000	2.35	0.0000	0.000	0.000	0	2018年7月27日至2018年7月31日
2017年7月13日	118.50	4.5000	3.80	0.0000	0.000	0.000	0	2017年7月17日至2017年7月21日
2016年9月2日	87.40	4.0000	4.58	1.0000	0.000	0.000	0	2016年9月6日至2016年9月10日
2015年9月3日	90.60	3.8000	4.19	0.5000	0.000	0.000	0	2015年9月6日至2015年9月10日
2014年8月28日	112.00	1.8000	1.61	1.2000	0.000	0.000	0	2014年8月30日至2014年9月3日
2013年9月9日	82.90	1.5000	1.81	1.0000	0.000	0.000	0	2013年9月11日至2013年9月15日
2012年8月10日	91.00	1.5000	1.65	1.0000	0.000	0.000	0	2012年8月14日至2012年8月18日
2011年7月29日	90.30	1.0000	1.11	1.0000	0.000	0.000	0	2011年8月2日至2011年8月6日
2010年8月25日	133.00	2.0000	1.50	1.2000	0.000	0.000	0	2010年8月27日至2010年8月31日
2009年6月2日	129.50	1.1000	0.85	1.5000	0.000	0.000	0	2009年6月4日至2009年6月8日
2008年9月16日	137.50	3.0000	2.18	1.5000	0.000	0.000	0	2008年9月18日至2008年9月22日
2007年8月27日	282.50	3.0000	1.06	2.0000	0.000	0.000	0	2007年8月29日至2007年9月2日
2006年8月17日	221.00	3.0000	1.36	2.0000	0.000	0.000	0	2006年8月20日至2006年8月24日
2005年9月2日	169.00	2.4471	1.45	1.9600	0.000	0.000	0	2005年9月6日至2005年9月10日
2004年8月23日	124.00	2.0000	1.61	1.5000	0.000	0.000	0	2004年8月25日至2004年8月29日
2003年8月7日	153.00	1.5000	0.98	2.0000	0.000	0.000	0	2003年8月9日至2003年8月13日
2002年7月23日	149.00	1.5000	1.01	1.5000	0.000	0.000	0	2002年7月25日至2002年7月29日
2001年7月2日	181.00	1.5000	0.83	2.0000	0.000	0.000	0	2001年7月4日至2001年7月8日

资料来源：钜亨网。

分红总额 25.6 亿元人民币，每股派发红利 0.129 元，2019 年分红总额 39.7 亿元人民币，每股派发红利 0.2 元。

四　经营管理社会化

（一）经营目标紧跟国家政策

富士康集团子公司工业富联响应国家建设工业互联网产业体系和基础设施的号召，将构建先进制造、工业互联网，实现工业制造 4.0 的国家发展目标和作为企业的盈利目的相结合，经营目标逐渐社会化，企业性质从民营企业上市公司逐渐向社会企业转型。

工业富联 2018 年度企业社会责任书中详细罗列了社会化的企业经营目标，即为中国传统制造企业提供安全可靠、高效的一站式转型升级解决方案，革新中国制造生态体系；为中国经济在第四次工业革命中迎来质变，构建中国高效、清洁、低碳、循环的绿色制造体系贡献一己之力。并强调，企业经营目的在于全产业链、全社会的可持续发展，富士康 Fii Cloud 云平台就是为了优化社会环境影响和资源效益而诞生的。放眼未来，绿色制造是生态文明建设的重要内容，也是工业转型升级的必由之路。作为绿色制造的倡导者、传统制造智能化转型的赋能者，工业富联聚焦"可持续城市和社区""负责任的消费和生产""工业、创新和基础设施"等联合国可持续发展目标，坚持把经济、环境、人权、社会作为企业可持续发展的战略基石。

由此可见，富士康集团子公司工业富联经营目标的社会化已初步形成。富士康集团明确，实现配合国家战略的社会化经营目标，必须依托 30 多年所积累的大量工业知识和数据，将 IT 和 OT 相结合，打造工业互联网平台，并通过打造智能传感、工业互联网体系，联结智能制造，引领中国制造业全产业链的转型升级。

（二）管理团队社会化

富士康集团管理层由优秀职业经理人、技术专家等构成，这些人员主要来自大型企业管理层、高校教授以及集团内部培养人才。人才结构多元化、社会化、专业化。

例如富士康集团董事长刘扬伟，曾任联阳美国子公司副总经理，是半导体和通信领域的专家，加入富士康集团后，历任郭台铭助理、鸿海半导体次集团负责人、京鼎精密董事长等。

富士康副总裁兼亚太电信董事长吕芳铭，曾任惠普集团亚太区总监、凌云科技全球副总裁暨亚太区总经理、鹏瞻科技创始人兼总裁，加入富士康集团后，历任鸿景国际投资法人代表、富士康集团董事等。

工业富联董事长李军旗，曾任日本高知工科大学讲师、日本FINETECH Corporation 主任研究员、深圳富泰华高级技术顾问。

富士康集团副董事长李杰，是工业大数据专家和机械工程博士，兼任美国辛辛那提大学特聘讲座教授、美国国家科学基金会智能维护系统产学合作中心创始主任、美国麦肯锡公司资深顾问等。

（三）开办企业大学，培养专业人才

在鸿海教育基金会的努力下，富士康开办了多所面向员工的企业学院，其中最具代表性的是隶属于富士康集团的鸿海工业互联网学院和隶属于工业富联的灯塔学院。

鸿海工业互联网学院成立于2001年，是富士康集团的企业大学，与国内外62所知名大学及著名专业咨询机构合作，为集团员工提供管理类、通识类、技术类、在职训练、学历教育等各类员工协助计划（Employee Assistance Program，EAP）课程，合计约580万小时，培训约3375万人次。学历班合计招生5997人，毕业人数4667人。除上述各类别培训外，配合集团电商转型以及响应政府政策，学院也开设了科技服务转型系列培训，如品牌销售员种子讲师培训、用户中心客服培训、售后服务培训等，共展开18期销售、客服、售户等专项培训，共713人参与。同时，为鼓励员工学习，集团还为员工提供各种奖励措施：事业群委托培育、工会专项奖学金、大专班奖学金、连读奖学金、毕业后职位晋升等，共有3679名学员获得奖励。

2018年，工业富联位于深圳的"熄灯工厂"入选达沃斯世界经济论坛"全球制造业灯塔工厂"网络，灯塔学院在这一背景下成立。灯塔学院致力于将优秀高校毕业生培养成工业大数据人才，为全球产业伙伴提供人才服务。其主要是通过教育培训等方式，实现人员技能升级，调动全生态资源为专业人才提供最广场域的实习基地、最全面的工业大数据平台，让人才、项目及平台有机衔接，在智慧赋能领域形成路径清晰的解决方案。灯塔学院是国内首个工业互联网人才培训基地，在课程设置和资源配置上处于行业领先水平（详见图1）。

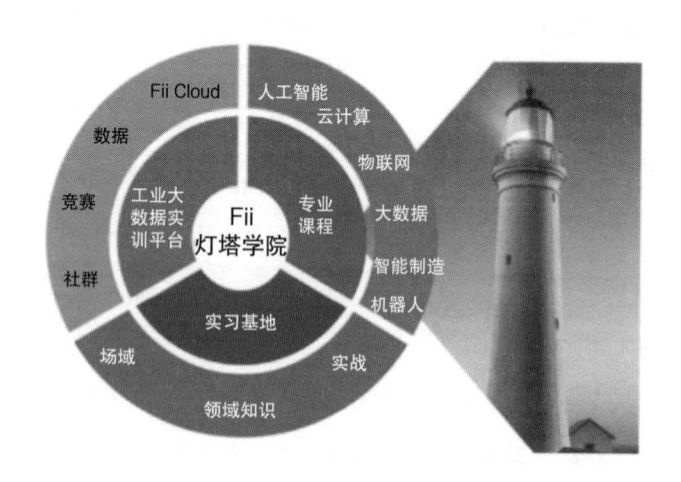

图1　灯塔学院生态基本形态

资料来源：工业富联2018年年报。

（四）研发投入

富士康在中国深圳和美国分别设有两大研发基地。2018年研发投入为175亿元人民币，占净利润的56%、销售收入的1.7%。

截至2019年末，专利申请累计量达15.39万件，核准量达8.93万件。专利数量2006~2018年连续13年位居美国专利核准量排行榜华人企业前列，2005~2013年连续9年位居中国大陆地区专利申请总量及发明专利申请量前列，2003~2018年连续16年位居中国台湾地区专利申请及核准量前列。

五 工业富联经营业绩

富士康集团在中国大陆上市的子公司工业富联经营状况良好，近5年来业务规模逐年扩大，营业收入从2727亿元增至4318亿元，归母净利润从143.7亿元增至174.3亿元，其中2020年归母净利润较2019年的186.1亿元下降了6.3%，而当年营业收入却增长了5.7%，反映了业务扩张的同时盈利能力下降，当年净资产收益率16.8%，为5年来最低。此外，工业富联财务结构较为稳健，近3年来资产负债率持续下降，2020年资产负债率为53.9%（见表6）。

表6 工业富联2016~2020年财务数据

单位：亿元，%

年份	2016	2017	2018	2019	2020
营业收入	2727	3545	4154	4087	4318
营收增长	-0.04	30.0	17.2	-1.6	5.7
归母净利润	143.7	158.7	169	186.1	174.3
归母净利润增长	0.14	10.4	6.5	10.1	-6.3
资产负债率	42.9	81.0	64.0	56.6	53.9
净资产收益率	18.5	56.3	23.4	20.8	16.8

资料来源：绝对值数据来自东方财富网，营收增长、归母净利润增长、资产负债率、净资产收益率为北京大成企业研究院根据公开数据计算得出。

六 社会效益与员工福利

富士康集团作为一家大型跨国企业,为全社会创造近百万个工作岗位,近年来不断提高员工权益保障水平,提升员工福利,发挥了民营企业促进社会和谐繁荣发展的作用。富士康集团成立了集团工会联合会、员工关爱中心、婚姻调解中心等组织机构,在厂区内设有运动场、篮球场、游泳池、图书馆、银行、商业街、书店、健身房等娱乐设施(见图2),母婴室、孕妇休息室等福利场所(见图3),为困难员工、怀孕员工提供各类补助。此外,集团每年举办各类晚会、庆生、嘉年华、才艺大赛等活动,丰富员工的业余生活,提高员工幸福感。

图2 富士康集团厂区设施

图片来源:鸿海精密2019年企业社会责任报告书。

(一)提供就业机会

截至2019年末,富士康集团员工总人数为91.2万人,绝大部分为正式员工,其中包含4.96万名少数民族员工。60%的员工具有高中或中专及以上学历,男性员工占63%,女性员工占37%。大中华区员工81.3万人,美洲员工2.93万人,欧洲员工7639人。另据富士康集团2018年末披露,集团聘用了1702名残疾人士。

(二)保障员工权益,谋求员工福利

富士康集团严格按照劳动法执行8小时工作制,保障加班费用。早在

富士康集团：助力高质量发展转型升级，引领全球工业智能制造

孕妇休息室

与集团合作之托育机构

图 3　富士康集团母婴福利设施

资料来源：鸿海精密 2019 年企业社会责任报告书。

2007 年，富士康集团就建立了集团工会联合会组织，又陆续成立了下属的 30 个厂区工会、59 个事业群工会、329 个事业处分会、1.9 万个工会小组，实现四级工会组织全覆盖。约 90% 的员工参与工会，工会依据自下而上原则，小组长由会员自愿竞选，各级工会委员由会员代表大会选举产生，主席、副主席、经济审查委员会主任由会员代表大会或工会委员会选举产生，让员工具有充分的话语权。工会为员工举办的活动种类繁多，例如资深员工慰问、员工家属参观厂区交流座谈、资深员工的家庭开放日、员工餐叙、晚会、家庭走访、员工颁奖等。集团员工可自由参与近 250 个社团的活动（累计举办活动 1179 场，参与员工达 26 万人）。2019 年活动补助金额达 2.5 亿元新台币（约合 5759 万元人民币）。

2019年，集团工会签订《富士康科技集团集体合同2019版》，团体协约范围涉及集团131家法人，为员工提供基本保障。截至2019年末，共召开15次职工代表大会。为服务所有员工，工会设有六大类26种申诉渠道，包括关爱热线、工会主席热线、维权热线、心理咨询，以及维权邮箱、座谈会、法律援助、劳动争议调解、集团工会网、律师入企等，以保障员工在职场与生活上的权利。截至2019年末，共受理员工法律援助案件111件。

集团工会成立了员工关爱中心，为员工提供24小时服务，2019年员工关爱中心受理员工工作与生活的咨询量超过20万件，结案率达93%；生活保障方面，工会走访了26个乡镇29个村，救助员工10435人，补助金额达1.2亿元新台币（约合2765.5万元人民币）。

此外，富士康集团关爱妇女儿童，主动负担部分生育育儿成本。例如在中国台湾地区，富士康为员工提供孕前、孕中到产后的育儿补助，生一胎补助7万元新台币（约合1.6万元人民币），预产期前2个月，每月给予1.5万元新台币（约合3456元人民币）补助。2019年共发出1795万元新台币（约合41.4万元人民币）的生养育津贴，照顾484位0~3岁的集团宝宝。在中国大陆，富士康则为怀孕员工提供爱心妈咪小屋、孕妇休息室等设施，有效增加员工产假，员工产假后的复职率接近100%。

七　公益慈善事业

富士康集团慈善事业颇具规模，旗下创设了两大财团法人机构——永龄基金会和鸿海教育基金会。永龄基金会下设三个分支机构：永龄教育基金会、永龄健康基金会、永龄慈善基金会。基金会创立的主要目标是：预防与治疗癌症，投入医疗研发和医疗人才培育，急难者紧急救护与协助，保障弱势及贫困家庭儿童和青少年平等受教育权利等。二十年来，富士康集团投入大量人力、物力于社会慈善事业，主要在青少年和幼儿教育、癌症医疗、保护弱势群体和慈善捐赠等方面贡献力量。

（一）在中国大陆的慈善事业

富士康集团在中国大陆设立的主要慈善项目有"微笑工程"、"生命燃料卡"、为灾区同胞纾难解困、富士康志愿者爱心"6+1"系列活动等。从2003年起，集团累计投入1500万元，帮助全国20多个省市2600多名患儿接受外观手术修复及语言功能的矫正提升；2005年起，集团先后捐资近500万元，每年为数十名地中海贫血患儿提供"生命燃料卡"，助其延续生命；2008~2013年，集团累计为四川汶川、青海玉树、甘肃舟曲、四川雅安的灾区同胞捐款逾1.65亿元，并捐赠了大量物资；2011年起，集团数十万名志愿者积极参加"爱在路上，与您同行"系列活动近500项，内容包括"助老、助弱、助残、助洁、助行、助学及义务献血"6+1个主题，辐射各园区及周边地区，获得社会各界的广泛赞誉，所涉捐赠金额不低于人民币2亿元。

迄今为止，富士康集团共收到国家、省、市及社会各界授予的奖牌、锦旗、奖状400余件，并获得民政部、中华慈善总会、中国公益节组委会暨国内媒体等单位授予的第四届（2008年度）"中华慈善奖"、第十一届（2014年度）中国慈善榜"十大慈善企业"、第二届（2014年度）"中华慈善突出贡献（单位）奖"、"中国公益奖——集体奖"（2012、2013、2014、2016、2017）、"最佳公益项目奖"（2013、2014、2016、2017）、"中国公益奖——责任品牌奖"（2015）、"希望工程25年杰出贡献奖"（2014）。郭台铭也被民政部等单位授予"爱心捐助奖""慈善家""扶贫慈善家"等荣誉称号。

（二）在中国台湾的慈善事业

郭台铭通过鸿海集团旗下的永龄基金会和鸿海教育基金会，在中国台湾地区开展了比在中国大陆捐赠额度更大的慈善公益事业，主要涉及医疗、教育、扶助弱势群体三大领域。

医疗健康方面，鸿海集团和永龄健康基金会捐赠 150 亿元新台币（折合人民币约 33 亿元），花费 10 年建造台湾大学癌症医疗中心医院。教育方面，鸿海教育基金会和永龄基金会共同成立奖学金计划，为优秀的在台大学生提供资助。此外，鸿海集团还建造了耗资人民币 3700 多万元的鸿海永龄希望小学，并设有独立的教学认证和教材研发中心，还在台湾一些地区配置校车。扶助弱势群体方面，鸿海集团和旗下多个基金会自成立以来，在中国台湾地区开展的各类公益活动以及组织的慈善捐赠不胜枚举，本文仅就最有代表性或数额较大的几项捐赠进行罗列，从近年鸿海集团在中国台湾地区开展公益慈善活动的情况来看，2017 年和 2018 年两年中，鸿海集团在中国台湾地区投入社会公益的资金折合人民币达 1.3 亿元，参与项目包括扶助弱势群体、推动生态保育、强化公共医疗、发起慈善捐赠等（见表 7、表 8）。

表 7 永龄基金会代表性公益慈善项目

	永龄教育基金	永龄健康基金	永龄慈善基金
项目名称	鸿海永龄希望小学 永龄教学认证暨研发中心	台湾大学癌症医疗中心医院 台成干细胞治疗中心 永龄生医工程馆 辐射科学暨质子治疗中心	永龄农场—高雄杉林有机农业园区 2018 年花莲地震灾后重建 2017 年南台湾地震
已耗时	7 年	10 年	若干年
已投入资金	人民币 3762 万元	人民币 33 亿元	不低于人民币 6639 万元

资料来源：www.yonglin.org.tw。

表8 2017年鸿海集团社会参与主要活动一览

扶助弱势族群	鸿海奖学金 希望小学 身心障碍者职业教育培训计划 特境少儿家庭暨教育支持计划 台湾"原住民"青少年发展计划 台湾偏乡幼儿照顾计划
推动生态保育	美力3D生态教育影片巡回计划
推广教育艺文	DFC三年赞助计划 LIS科学教材制作与课程计划支持成功大学Program the World计划
强化公卫医疗	向台湾2616个社区照顾关怀据点捐赠蚊取空气清净机2616台 赞助台湾卫生福利主管部门儿童少年未来教育发展账户
回馈社区邻里	向台湾地区乐龄中心捐赠电视306台 支持公共托育中心设施 提供南投棒球场营运维护经费
发起慈善捐赠	成立永龄农场伊甸自立学习工坊与捐赠
其他	iLab,2016~2018年社会企业育成计划 公益赠米5635公斤 永龄农场

资料来源：鸿海精密2017企业社会责任报告书。

八 环保和绿色发展

富士康集团于2007年3月成立集团全球社会与环境责任委员会（Foxconn Global Social and Environmental Responsibility Committee，FGSC），集团总裁助理暨发言人胡国辉担任FGSC委员会主任委员，并且设立专职人员，建立专业团队，将企业社会环境责任融入集团企业文化之中。

集团旗下各次集团设立社会与环境责任（简称SER）分会，贯彻执行集团相关SER政策，并受FGSC监督。FGSC每年组织集团内外部稽核，以确保集团SER政策与方针在各园区真正得到落实与执行。至2016年底集团已在全球各园区建立一支上千人的专职SER团队，与客户、政府及社会各界密切互动,以增进企业透明度,全方位致力于社会与环境责任的推动。

集团旗下子公司的社会管理架构附属于母公司社会管理体系。以工业富联为例,工业富联绿色供应商管理平台采用供应商 SER 管理架构,主要涵盖企业社会责任、环境健康安全和绿色产品三个方面,涉及环境管理体系、碳排放和有毒有害物质等领域,还涵盖了供应商温室气体管理系统和供应商绿色产品管理系统。工业富联将 SER 要求纳入供应商评选和管理策略,设有专门的团队持续监控供应商 SER 绩效,推动供应商持续改善,建制管理能力。

除此之外,工业富联还与国内知名环保 NGO 公众环境研究中心(IPE)合作,参照 IPE 制订的供应链环境管理规则,积极推动供应链提升环境管理绩效。为完善构建绿色供应链,工业富联还建立了一套绿色绩效评价机制,对绿色采购过程中的各个环节,分别通过建设供应商新增评鉴管理系统、供应商绩效评核系统、供应商稽核管理系统和绩优/绩差供应商管理机制,以及绿色评价标准来构建完善公司的绿色绩效评价体系。

(本文由北京大成企业研究院葛佳意编撰。)

"国有企业向社会企业转变研究"案例之一

海康威视：国有控股，民营机制[*]

杭州海康威视数字技术股份有限公司（简称"海康威视"）隶属于中国电子科技集团有限公司（简称"中国电科"），是一家以视频为核心的智能物联网解决方案和大数据服务提供商。作为央企控股的上市公司，海康威视社会企业的特征体现在一方面创立之初即央企和民营企业家平等投资合作的产物，另一方面是央企背景下管理团队和员工持股的典范。

一 股权社会化

中国电科成立于2002年3月1日，是以原电子工业部所属研究所和企业为基础组建而成。中国电科五十二所又名杭州计算机外部设备研究所，创立于1962年，成立时为第四机械工业部第二研究所，1968年更名为计算机外部设备研究所，1982年更名为电子工业部第五十二研究所，1984年从太原搬迁到杭州，1998年更名为信息产业部电子第五十二研究所，2002年更名为中国电子科技集团公司第五十二研究所（简称中电52所）。

2001年11月，五十二研究所下属的浙江海康信息技术股份有限公司

---

[*] 本文数据均来自杭州海康威视数字技术股份有限公司的官网和企业年报。

和香港自然人龚虹嘉分别出资 255 万元、245 万元,以国有股比 51%、自然人股比 49% 的混合所有制形式成立了杭州海康威视数字技术有限公司。2008 年 6 月整体变更设立股份公司,更名为杭州海康威视数字技术股份有限公司。2010 年 5 月,海康威视在深圳证券交易所中小企业板上市。

(一)股东情况

截至 2020 年末,海康威视共有 19.903 万名股东。在海康威视的前十大股东中,国资母公司中国电子科技集团有限公司通过中电海康集团有限公司、中电 52 所持股 40.81%,拥有控股权(见表1)。另外,在前十大股东之外,中国电科全资子公司中电科投资控股有限公司持有 0.08% 的股份。

龚虹嘉和胡扬忠作为创业元老,是个人第一和第二大股东,合计持股 12.83%;第三大股东新疆威讯投资管理有限合伙企业和第六大股东新疆普康投资有限合伙企业均为员工持股平台,合计持股 6.77%;管理团队和员工持股合计达 19.60%。

第四大股东香港中央结算有限公司,实质是香港投资者借助"沪股通"持有内地上市公司股票的渠道。前十大股东中有三家投资机构,包括公募基金、私募基金、券商。其余约 31% 的股份由 A 股的公众投资者持有。

表 1 海康威视十大普通股股东持股情况

单位:%

股东名称	股东性质	持股比例
中电海康集团有限公司	国有法人	38.88
龚虹嘉	境外自然人	10.88
新疆威讯投资管理有限合伙企业	境内非国有法人	4.82
香港中央结算有限公司	境外法人	3.60
上海高毅资产管理合伙企业(有限合伙)—高毅邻山 1 号远望基金	其他	2.68
新疆普康投资有限合伙企业	境内非国有法人	1.95
胡扬忠	境内自然人	1.95

续表

股东名称	股东性质	持股比例
中国电子科技集团公司第五十二研究所	国有法人	1.93
中信证券股份有限公司	国有法人	1.14
中国银行股份有限公司—易方达蓝筹精选混合型证券投资基金	其他	0.75
合　　计		68.58

（二）上市前股权激励

龚虹嘉于2004年曾向经营团队承诺，若未来公司经营状况良好，将参照原始投资成本向经营团队转让15%的股权。海康威视2001年底成立后，发展速度很快，经营状况良好。为了提高对人才的吸引力，海康威视决定按照龚虹嘉的承诺实施股权激励计划。2007年龚虹嘉将所持公司15%的股权以75万元价格转让给杭州威讯投资管理有限公司（威讯投资），将所持有限公司5%的股权以2520.28万元价格转让给杭州康普投资有限公司（康普投资）。

龚虹嘉授权以公司总经理胡扬忠为代表的管理层制订具体的分配方案，确定了激励股份的分配原则为以下两点。一是股权激励的对象任职要求：重点考虑2002年的公司在职员工以及2003年以后进入公司的部门中层以上的管理人员、核心技术人员。二是股权激励额度的标准：综合员工对公司的历史贡献、目前职位、工作年限、未来贡献的发展空间等要素进行确定。亦确定了股权的分配情况。当时威讯投资的全部49名自然人股东全部为公司正式员工。

在本次股权激励过程中，龚虹嘉同意给予总经理胡扬忠及副总经理邬伟琪1%的额外股权激励。通过成立康普投资，龚虹嘉出让海康威视5%的股权予康普投资，其中胡扬忠及邬伟琪合计持有康普投资20%的股权，间接持有海康威视1%的股权。

(三) 上市后股权激励与员工跟投机制

上市后海康威视在 2012 年制订了 10 年期、每两年一次的股权激励计划，截至 2020 年底，已进行 4 次授予，每次激励方案均为"2 年锁定期 + 3 年解锁期"，覆盖了从高管、中层到基层管理人员及业务骨干的核心人才队伍，并且以业务骨干作为主要激励对象，一线员工获授额度均高于 70%，具体股权激励计划如表 2 所示。公司高成长性保证了股权激励的实施和兑现，调动了员工积极性，保证了团队的平稳发展。

表 2　海康威视股权激励计划

授予日	激励数量×授予价格	占总股本比重（%）	激励人数（人）	激励人数占上年底公司总人数比重（%）
2012 年 8 月 14 日	8611611 股×10.65 元/股	0.46	590	9.19
2014 年 10 月 22 日	52910082 股×9.25 元/股	1.32	1128	11.79
2016 年 12 月 23 日	52326858 股×12.63 元/股	0.88	2989	19.29
2018 年 12 月 20 日	121195458 股×16.98 元/股	1.31	6095	23.15

员工股权激励之外，建立健全内部创新创业机制是海康威视改革创新的另一大亮点。2016 年企业引入核心员工跟投创新业务机制——在海康威视互联网视频（萤石）、汽车电子、机器人及其他创新业务上，公司和员工以 6∶4 的股权比例共创子公司，使一大批核心员工和技术骨干成为与公司创新业务共担风险、共享收益的事业合伙人。跟投计划突破了原有国有企业员工激励的限制，成为市场化竞争国企改革创新的重要试点。

二　利润分配社会化

国内经济增长带动对安防产品的需求，国内外安全局势的变化也刺激了公共和私人部门对安防监控的需求，多年来安防行业快速发展，而海康威视自成立以来一直保持着高于行业的增速，业绩持续多年高速增长。

2018年以来海康威视业绩增速明显放缓（见表3）。一方面，由于国内安防市场经过多年高速扩张后恢复平稳增长；另一方面，由于中美关系变化海康威视被列入实体名单，其出口及关键零部件进口受到较大影响；同时国内华为等技术企业，旷世、商汤、依图等人工智能企业也进入安防市场，导致市场竞争加剧。

表3 海康威视经营情况（2013~2020年）

单位：亿元，%

项　　目	2020年	2019年	2018年	2017年	2016年	2015年	2014年	2013年
营业收入	635.03	576.58	498.37	419.05	319.35	252.71	172.33	107.46
营收增速	10.1	15.7	18.9	31.2	26.4	46.6	60.4	49.0
营业成本	339.58	311.40	274.83	234.67	186.53	151.37	95.78	56.29
毛利率	46.5	46.0	44.9	44.0	41.6	40.1	44.4	47.6
营业税金及附加	4.16	4.17	4.18	3.71	2.55	1.97	1.52	1.15
销售费用	73.78	72.57	58.93	44.30	29.91	21.79	15.33	9.27
管理费用	17.90	18.22	13.77	10.11	31.09	22.11	16.46	10.96
研发费用	63.79	54.84	44.83	31.94	—	—	—	—
研发费用占营收比例	10.05	9.51	8.99	7.62	—	—	—	—
财务费用	2.96	-6.40	-4.24	2.65	-2.25	-1.53	-0.82	-0.87
营业利润	151.97	137.08	123.34	104.43	68.33	54.94	43.78	29.47
营业利润率	23.9	23.8	24.7	24.9	21.4	21.7	25.4	27.4
利润总额	152.73	137.55	124.37	104.87	83.14	67.50	52.06	33.86
所得税费用	15.95	12.90	10.57	11.09	8.90	8.68	5.26	3.09
所得税率	10.4	9.4	8.5	10.6	10.7	12.9	10.1	9.1
净利润	136.78	124.65	113.80	93.78	74.24	58.82	46.81	30.77
净利率	21.5	21.6	22.8	22.4	23.2	23.3	27.2	28.6
分红	74.75	65.42	56.09	46.14	36.92	28.48	16.28	10.04
分红率	55	52	49	49	50	48	35	33
净资产收益率	27.72	30.53	33.99	34.96	34.56	35.28	36.27	30.92

表3（续） 海康威视经营情况（2006~2012年）

单元：亿元，%

项目	2012年	2011年	2010年	2009年	2008年	2007年	2006年
营业收入	72.14	52.32	36.05	21.02	17.42	11.85	7.02
营收增速	37.9	45.1	71.3	20.6	47.1	68.8	—
营业成本	36.65	26.34	17.44	10.07	8.57	6.10	3.98
毛利率	49.2	49.6	51.6	52.1	50.8	48.5	43.2
营业税金及附加	0.78	0.52	0.10	0.03	0.03	0.01	0.01
销售费用	7.32	6.26	4.65	2.27	1.91	1.18	0.48
管理费用	7.71	5.03	3.73	2.01	1.45	0.97	0.58
财务费用	-0.72	-0.79	-0.19	-0.09	-0.06	-0.03	0.00
营业利润	19.89	14.72	9.86	6.58	5.35	3.43	1.93
营业利润率	27.6	28.1	27.3	31.3	30.7	29.0	27.6
利润总额	23.14	17.27	11.43	7.66	6.05	3.90	2.19
所得税费用	1.73	2.45	0.91	0.60	0.56	0.26	0.14
所得税率	7.5	14.2	7.9	7.9	9.3	6.6	6.2
净利润	21.40	14.82	10.52	7.06	5.49	3.65	2.05
净利率	29.7	28.3	29.2	33.6	31.5	30.8	29.3
分红	6.03	4.00	3.00	2.50	—	—	—
分红率	28	27	29	35	—	—	—
净资产收益率	27.70	23.98	27.35	60.18	76.27	—	—

由于产品的高技术、高附加值属性，海康威视始终保持超过40%的高毛利；经营效率高，销售费用和管理费用较低；在产业链中处于较强势地位，可以占用供应商货款，财务费用长期为负；净利润率超20%。同时作为科技型的轻资产公司，其负债率不高，近年资产负债率在40%左右（见表4），所以净资产收益率（ROE）很高，持续给股东带来高额回报。

2020年海康威视实现营业收入635.03亿元，同比增长10%；归属于上市公司股东的净利润134.02亿元，同比增长8%。其中境内业务占70%左右，境外业务占30%左右。主营业务包括前端音视频产品、后端音视频产品、中心控制设备和智能家居等创新业务，前端、后端、中心控制和智能家居的营收占比分别为45%、11%、16%。

海康威视自上市以来累计分红11次，累计分红金额为274.9亿元，近5年来将一半利润通过分红回馈股东。由于高毛利、高净利、现金流情况良好，海康威视除2010年上市时融资33.38亿元之外没有进行过其他融资。不算股权的增值，仅从现金分红角度来看海康威视就给央企大股东、管理团队和员工、社会公众股东带来了高额的回报。

表4 海康威视资产负债情况

单位：亿元，%

年份	资产合计	负债合计	净资产	资产负债率
2020	887.02	342.22	544.80	38.6
2019	753.58	298.85	454.73	39.7
2018	634.92	255.29	379.63	40.2
2017	515.71	209.67	306.04	40.7
2016	413.48	168.70	244.79	40.8
2015	303.16	110.19	192.97	36.3
2014	212.91	64.11	148.79	30.1
2013	140.72	29.59	111.13	21.0
2012	105.89	19.18	86.71	18.1
2011	83.17	15.03	68.14	18.1
2010	65.49	9.07	56.42	13.8
2009	21.97	7.00	14.97	31.8
2008	13.70	4.00	9.70	29.2
2007	8.72	3.27	5.45	37.5
2006	4.77	1.40	3.38	29.3

三 管理社会化

海康威视从成立伊始就引入了境外民营资本，成为国有控股企业中少有的与境外合资的混合所有制企业。海康威视的跨越式发展，跟企业高管选聘的社会化以及先进的高科技企业管理理念密不可分。"海康三剑客"——龚虹嘉、陈宗年、胡扬忠，始终是海康管理的核心人物。

龚虹嘉 1965 年出生，1986 年毕业于华中理工大学，工学学士，毕业后在广州和香港等地从事电子产品的外贸业务。1992 年移民香港，成为香港永久居民。1994 年，龚虹嘉与他人合资成立东莞市德生通用电器制造有限公司，该公司成为我国市场份额最大的收音机品牌厂商。1995 年，龚虹嘉与他人合作在杭州成立浙江德康通信技术有限公司，该公司主要从事手机实时计费软件研发及生产，之后该公司与 Asiainfo（亚信）进行股权置换，亚信于 2000 年 3 月在纳斯达克上市。龚虹嘉还陆续投资了从事手机流媒体软件开发的高科技公司广州富年电子科技有限公司、从事芯片设计的上海富瀚微电子有限公司、从事智能卡应用解决方案的北京握奇数据系统公司及海康威视等公司。龚虹嘉是我国著名的天使投资人，历任海康威视董事、副董事长，现任海康威视副董事长。

陈宗年 1965 年 12 月出生，江苏江阴人。1986 年 7 月本科毕业于华中理工大学，毕业后在五十二所工作，历任深圳高科润电子科技有限公司副总经理，海康信息董事兼总经理，海康集团董事兼总经理，五十二所所长助理，五十二所副所长，五十二所所长、党委副书记；现任中电海康董事长、党委书记，中国电科总经理助理，海康威视董事长，凤凰光学董事长。

胡扬忠 出生于 1965 年 3 月，湖北江陵人。1989 年 6 月毕业于华中理工大学，毕业后在五十二所工作，2002 年 1 月至今任海康威视总经理、董事。

海康威视：国有控股，民营机制

四　经营目标社会化

（一）安防产品服务社会

为更好地适应行业市场需求，提高公司内部运营效率，海康威视在2018年启动业务架构重组，调整业务资源配置，将国内业务分为公共服务事业群（PBG）、企事业事业群（EBG）、中小企业事业群（SMBG）三个业务群。其中，公共服务事业群面向智慧城市、智慧警务、智能交通、智慧城管，企事业事业群面向大中型企事业单位，中小企业事业群面向中小企业客户。

除了传统的安防业务，海康威视还在拓展以视频技术为基础的新业务，包括萤石网络、海康机器人、海康汽车电子、海康智慧存储、海康微影、海康消防等。

海康威视目前已拥有杭州、桐庐、重庆三大制造基地，并持续推进桐庐、武汉、重庆的扩产计划，在海外建立印度、巴西本地工厂，保障公司业务的稳健快速发展。

（二）引领行业创新

作为一家技术型公司，技术创新是海康威视持续发展的主要经营手段。2017~2020年，为应对技术发展和外部环境变化，海康威视研发费用率从2017年的7.62%提高到2018年的8.99%，再到2019年的9.51%和2020年的10.05%。研发和技术服务人员达20597人，公司员工合计42685人，研发技术人员占公司员工的48.25%。国内在杭州以及重庆、武汉、上海、北京、新疆，国外在加拿大蒙特利尔、美国硅谷和英国利物浦设有研发中心。

截至 2020 年底，公司累计拥有授权专利 4941 件（其中发明专利 1307 件、实用新型 1246 件、外观专利 2388 件），拥有软件著作权 1240 份。

（三）践行社会责任

在创造经济效益的同时，海康威视努力承担相应的社会责任。结合自身业务和发展，在产品质量、客户共赢、社会公益、员工发展及环境保护等方面不断优化，积极与各利益相关方沟通，努力实现经济、社会及环境的可持续发展。

依托多年来积累的产品和技术优势，海康威视的公益环保行动也正在向高科技方向发展，希望利用科技力量为生态保护工作提供支持，正在运用创新产品和技术助力生态研究和保护工作，包括斑头雁保护、AI 护虎等项目。

作为大气污染防治、消除秸秆露天焚烧行为的重要技术手段，海康威视秸秆禁烧监控系统已在河北省范围内广泛建立并使用。石家庄、廊坊、沧州、邢台、衡水 5 个区域的监管机构已在高铁、高速沿线以及禁烧重点区域安装了海康威视热成像双光谱监控摄像机，初步实现了涉农区域秸秆露天焚烧监控的全覆盖。

（本文为北京大成企业研究院刘贵浙编撰。）

"国有企业向社会企业转变研究"案例之二

中国建材：央企混合所有制的典范*

中国建材股份有限公司（简称"中国建材"）是大型建材央企中国建材集团有限公司（简称"中国建材集团"）最核心的产业平台和旗舰上市公司，多项业务居世界第一位。实践混合所有制的股权社会化，以及扮演水泥行业供给侧改革的行业整合者角色，是中国建材向社会企业转变的重要特征。

一 股权社会化

中国建材集团由两家央企——中国建筑材料集团有限公司与中国中材集团有限公司重组而成。

中国建材集团前身为中国新型建筑材料公司，于 20 世纪 80 年代初期国家建筑材料工业管理体制改革时成立。1982 年国家建材部撤销，国家建材局成立，接收建材行业行政管理职能，归国家经贸委管理；原建材部主要下属企业组建中国新型建筑材料公司，由建材局领导。1998 年底中国新型建筑材料公司与国家建筑材料工业局脱钩成为中央直属企业；1999 年 5 月更名为中国新型建筑材料（集团）公司；2003 年，列入国务院国资委管理，4 月更名为中国建筑材料集团公司；2009 年 4 月，企业改制并更名

---

* 本文数据均来自中国建材股份有限公司的官网和企业年报。

为中国建筑材料集团有限公司。2016年8月其与中国中材集团有限公司（前身为国家建筑材料工业局非金属矿管理局）实施重组，更名为中国建材集团有限公司。

央企中国建材集团由国资委100%持股，其混合所有制、股权社会化主要在两个层面开展：一是在上市主体中国建材层面，引入其他央企、地方国企和公众股东，二是中国建材下属多家企业引入民营股东。

（一）上市公司层面的股权社会化

中国建材于2006年3月在港交所上市，之后有过三次增发，以及与同在港交所上市的中国中材股份有限公司合并重组。目前中国建材集团直接及通过5家实体持有上市公司中国建材43.01%的股份，4家央企持股5.97%，3家地方国企持股4.01%，其余47%的股份为在港交所上市流通的H股及非上市内资股，由境内外公众投资者持有（见表1）。

表1 截至2020年12月中国建材主要股东持股情况

单位：%

序号	股东名称	股东类型	隶属	股份类别	持股比例
1	北新建材集团有限公司	大股东		内资股	17.61
2	中国中材集团有限公司	大股东		内资股	15.06
3	中国建材集团有限公司	大股东		内资股	7.45
				H股	0.1
4	中国信达资产管理股份有限公司	金融央企		内资股	3.40
5	泰安市泰山投资有限公司	地方国企	泰安市财政局	内资股	3.12
6	中建材集团进出口有限公司	大股东		内资股	2.7
7	北京诚通金控投资有限公司	央企	中国诚通	内资股	0.96
8	国新投资有限公司	央企	中国国新	内资股	0.96
9	新疆天山建材（集团）有限责任公司	央企	中国铁物	内资股	0.65
10	北京金隅资产经营管理有限责任公司	地方国企	北京市国资委	内资股	0.63
11	淄博高新技术风险投资股份有限公司	地方国企	淄博高新区	内资股	0.26

续表

序号	股东名称	股东类型	隶属	股份类别	持股比例
12	中国中材投资（香港）有限公司	大股东		H股	0.08
13	中国建筑材料科学研究总院有限公司	大股东		内资股	0.01
14	其他境外股股东	H股公众投资者		非上市外资股及H股	47.00
	合计				100

（二）上市公司下属企业的股权社会化

中国建材三大业务板块主要17家子公司中，除4家100%持股之外，其余14家子公司外部股东持股在9%至73%不等（见表2）。

表2 中国建材主要业务板块和子公司情况

单位：亿元，%

业务板块	子公司名称	注册地	持股比例	2020年营收	毛利率	营业利润率
水泥业务	中国联合水泥集团有限公司	北京	100	473.207	22.1	9.7
	南方水泥有限公司	上海	85.10	683.121	30.1	20.0
	北方水泥有限公司	北京	70.00	68.671	11.4	-42.7
	西南水泥有限公司	成都	79.93	265.596	23.4	10.3
	中材水泥有限责任公司	北京	100	92.486	37.9	28.1
	新疆天山水泥股份有限公司	乌鲁木齐	45.87	84.705	35.2	26.3
	宁夏建材集团股份有限公司	银川	47.56	49.725	31.3	25.0
	甘肃祁连山建材控股有限公司	永登县	25.04	76.821	34.3	23.6
新材料业务	北新集团建材股份有限公司	北京	37.83	162.421	31.5	21.1
	中国巨石股份有限公司	桐乡	26.97			
	中材科技股份有限公司	南京	60.24	183.920	25.5	14.7
	中材金晶玻纤有限公司	淄博	50.01			
	中国复合材料集团有限公司	北京	100	54.141	21.6	10.9
	中材高新材料股份有限公司	淄博	99.65	11.079	15.9	-5.2

续表

业务板块	子公司名称	注册地	持股比例	2020年营收	毛利率	营业利润率
工程服务业务	中国中材国际工程股份有限公司	南京	40.03	223.334	15.6	4.7
	中国建材国际工程集团有限公司	上海	91	128.875	18.9	6.4
	中材矿山建设有限公司	天津	100	51.230	18.9	10.4

以其中比较有代表性的子公司中国巨石股份有限公司（简称"中国巨石"）为例，中国巨石成立于1993年，原为民营企业，目前其90%以上的收入和毛利来自玻璃纤维及制品。中国巨石在国内的浙江桐乡、江西九江、四川成都，国外美国南卡以及埃及设有5个生产基地，目前产能180万吨，分别占到全球和中国总产能的22%和34%，是以产能计全球最大的玻纤生产企业。中国巨石的前身最早可追溯到创始人张毓强1972年在浙江省桐乡市石门镇所成立的东风布厂，1993年巨石玻璃纤维股份有限公司正式成立，1999年，为了解决资金压力，放弃被外资收购的机会，选择与央企进行混改，拼盘上市，成为国内首家上市的玻纤企业，控股股东为中国建材。

二　利润分配社会化

2001年中国入世后开启周期性行业的繁荣周期，2008年"四万亿"进一步推动周期性行业的产能扩张，由此导致水泥、钢铁、玻璃等行业普遍产能过剩。水泥行业供给侧改革后产能过剩情况显著改善，同时为了维持经济增长，近年来我国基础设施和房地产行业投资一直维持在较高水平，因此对水泥的需求一直比较旺盛。水泥价格从2015年末的低谷稳步走高，近三四年一直维持在较高水平。受益于此，近年来中国建材的营收和利润稳步增长。2020年中国建材实现营业收入2547.6亿元，归属于母公司股东的净利润125.5亿元（见表3），拟派发红利39.64

亿元。2019年和2018年中国建材已分别派发红利29.52亿元、15.18亿元。

表3 中国建材的营收、利润及资产负债情况（2002~2020年）

单位：亿元，%

年份	营业收入	归属于母公司股东利润	总资产	总负债	净资产	资产负债率
2020	2547.6	125.5	4563.8	2912.0	1651.8	63.8
2019	2534.0	109.7	4459.2	2947.6	1511.7	66.1
2018	2190.0	79.3	4364.9	3005.6	1359.3	68.9
2017	1841.2	49.4	4541.6	3293.9	1247.7	72.5
2016	1015.5	10.5	3407.9	2652.4	755.4	77.8
2015	1003.6	10.2	3298.2	2563.3	734.9	77.7
2014	1220.1	59.2	3164.8	2495.0	669.8	78.8
2013	1176.9	57.6	2916.3	2380.6	535.8	81.6
2012	872.2	55.8	2464.3	2023.7	440.6	82.1
2011	800.6	80.2	1584.0	1207.8	376.1	76.3
2010	519.9	33.7	1115.2	836.2	279.0	75.0
2009	333.0	23.5	770.1	594.9	175.2	77.3
2008	263.7	15.1	589.0	467.7	121.3	79.4
2007	105.1	9.1	298.8	201.3	97.5	67.4
2006	64.5	3.0	139.9	82.8	57.1	59.2
2005	47.3	3.5	97.1	62.9	34.3	64.7
2004	29.0	1.9	69.5	39.9	29.7	57.3
2003	18.5	1.1	48.9	22.3	26.6	45.6
2002	16.6	1.0	39.3	13.7	25.6	34.9

2020年中国建材的毛利率为26.2%，净利率为4.9%。相比之下，另一家水泥巨头安徽地方国企海螺水泥的营业收入为1762.4亿元，净利润为363.7亿元，毛利率为29.2%，净利率为20.0%（见表4）。

表4 中国建材与海螺水泥2020年财务指标对比

项目	中国建材	海螺水泥
营业收入(亿元)	2547.6	1762.4
营业成本(亿元)	1879.5	1248.5
毛利(亿元)	668.1	513.9

续表

项　目	中国建材	海螺水泥
毛利率(%)	26.2	29.2
税金及附加(亿元)	—	12.9
销售费用(亿元)	48.6	41.2
销售费用率(%)	1.9	2.3
管理费用(亿元)	304.2	42.1
管理费用率(%)	11.9	2.4
研发费用(亿元)	—	6.5
财务费用(亿元)	70.8	-15.1
财务费用率(%)	2.8	-0.9
营业利润(亿元)	300.4	462.7
营业利润率(%)	11.8	26.3
利润总额(亿元)	—	471.1
所得税(亿元)	83.9	107.4
所得税率(%)	27.9	22.8
净利润(亿元)	216.5	363.7
少数股东损益(亿元)	91	12.4
归属于母公司股东的净利润(亿元)	125.5	351.3

由于资产负债率较高，财务成本较高，所以中国建材的净利率以及股息占利润比重不算高。另外在10余年来特别是2015年后整合水泥行业民营企业产能的过程中，中国建材收购的大量资产中有相当一部分是需要淘汰的落后产能，存在减值的要求，导致管理费用较高，2018~2020年分别计提资产和商誉等减值拨备97亿元、134亿元、123亿元。未来随着资产负债率的下降，以及资产减值完成，中国建材将进一步提高派息比例，进一步回馈股东。

三　管理社会化

在企业混合所有制改革过程中，中国建材坚持以股权说话，无论占股多少，都是企业平等的股东，不在公司法以外强加给企业其他东西，民营资本同样具有话语权，用公平实在的收益吸引重组企业加入。

（一）股权与利益融合

在和民营企业"混合"中，中国建材集团坚持公平合理定价、给创业者留有股份、保留经营团队并吸引创业者成为职业经理人。其一，聘请专业机构，结合国际通行的定价模式评估民企资产，保证民营企业家的原始投资得到公平合理的回报，甚至可在公允价格的基础上给予其一定程度的溢价；其二，为民营企业保留30%的股份，使众多民企老总能够分享整合带来的效益以及企业发展的成果，与中国建材形成利益共同体；其三，聘请有能力、有业绩、有职业操守的民营企业家担任职业经理人，以此和国企员工形成互补优势。

例如，中国建材最大的子公司南方水泥，公司董事会由12名董事组成，其中，中国建材提名股东代表董事7人及外部董事1人，江西万年青水泥股份有限公司、浙江邦达投资有限公司、湖南兴湘投资控股集团有限公司、浙江尖峰集团股份有限公司各委派股东代表董事1人。

中国建材坚持"规范运作、互利共赢、互相尊重、长期合作"的十六字原则，寻求各方最大公约数，维护国有资本权益、民营资本权益和小股东利益，实现了国民共进。合理设置股权结构，实现"两个到位"。一是所有者到位。混合所有制企业因为有民营企业的股权，增加了天然的内部监督机制。二是激励机制到位。通过完善职业经理人制度，建立中长期激励机制，调动管理与业务骨干的积极性和创业热情。

（二）"央企市营"和整合管理

中国建材混合所有制改革的成功经验，可以说是发挥了国有企业、民营企业各自的优势。中国建材所处的水泥行业一度是民营企业的天下，因此在收购整合过程中要取得成功，所面临的最大问题就是与民企合作、分享利益。而中国建材通过混合所有制改革，成功地融合了各种社会资本。

其发展混合所有制的经验可以归纳为以下两个方面。一是"央企市营"。其中，"央企"是指企业的资产属性，即中央直接管理的国有企业，"市营"是指企业机制的运作方式，"央企市营"就是在社会主义市场经济下，作为央企应该市场化经营。二是整合管理。中国建材近几年的快速扩张，导致其收购的民营企业达到了近千家，不可避免地面临强化管理、实现规模效应的问题。为此，中国建材依据自身特点建立起一套完整的管理体系，确保了混合所有制的顺利推行。

四　经营目标社会化

中国建材的经营目标不仅是为股东创造利润，而且兼顾员工、所在社区、所属行业等多方利益。

（一）合法合规经营，注重员工关爱与培养

遵守《中华人民共和国劳动法》《中华人民共和国劳动合同法》等法律法规，依法与员工签订劳动合同，认真维护国家和国际劳工组织确定的员工的基本权利；积极强化各类带薪休假制度，构建完善的薪酬与福利体系；保护员工隐私，关爱弱势群体，杜绝骚扰虐待和使用童工，不以任何形式强迫劳动；强化民主管理与厂务公开，确保男女同工同酬，保护员工隐私；鼓励成员企业结合本企业实际为员工办理意外综合保险等其他补充保险，确保实现无缝对接，努力为员工创造安全、健康、舒适的工作环境。

员工是企业发展最鲜活的生命，安全是企业发展最牢固的基石。中

国建材坚持以人为本，铸牢本质安全型企业根本，保障员工各项权益，与员工携手共建幸福温暖的大家庭，矢志用建材"小爱"，推动社会大爱。

(二) 为行业提供技术支持

中国建材作为国企混改的试点企业，不仅发扬了民营企业的市场拼搏精神，也发挥了国有企业的规范管理作用，同时还受益于国有企业科技研发所带来的成果。以建材行业为例，全行业都在使用中国建材所研发的技术，比如在新型干法水泥、浮法玻璃等行业领域。近年来，中国建材行业发展迅速，其中一个重要原因就是，中国建材作为行业的龙头，为民营企业的发展提供了大量的技术支持。

(三) 供给侧结构性改革重塑行业秩序

2006年前后，水泥行业面临产能过剩、集中度低、竞争无序的"多散乱"问题，恶性竞争造成企业亏损严重。中国建材抓住国家产业结构调整的有利时机，推进行业供给侧结构性改革。短短几年间，中国建材迅速重组近千家民营企业，一跃成为全球规模最大的水泥供应商。

由于中国建材带头推进联合重组，我国水泥行业产能集中度大幅提升，重塑了竞争有序、健康运行的行业生态。在联合重组的同时，中国建材带头淘汰落后产能和过剩产能，推动行业减量发展，积极倡导市场竞合，推动自律限产、错峰生产，让产品价格回归合理水平，有力地推动了水泥行业健康稳定发展。

重组后的中国建材，既不同于过去央企的实现国有资产保值增值，也不同于过去民企的追求利润，而是承担了共同的盈利目标、社会责任，可以说企业的社会化使以往不同所有制的企业在不自觉间已实现了经营目标趋同化。

（四）践行社会责任

中国建材从投资者、政府、员工、客户、合作伙伴、相关团体、社区与媒体、环境等利益相关方诉求出发，将社会责任理念最终落实到市场绩效、科技创新、节能环保、员工关爱和企业公民五个方面的履责实践之中。

中国建材重视履行社区责任，坚持本地化运营，追求企业与所在区域共同发展和成长；通过结对扶志、教育扶智、产业扶贫，助力脱贫攻坚；通过特色的社会公益和志愿者活动回报社会，用实际行动履行企业公民责任。

建材行业尤其是水泥行业，历来是高能耗、高污染行业。中国建材坚持绿色低碳循环发展，调整基础建材产品结构，积极推进水泥行业向"高性能化、特种化、商混化、制品化"方向发展，为客户提供高品质的绿色低碳水泥产品；开发使用工业废弃资源作为原材料生产建材产品，减少天然矿产的消耗；产品生命周期结束后可最大限度循环使用或有效处置。

（本文由北京大成企业研究院刘贵浙编撰。）

"外国企业向社会企业转变研究"案例之一

西门子：
做负责任的全球企业公民

西门子股份公司（Siemens AG）（简称西门子），创立于1847年，总部位于德国柏林和慕尼黑，是全球领先的技术企业、世界500强之一（2020年《财富》世界500强排名第74位）。截至2020年9月30日，西门子共拥有超过293000名员工，业务遍及全球200多个国家和地区。

作为世界最大的高效能源和资源节约型技术供应商之一，西门子专注于电气化、自动化和数字化领域，在海上风机建设、联合循环发电涡轮机、输电解决方案、基础设施解决方案、工业自动化、驱动和软件解决方案，以及医疗成像设备和实验室诊断等领域占据领先地位。

经过近两个世纪的发展，西门子已经从一个家族企业转变成为真正意义上的社会企业。

一 西门子的主要业务领域

1847年，恩斯特·维尔纳·冯·西门子（Ernst Werner von Siemens）与机械工程师约翰·乔治·哈尔斯克依靠自己堂兄投资的6842塔勒银币

（1塔勒相当于3马克）建立了西门子—哈尔斯克电报机制造公司，主要生产西门子发明的指南针式电报机。1848年，西门子赢得了法兰克福至柏林的电报线路合同，企业发展走上了快车道，业务和规模不断扩大。

170多年来，西门子的业务领域不断变化，从最初的电报业务开始逐步发展到横跨能源、数字化、医疗等业务领域。作为一家全球领先的技术企业，西门子业务遍及全球。

目前，西门子主要涉及以下业务领域：制造业的自动化和数字化领域，建筑、工业和分布式能源系统的智能基础设施，铁路和公路智能移动解决方案，以及医疗技术和数字医疗服务。西门子拥有以下部门：数字化工业集团、智能基础设施集团、西门子交通、西门子Advanta（西门子旗下致力于企业数字化转型的物联网服务业务单元）、专项业务公司（包括大型传动应用事业部、弗兰德传动系统有限公司、过程工业解决方案事业部、风力发电事业部、机械系统与部件事业部和商用车事业部）和西门子医疗。此外，西门子旗下还拥有金融服务业务部、全球服务业务部和房地资产服务业务部三个服务业务公司。[1]

2020年，西门子将能源业务部门分拆，西门子能源公司（Siemens Energy AG）成立，并于同年9月28日正式在德国法兰克福证券交易所上市。股权结构方面，西门子持有能源公司35.1%的股份，另有9.9%的股份转让给西门子养老金信托公司（Siemens Pension Trust），剩余55.0%的股份所有权权益分配给其他股东和公众投资者。

二　股权高度社会化、全球化

目前，西门子的股权已经高度分散化、社会化和全球化，西门子家族

---

[1] 西门子官网。

只控制公司6%的股份，另外94%的股份分散在60多万个非家族股东手里。

第一，西门子股权结构高度分散化和社会化。

截至2019年底，西门子共发行8.5亿股股票，其中6.7亿股在股票市场上流通，占总股份将近79%。股权结构方面，西门子家族及家族机构共占有近6%的股份；机构投资者持有西门子股份比例高达64%；个人投资者占有21%左右，其中员工持股3%左右，如图1所示。

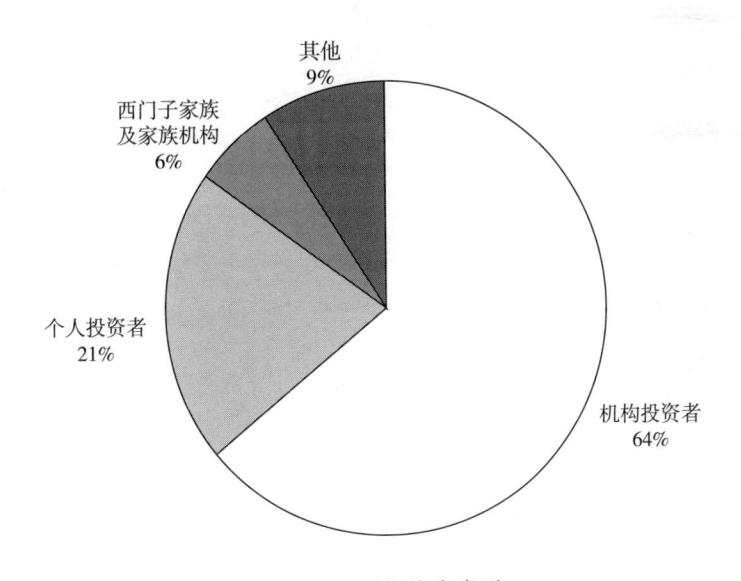

图1　西门子投资者类型

注：数据截至2020年11月。
资料来源：根据西门子官网数据制作。

2015年的数据显示，在西门子的机构投资者中，包括全球最大资产管理公司贝莱德集团，此外，公司股东中还包括卡塔尔主权投资基金（持股3.04%）、挪威政府养老基金（持股2.5%）等战略投资者。[1]

第二，西门子股权结构高度全球化。

---

[1] 维基百科西门子英文条目。

从持股者的地域分布来看，西门子股票持有者遍布全球各个国家和地区，其中德国占29%，美国占23%，英国占9%，瑞士占8%，法国占8%，如图2所示。

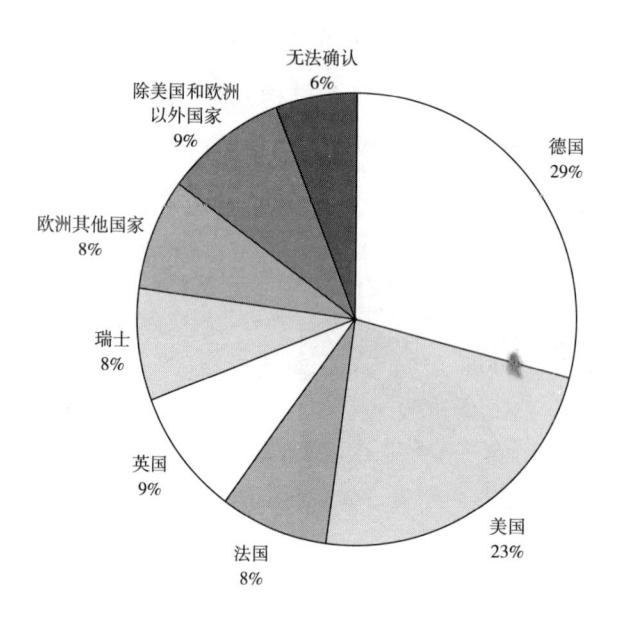

图2　西门子持股者地域分布

注：数据截至2020年11月。
资料来源：根据西门子官网数据制作。

第三，持续推行员工配股计划，持股员工占比高达一半以上。

西门子在2009年开始在全球推行员工配股计划，对购买公司股票的员工实施额外激励，员工持股3年以上可享受免费配股，每购买3股就可以额外获得1股。

西门子的员工配股计划受到员工的广泛欢迎和支持，参与配股计划的员工以及获得配股的员工人数也不断增加。如2013年，西门子向员工派发约350000股公司股票；2014年，西门子向员工派发约440000股公司股票，总价值约4100万欧元；2015年，西门子向员工派发了约549000股公司股票，总价值约为5200万欧元，来自63个国家的约7.8万名西门子员工获益。

2017年,西门子全球35.1万名员工中,每2名员工中即有1名是公司股东,持股员工数达16.5万人。[1]

三 管理经营从家族式转向社会化

目前,西门子已经从一个家族企业转变为职业经理人管理的公众公司。

第一,企业由职业经理人管理。

1847年,维尔纳·冯·西门子和哈尔斯克共同创办了西门子—哈尔斯克电报机制造公司,之后,因为经营理念的矛盾,哈尔斯克离开了公司。之后的100多年,西门子一直由家族成员管理,历经五代。

1968年,西门子迎来了历史上第一位非西门子家族成员葛特·塔克担任CEO,此后开启了西门子的职业经理人时代。1981年上任的卡尔海因茨·卡斯克让西门子从一家传统的电气工程公司转型成为在电子技术方面占据领先地位的企业。1992年,冯必乐博士成为西门子的新一轮领导人,在其任职期间,推出了一系列改革措施,如著名的西门子3I管理、改善业务流程TOP+计划、知识共享平台等,推动西门子进行全方面的改革。1993年,彼得·冯·西门子作为最后一位西门子家族成员离开了公司领导层,自此,西门子管理层成员都是来自外部招聘人员和内部培养职业经理人。

第二,全面建立员工参与企业管理机制。

西门子从公司治理、员工分享计划以及企业文化等层面落实了员工参

---

[1]《西门子全球员工持股人数接近五成》,2017年2月10日,https://www.sohu.com/a/125951845_397858。

与管理机制，构建了员工参与体系，提高了公司内部员工的积极性以及主动性，促进了公司与员工的共同发展。首先，在公司治理层面，采用双重董事会这种间接参与制度（见图3）；其次，在企业的日常管理实践中，西门子采用配股计划、月度投资计划等激励措施鼓励员工直接参与企业管理；最后，在企业文化层面，西门子提倡将以所有权为核心的组织文化作为底层支撑，营造员工参与的组织氛围。

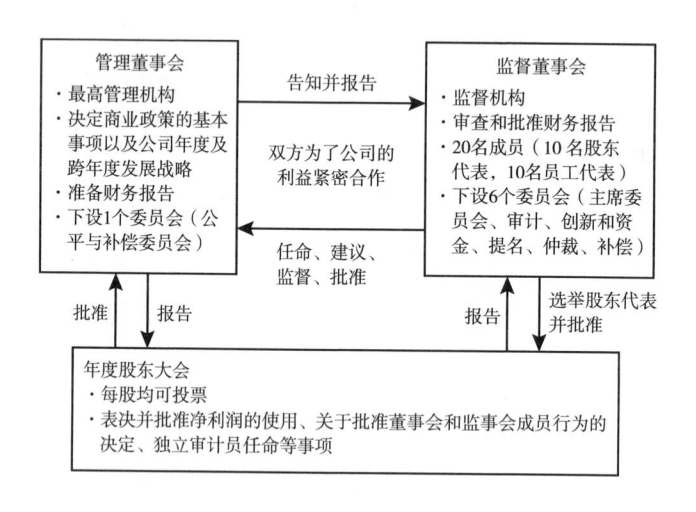

图3　西门子双重董事会制度

注：双重董事会指管理董事会（management board，负责日常高级管理工作）和监督董事会（supervisory board，它由雇员和工会代表参加，负责监督工作）。

资料来源：根据西门子官网资料绘制。

四　利润分配社会化

由于西门子股权的多样化和分散化，西门子利润分配也更加社会化。

第一，西门子公司每年拿出40%~60%的纯利润用于分红。

西门子2019财年报告数据显示，2019财年，西门子营业收入为868亿欧元，利润为90亿欧元，股东权益为384.76亿美元，每股股息增加

0.1欧元，达到每股3.9欧元。

2020财年，西门子营业收入为571亿欧元，息税摊销前利润为76亿欧元。根据每股3欧元的常规股息建议，西门子将派发其净收益的60%，这一数字处于其40%~60%目标区间的高位。公司管理委员会和监事会建议，在年度股东大会上批准派发3欧元股息以及0.5欧元额外股息的方案，使每股股息达到3.5欧元。[1]

第二，高度注重员工利益，与员工共享企业收益。

从建立之初，西门子就十分注重员工利益。创始人维尔纳·冯·西门子在170多年前就建立了很多福利制度，如缩短工作时间，建立9小时工作制、8.5小时工作制，建立养老金制度等，这些都为后来德国的福利立法提供了模板。从1858年开始，维尔纳就积极把公司的部分利润作为年终奖发放给员工。

为让更多员工受益于公司成长，强化员工归属感，更好地为公司做出贡献，西门子根据员工的表现采取现金奖励、股票分红、股票赠送等不同奖励措施。2020年，为了表彰员工在新冠肺炎疫情期间的出色表现，西门子向全球员工发放约2亿欧元的奖金。[2]

在《福布斯》2020年全球最佳雇主榜中，西门子名列世界第9位和德国第1位。[3]

五　积极履行社会责任

积极履行企业社会责任、专注为社会创造价值是西门子的重要使命。西门子认为，企业发展要充分考虑经济、社会、道德和环境等因素，在此基础上

---

[1] 西门子中国官网。
[2] 西门子官网。
[3] 《西门子2020年可持续发展报告》。

为公司制订各种清晰和透明的准则,从而确保公司的成功和未来的发展。西门子在发展过程中高度重视增加就业、履行企业公民责任和环境保护。

第一,增加全球就业。西门子在全球各地不断增加就业,根据《西门子2020年可持续发展报告》,截至2020年9月30日,西门子的全球雇员总数达到293000人。其中,59%的员工分布在欧洲、非洲等,19%在美洲,22%在亚洲和大洋洲。

第二,热心社会公益。西门子作为全球企业公民,一直保持用强有力的捐赠来回馈社会。据《西门子2020年可持续发展报告》数据,2020财年,西门子共在全球捐款3370万欧元,用于教育、科学研究、环境保护、社会公益等相关项目,占利润的0.78%。其中欧洲和美洲地区占大部分捐赠,高达2850万欧元。除了货币形式的捐赠,西门子还提供适当的产品及解决方案,贡献知识和经验,并给予技术援助,员工也积极参与西门子和非营利性组织合作开展的志愿活动。

第三,注重环境保护。西门子始终致力于全球环境保护和可持续发展,计划最早于2020年减少50%的碳排放量,在2030年实现零碳排放的目标,这将成为全球首家实现这一目标的工业公司。

六 西门子在中国

西门子最早在中国开展经营活动可以追溯到1872年,当时西门子向中国提供了第一台指针式电报机,并在19世纪末交付了中国第一台蒸汽发电机以及第一辆有轨电车。1985年,西门子与中国政府签署了全面合作备忘录,成为第一家与中国进行深入合作的外国企业。截至2020财年,西门子和西门子能源已与中国能建、中国电建、中国石油、中国石化、中国建材和中集来福士等上百家中国企业在超过100个国家和地区的市场探索业务机会,足迹遍及六大洲。

2019财年（2018年10月1日至2019年9月30日），西门子在中国的总营收达到84亿欧元，拥有3.5万余名员工。截至2020财年，西门子在大中华区拥有4600多名研发和工程人员，在中国拥有21个研发中心，以及近11000项有效专利及专利申请。[1]

西门子致力于中国社会公益事业的发展，为中国社会创造价值。作为优秀的企业公民，西门子通过业务组合、创新、本地运营、人才发展和企业社会责任活动，致力于中国公益事业的发展，为中国社会创造价值。多年来，西门子参与的众多企业社会责任活动着重于三大领域：技术推广、教育推广和社会发展。

西门子员工也积极参与公司和非营利性组织合作开展的志愿者活动。西门子员工志愿者协会成立于2012年，为员工、企业和社会搭建起一个志愿服务和跨界合作的平台。截至2020财年，西门子员工志愿者协会已在中国17座城市开展了435场志愿服务活动，惠及数万名民众。

西门子长期积极履行企业社会责任，得到了广泛认可并屡获殊荣。2019年5月，西门子获得由中国德国商会颁发的"同心、同力、同行"奖。2020年9月，西门子凭借"爱绿教育计划——中国大学生社会实践项目"的出色表现，在第四届CSR中国教育奖评选中荣获"最佳年度CSR品牌"、"青年影响力年度项目"和"志愿服务致敬奖"三项大奖。在2020年11月举行的中国欧盟商会第七届企业社会责任奖颁奖典礼上，西门子荣获"抗击疫情突出贡献奖"。2021年1月，西门子在第十届中国公益节上荣膺"2020年度公益推动力大奖"，这也是西门子连续第六年在中国公益节上获得表彰。

（本文由北京大成企业研究院徐鹏飞根据公开资料撰写。）

---

[1] 西门子中国官网。

"外国企业向社会企业转变研究"案例之二

通用电气：
全球绿色能源的积极倡导者*

一 集团概况

美国通用电气公司（简称通用电气）是美国也是世界上最大的电器和电子设备制造公司及提供技术和服务业务的跨国公司，产品和服务范围广，涉及飞机发动机、多弹头弹道导弹系统、发电设备、水处理与安全技术，到医疗成像、商业和消费金融、媒体内容和工业产品，客户遍及全球100多个国家和地区。在2020年世界500强企业中，通用电气排名第77位。截至2021年4月21日，通用电气的总市值为1147亿美元。

追溯通用电气的发家史，其前身是科学家爱迪生1878年成立的爱迪生电灯公司，1892年，银行家约翰·皮尔庞特·摩根出资撮合，促成了爱迪生通用电气公司与汤姆逊—休士顿电气公司等三家公司合并成为通用电气公司。在两次世界大战期间，通用电气获得了飞速发展，第一次世界大战后，该公司在新兴的无线电方面居于统治地位，第二次世界大战又使通

---

* 数据和企业资料来自公开材料和企业年报。

用电气的产量和利润额急剧增长。

在自身业务高速发展的同时,通用电气运用各种手段,在全世界寻找扩张机会,不断吞并产业链上下游的制造企业,最终成为行业老大。1939年,通用电气在美国辖下工程仅30多家,至1947年,迅速增加至125家,1976年底在美国35个州拥有224家制造厂,在世界范围内,也逐步合并了意大利、法国、德国、比利时、瑞士、英国、西班牙等国的电工企业。1972年该公司除在美国之外,在欧洲有33家工厂,加拿大有10家、拉丁美洲有24家、亚洲各国共有11家、澳大利亚有3家、非洲有1家。到1976年底,它在24个国家共拥有113家制造厂,成为一个庞大的跨国公司。

进入20世纪70年代,通用电气跨入辉煌期。据1978年5月8日美国《幸福》杂志的统计,通用电气在1977年的总资产达136.96亿美元,销售总额达175.15亿美元,净利润达10.88亿美元,位列全美第五,员工总人数高达38.4万人。从1956年开始,通用电气涉及军工产业,负责生产导弹、核武器,1973年该公司的军事订单达到14.2亿美元,成为全美第二大军工生产企业。

截至2020年末,通用电气主要的五大业务板块分别是航空(27.68%)、大健康(22.62%)、电力(22.09%)、可再生能源(19.68%)、资本(9.1%)(见表1)。其业务遍及全球各地区,其中美国业务占44.35%,亚洲业务占20.37%,欧洲业务占19.76%(见表2)。

表1 通用电气全球业务分布(按产品分类)
(2020年1月1日至2020年12月31日)

单位:亿美元,%

板块	金额	占比
电力	175.9	22.09
可再生能源	156.7	19.68
航空	220.4	27.68

续表

板块	金额	占比
大健康	180.1	22.62
资本	72.45	9.10
公司项目及折损	-9.320	-1.17
总计	796.2	100.00

资料来源：东方财富网。

表2　通用电气全球业务分布（按地区分类）
（2020年1月1日至2020年12月31日）

单位：亿美元，%

地区	金额	占比
美国	353.1	44.35
欧洲	157.3	19.76
亚洲	162.2	20.37
美洲(不含美国)	47.01	5.90
中东和非洲	76.55	9.61
总计	796.2	100.00

资料来源：东方财富网。

二　经营业绩

2015~2020年，通用电气业务呈现萎缩趋势，营业收入从2015年的1174亿美元下降到2020年的796.2亿美元，资产负债率从2015年的79.09%上升至2020年的85.53%。

盈利能力方面，通用电气2015年净亏损61.26亿美元，2016年盈利75亿美元，2017~2019年连续亏损，主要由于业务跨度太大，盈利能力不一，该公司整体处于亏损状态。

2020年，通用电气扭亏为盈，净利润57.04亿美元，营收却大幅度减少（见表3），说明通用电气通过缩减业务，回归主业，提升了整体的盈利能力，经营状况有所好转。

表3 通用电气2015～2020年度财务状况

单位：亿美元，%

年份	2015	2016	2017	2018	2019	2020
营业收入	1174	1195	992.8	970.1	952.1	796.2
营收增长	0.17	1.8	-16.9	-2.28	-1.85	-16.4
归母净利润	-61.26	75.0	-84.84	-223.6	-49.79	57.04
归母净利润增长	-140.2	222.4	-213.1	-163.5	77.7	214.6
资产负债率	79.09	77.95	79.18	83.45	88.74	85.53
净资产收益率	-5.41	8.62	12.87	-51.38	-16.79	17.86

资料来源：东方财富网。

三 股权社会化情况

通用电气股权较为分散，以机构和散户持有为主，员工持股占0.24%。截至2020年末，通用电气共发行普通股87.65亿股，其中2275家机构持有63.6%的股份，员工持有0.24%的股份，散户持有36.13%的股份。

通用电气的股权特征。一是该公司前十大股东都是大型金融机构，这些金融机构共持有高达38.11%的股份，超过通用电气全部机构股东持股数量的1/2。其中，普信集团［Price（T. Rowe）Associates Inc］持有7.76%的股份，为第一大股东，先锋领航集团（Vanguard Group, Inc.）持有7.36%的股份，为第二大股东，黑石公司（Blackrock Inc.）持有6.45%的股份，为第三大股东（见表4）。

表4 通用电气前十大机构股东（截至2020年12月30日）

单位：股，%

持股机构	股数	持股比例
Price（T. Rowe）Associates Inc	681876091	7.76
Vanguard Group, Inc.	646951204	7.36
Blackrock Inc.	566506492	6.45
FMR, LLC	480790647	5.47
State Street Corporation	348850569	3.97
Capital Research Global Investors	157058683	1.79
Geode Capital Management, LLC	128727032	1.47
Eagle Capital Management LLC	125104755	1.42
Hotchkis & Wiley Capital Management, LLC	115863308	1.32
Northern Trust Corporation	97032308	1.10

资料来源：Yahoo Finance。

二是基金持股占比很高，前十大基金股东共持有通用电气12.62%的股份，其中Vanguard Total Stock Market Index Fund持有2.81%的股份，为第一大基金股东，Vanguard 500 Index Fund持有2.00%的股份，为第二大基金股东，Price（T. Rowe）Capital Appreciation Fund持有1.68%的股份，为第三大基金股东（见表5）。

表5 通用电气前十大基金股东（截至2020年12月30日）

单位：股，%

股东名称	股数	持股比例
Vanguard Total Stock Market Index Fund	246868344	2.81
Vanguard 500 Index Fund	175527592	2.00
Price（T. Rowe）Capital Appreciation Fund	147185112	1.68
SPDR S&P 500 ETF Trust	90961210	1.04
Fidelity Series Large Cap Stock Fund	83352218	0.95
Investment Company Of America	79617300	0.91
Fidelity 500 Index Fund	79327921	0.90
Vanguard Institutional Index Fund-Institutional Index Fund	72040218	0.82
iShares Core S&P 500 ETF	68209357	0.78
Price（T. Rowe）Value Fund	63976665	0.73

资料来源：Yahoo Finance。

四 利润分配社会化

第一,通用电气自上市以来,几乎平均每季度向股东派息。从1940年代到2000年,通用电气每股派息数额不断增加,尤其是在1980年代快速增长。2015年第三季度到2018年第三季度,通用电气派息率维持在3%~4%。近年来,由于业绩下滑和股价下跌,2018年第四季度后每季度每股派息降至1美分,派息率跌至0.3%~0.5%。2021年第一季度末,通用电气每股派息1美分,派息率为0.3%(见表6)。

表6 通用电气季度分红情况

单位:美元,%

公告日期	方案	类型	派息率	过户起始日	过户截止日	派息日
3/5/2021	0.01	季度	0.3	2/12/2021	3/8/2021	4/26/2021
12/18/2020	0.01	季度	0.4	12/11/2020	12/21/2020	1/25/2021
9/25/2020	0.01	季度	0.7	9/3/2020	9/28/2020	10/26/2020
6/26/2020	0.01	季度	0.6	6/19/2020	6/29/2020	7/27/2020
3/6/2020	0.01	季度	0.4	2/14/2020	3/9/2020	4/27/2020
12/20/2019	0.01	季度	0.4	12/6/2019	12/23/2019	1/27/2020
9/13/2019	0.01	季度	0.4	9/6/2019	9/16/2019	10/25/2019
6/28/2019	0.01	季度	0.4	6/21/2019	7/1/2019	7/25/2019
3/8/2019	0.01	季度	0.4	2/15/2019	3/11/2019	4/25/2019
12/19/2018	0.01	季度	0.5	12/7/2018	12/20/2018	1/25/2019
9/14/2018	0.12	季度	3.8	9/7/2018	9/17/2018	10/25/2018
6/15/2018	0.12	季度	3.6	6/8/2018	6/18/2018	7/25/2018
2/23/2018	0.12	季度	3.3	2/9/2018	2/26/2018	
2/23/2018	0.12	季度	3.3	2/9/2018	2/26/2018	4/25/2018
12/26/2017	0.12	季度	2.8	12/8/2017	12/27/2017	1/25/2018
9/15/2017	0.24	季度	4	9/7/2017	9/18/2017	10/25/2017
6/15/2017	0.24	季度	3.3	6/9/2017	6/19/2017	7/25/2017
2/23/2017	0.24	季度	3.2	2/10/2017	2/27/2017	4/25/2017
12/22/2016	0.24	季度	3	12/9/2016	12/27/2016	1/25/2017

续表

公告日期	方案	类型	派息率	过户起始日	过户截止日	派息日
9/15/2016	0.23	季度	3.1	9/9/2016	9/19/2016	10/25/2016
6/16/2016	0.23	季度	3	6/10/2016	6/20/2016	7/25/2016
2/25/2016	0.23	季度	3.1	2/12/2016	2/29/2016	4/25/2016
12/17/2015	0.23	季度	3	12/11/2015	12/21/2015	1/25/2016
9/17/2015	0.23	季度	3.6	9/11/2015	9/21/2015	10/26/2015

资料来源：StreetInsider.com。

第二，通用电气对全体员工实行储蓄福利计划。具体来说，储蓄福利计划是对员工的奖励计划，员工可以选择将每年税后基本工资的5%、10%、15%，上限为人民币1500元的金额存入个人账户，通用电气会将等额的资金也划入员工个人名下，保留期2年后扣除个人所得税，余下资金加上利息划入员工的工资账户。

五 经营目的社会化，管理团队社会化

（一）"绿色创想"战略

作为一家大型跨国公司，通用电气在产业结构和社会责任方面向社会企业逐渐转变，将推动社会进步、促进科技发展的目标与经营目标相结合，体现了经营目的社会化特征。

具有代表性的是通用电气在全球范围内推出的"绿色创想"战略。杰夫·伊梅尔特2001年接过杰克·韦尔奇接力棒后，在2005年启动了"绿色创想"战略，加大对生物科技、医疗、新能源等新兴产业领域的投资，更是将清洁能源作为发展重点。2009年，通用电气推出了80余种"绿色创想"战略的相关产品，涉及再生能源、铁路运输和水处理技术等，在风电设备生产领域居世界第一位。

"绿色创想"实施5年后,通用电气在该领域销售、研发等方面的投入增加了1倍,全球能耗降低了30%,其绿色产品也被全球数百家公司纳入市场规划。该战略的成功实施提升了通用电气"企业公民"的形象。

(二)管理团队社会化:优秀职业经理人的摇篮

通用电气百年来一直保持着大而强的发展态势,与其管理是分不开的,不仅有杰克·韦尔奇这样的传奇人物,也是优秀管理者的学堂。通用电气克劳顿管理学院是世界上第一个大公司的管理学院,被美国《财富》杂志称为"美国企业界的哈佛"。在优秀的管理人才培养机制下,通用电气成就了众多企业管理者,在《财富》世界500强企业中,有168家公司的首席执行官(CEO)都曾在通用电气任职。通用电气作为优秀管理人才的培养基地,其重要的管理岗位也大多从内部遴选,每一任领导人都经过层层选拔和长期观察,每一个领导人也都带领通用电气创造更大的辉煌。

通用电气选用最合适管理者的成功经验从其最开始成立就已奠定了基础。爱迪生通用电气公司和汤姆森—休斯顿电气公司合并之时,摩根作为出资人并没有把公司交给拥有伟大的发明家和更大规模的爱迪生公司,而是选择了有高超销售能力的汤姆森—休斯顿电气公司董事长查尔斯·科芬;并且摩根也不再插手公司事务,这为后来的通用电气董事会立下榜样,在其百年历史中,并无一任董事长或总裁遭受董事会指手画脚乃至"逼宫",而是得到尽可能多的支持与建议。公司的出色运营也赢得了投资者的青睐,更多中小股东的加入促成了所有权的分散和管理的独立性,使通用电气不受任何人或投资集团控制。

在资本支持下,通用电气每一届管理者(见表7)都适时制定了划时代的发展战略。尤其被广为传颂的杰克·韦尔奇,1981担任董事长兼CEO到2001年退休,通用电气的市值从140亿美元升至5750亿美元,他所推行的"六西格玛"标准、全球化和电子商务,重新定义了现代企业。韦尔奇于20世纪80年代后期在全公司发起了"群策群力"活动,意在集中公司内外上下各方面的智慧,培植、收集和实施好点子。因为他相信,实际操作者才真正具备提高生产效率的创造力和革新办法。

表7 通用电气高管情况(截至2020年末)

姓名	性别	学历	出生年份	任职
Thomas S. Timko	男	—	1968	Vice President, Controller, Chief Accounting Officer
Michael J. Holston	—	—	1963	Secretary, Senior Vice President, General Counsel
David L. Joyce	—	—	1957	Vice Chairman
Carolina Dybeck Happe	女	—	1972	Chief Financial Officer, Senior Vice President
Kieran P. Murphy	男	—	1964	Senior Vice President, President, GE Healthcare, Chief Executive Officer, GE Healthcare
Scott L. Strazik	—	—	1979	Senior Vice President, Chief Executive Officer, GE Gas Power
Russell Stokes	—	—	1972	Senior Vice President, President, GE Power Portfolio, Chief Executive Officer, GE Power Portfolio
Jérôme X. Pécresse	—	—	1968	Senior Vice President, President, GE Renewable Energy, Chief Executive Officer, GE Renewable Energy

资料来源:东方财富网。

六 扎根中国,打造人才、研发、生产、采购中心

2015年10月29日,习近平总书记在党的十八届五中全会第二次全体会议上的讲话鲜明提出了创新、协调、绿色、开放、共享的发展理念。新发展理念提出后,通用电气积极响应习近平总书记号召,积极融入中国城镇化、医疗、清洁能源、"互联网+"、"一带一路"建设,通过聚焦能

源、航空和医疗三大板块，加速推进通用电气"全面本土化，全球合作伙伴，全速数字化"的三大发展战略，助力中国工业向高质量发展目标转型升级。中国是通用电气在全球的第二大单一市场（第一大单一市场为美国），业务范围包括能源、航空、医疗等工业垂直领域，以及金融、智能制造、研发和数字化。通用电气在中国实施全面本土化战略已有二三十年，本土化建设涵盖了人才培养、研发创新、生产制造和采购等重点领域，客观上为推动中国科技发展和社会进步做出了贡献。

在研发本土化方面，通用电气早在2000年就在中国设立了首个全球研发中心。截至2019年，通用电气在中国拥有近2500名研发及工程技术人员，在上海、北京、天津、武汉和无锡等8个城市拥有实验室。通用电气在中国聚焦医疗、新型风能发电、燃气轮机本土化、航空发动机及节能减排等技术，同时覆盖先进制造、增材制造、机器人和数字科技等领域。尤其是通用电气在医疗领域，拥有1000多名中国本土研发人员，多年来申请专利累计600多项，研发经济型医疗设备等产品累计60多款，有力补充了中国基层医疗机构的设备需求，六成产品向全球出口。

在生产制造方面，通用电气将先进的智能制造理念和技术带入中国，秉持精益制造原则，通过先进制造技术、增材制造和数字化工厂，重新定义产品设计、制造和服务模式，提高生产效益，助力中国工业制造智能化转型。例如能源领域，通用电气在广州开发区投资建设通用电气海上风电运营和开发中心，与哈电集团在秦皇岛设立燃气轮机制造和服务合资公司，在河南濮阳县产业聚集区投资建设通用电气亚洲低风速风电设备生产基地。航空领域，通用电气设立通用电气航空（苏州）有限公司作为通用电气航空集团在中国的首家供应链工厂。医疗领域，通用电气天津磁共振成像系统生产基地，生产了通用电气全球销售的磁共振产品控制系统的50%，2019年11月，全球最先进GE SIGNA Architect 3.0T磁共振生产线项目落地天津生产基地，是该产品首次在美国本土外生产；通用电气医疗北京工厂是通用电气全球 CT 生产基地，全球每 3 台 CT 中就有 2 台来自通用电气医疗北京工厂；通用电气无锡工厂是通用电气全球最大的超声设备生产基地，产量占通用电气全球销售超声产品的 40%。

七 热心公益、回馈社会，帮助世界落后地区

GE Elfun 成立于 1928 年，是通用电气下属的全球性志愿者组织，鼓励员工参与公益事业、服务社区、回馈社会。

2002 年，通用电气基金会开始关注卫生保健领域并选择了非洲加纳作为试点，与加纳的公共卫生部门建立起广泛的合作关系，允诺在 5 年里投入 2000 万美元，捐赠大量先进设备，提供医生培训，在软件和硬件方面提高当地的医疗水平，极大地改善了加纳的儿童存活率。从加纳起步，通用电气基金会将公益支持扩展到了卢旺达、肯尼亚、马拉维、坦桑尼亚、柬埔寨等国。近 10 年来，它在 40 个国家捐赠了 200 多个医院和医疗中心。

GE Elfun 在中国设有六个分会（北京、上海、广州、大连、中国香港及中国台湾）。GE Elfun 在中国的分会积极配合通用电气基金会，为其各项捐赠活动提供志愿者服务。例如，担任企业顾问，帮助国际青年成就组织在中学、大学教授"国际市场"课程；为"希望工程全国乡村教师培训计划"提供辅导支持。2012 年，共有超过 5000 名通用电气志愿者在大中华区 14 个城市贡献志愿服务超过了 29000 个小时。此外，通用电气在教育、环保、医疗以及社区建设方面贡献了力量。自 2011 年以来，通用电气公司和中国医师协会已合作开展了 20 场以县级以下医疗机构为主的基层医师培训，培训医师近 3500 名。

（本文由北京大成企业研究院葛佳意编撰。）

"外国企业向社会企业转变研究"案例之三

施耐德电气：
联合国契约的坚定践行者[*]

一 发展概况

施耐德电气是由钢铁企业转型进入电气市场的家族企业，其转型成功的标志是1975年开始的对法国梅兰日兰的收购。1836年施耐德兄弟在法国勒克鲁索（Creusot）收购了矿井和钢铁厂。两年后，他们成立了Schneider & Cie。1891年，在成为军用设备专家后，Schneider & Cie进军新兴电气市场。1919年公司通过欧洲工业和金融联盟（EIFU）将业务扩展至德国和东欧。1949年第二次世界大战后，在查尔斯·施耐德的领导下进行了深度重组。1975年施耐德集团对配电设备领域的领导者之一——梅兰日兰的股份进行了收购。1981~1997年，施耐德脱离钢铁和造船行业，通过战略性收购将业务集中于电气行业。1999年集团通过收购Lexel并使用其当前集团名称开发了"安装、系统与控制"。2000~2009年，施耐德电气在新的细分市场中进行收购，收购了UPS，以及运动控制、楼宇

---

[*] 数据和企业资料来自公开资料和企业年报。

自动化和安全等方面的企业。2010年至今，施耐德电气进一步巩固其在软件、关键电力与智能电网应用领域的地位。

施耐德电气在2020年《财富》世界500强企业排行榜中名列第413位，在100多个国家和地区开展业务。2018年，净销售额按地区分布如下：法国（6.4%），西欧（20.8%），中国（14.3%），亚太地区（14.2%），美国（23.7%），北美（4.2%），其他（16.4%）。

中国是施耐德电气的全球第三大市场，该公司在中国拥有三大研发中心、26家工厂，员工人数为26000人，还设有施耐德电气研修学院。自1987年在天津成立第一家合资厂，施耐德电气植根中国20余载，最初是中低压配电及工业自动化行业领先者，逐渐发展为领先的能源与基础设施、工业、数据中心与网络、楼宇和住宅能效解决方案提供商。

1987年，施耐德电气在天津成立第一家合资工厂梅兰日兰，将断路器技术带到中国，取代传统保险丝，使中国用户的用电安全性大为提升，并为断路器标准的建立做出了卓越的贡献。20世纪90年代初，施耐德电气旗下品牌奇胜率先将开关面板带入中国，结束了中国使用灯绳开关的时代。20世纪90年代，随着中国市场的进一步开放，施耐德电气融入中国的步伐也日益加快。施耐德电气凭借先进的技术和产品，全面参与了众多中国能源和基础设施建设，其中包括为三峡工程、西气东输、南水北调、岭澳核电站等重大工程提供设备和服务。

二 经营业绩

2017~2020年，施耐德电气经营状况良好，营收始终保持在250亿欧元上下，盈利能力强，净利润始终在20亿欧元以上。值得注意的是，施耐德电气财务结构相当稳健，资产负债率很低，维持在20%左右，在制造业企业中较为罕见（见表1）。

表1 施耐德电气2017～2020年财务指标

单位：亿欧元，%

项目	2017年	2018年	2019年	2020年
营业收入	247.43	257.2	271.58	251.59
营收增长	0.2	3.9	5.6	-7.4
归母净利润	21.5	23.3	24.1	21.3
归母净利润增长	22.9	8.6	3.4	-11.9
资产负债率	18.4	17.7	16.4	21.1

资料来源：绝对值数据来自Yahoo Finance，资产负债率、营收增长、归母净利润增长为北京大成企业研究院计算。

三 股权高度分散

施耐德电气Shneider Electric在巴黎泛欧证券交易所上市，截至2021年4月12日，总市值为756.81亿欧元，总股数为5.67亿股。

施耐德电气股权分散，股权结构具有社会化企业特征。截至2021年4月12日，76.3%的股份为散户持有，8.5%的股份为Sun Life Financial持有，6.2%的股份为黑石公司持有，5.3%的股份为施耐德电气持有，3.7%的股份为施耐德电气员工持有。

据施耐德电气2017年披露（见表2），2015～2017年，散户持股占比连续超过75%，所持股票拥有投票权连续超过75%。员工持股方面，2015～2017年员工持股占总股份比例分别为3.8%、4.5%、4.1%，位列前五大股东。从施耐德电气的股权结构来看，该企业已经充分社会化。

表2 施耐德电气股权结构（2015～2017年）

持股人	2017年12月31日				2016年12月31日		2015年12月31日	
	市值占比(%)	股数(股)	投票权占比(%)	表决权数(票)	市值占比(%)	投票权占比(%)	市值占比(%)	投票权占比(%)
Sun Life Finan cial, 1 nc.	5.9	35187831	5.6	35187831	5.8	5.4	5.4	4.0

续表

持股人	2017年12月31日				2016年12月31日		2015年12月31日	
	市值占比（%）	股数（股）	投票权占比（%）	表决权数（票）	市值占比（%）	投票权占比（%）	市值占比（%）	投票权占比（%）
BlackRock, Inc.	5.5	32757904	5.2	32757904	5.2	4.8	5.0	4.7
Group CDC	0.9	5490741	1.8	10981482	2.5	4.7	3.1	5.8
Employees	4.1	24473565	7.4	46329197	4.5	7.1	3.8	6.0
Treasury shares	6.6	39349507	—	—	6.3	—	4.0	—
Public	77.0	459656694	80.0	500813809	75.7	77.9	78.7	79.5
总计	100.0	596916242	100.0	626070223	100.0	100.0	100.0	100.0

资料来源：Schneider-Electric Financial and Sustainable Development Annual Report 2017。

四 半数员工持股，利润分配社会化

（一）员工持股情况

员工持股方面，施耐德电气员工可以80%的价格认购施耐德电气股票期权，限制交易期限为5年。根据施耐德电气披露，接近半数的公司员工持有施耐德电气股票，施耐德电气实施符合全球员工所在国家法律法规的不同类型员工持股方案已有多年。

例如，2017年6月，全体员工中40%认购了240万股公司股份，总金额达到1.43亿欧元。截至2017年末，员工通过施耐德电气成立了共同基金，以直接或间接的形式共持有2460万股公司股票，占施耐德电气总资本的4.1%，投票权高达7.4%。这些员工横跨世界60个国家和地区，其中28%在法国，占员工持股资本的47%，13%在中国，10%在美国和印度。

（二）股息分派情况

施耐德电气几乎每年都在第一季度末向股东派发现金股利（见表3），其中2019年第一季度每股分红派息2.35欧元，2018年第一季度每股分红派息2.20欧元，2017年第一季度每股分红派息2.04欧元。

表3　施耐德电气2015~2019年股息分派情况

单位：欧元

派息日期	分红	派息日期	分红
2019年4月30日	2.35	2014年5月14日	1.87
2018年5月2日	2.20	2013年5月2日	1.87
2017年5月8日	2.04	2012年5月11日	1.70
2016年5月5日	2.00	2011年4月29日	3.20
2015年4月30日	0.56	—	—

资料来源：泛欧交易所。

五　经营管理社会化

（一）配合国家发展战略，助力中国绿色制造升级

施耐德电气作为一家具有社会型企业特征的跨国集团，其经营目的不全然是为了股东利益，而更多的是在本土化过程中配合当地的发展战略，助力该地区产业转型升级。进入中国市场以来，施耐德电气在中低压配电、能效管理等领域不断深耕，在越来越多重大的中国国内和国际性活动中崭露头角。

一是配合中国的发展战略。20世纪90年代以来，施耐德电气参与了中国众多重大项目和基础设施建设，包括三峡工程、西气东输、南水北

调、岭澳核电站等。2008年，施耐德电气为北京奥运会43个场馆和辅助设施提供产品和解决方案，并获得奥组委与北京供电局高度认可。2009年10月，施耐德电气为中国60周年华诞庆典提供了出色的电力保障。2010年上海世博会上，施耐德电气为4个展馆提供了全面的技术支持，并为23个世博会场馆提供了解决方案与服务。施耐德电气为了在中国持续发展，进行了本土化改革，坚持"在中国，为中国"和"在中国，惠世界"战略，开展跨界合作，开拓业务新领域。以股权投资等方式，施耐德电气支持智能硬件领域的创新企业，参与协作创新，对接国家战略，帮助客户拥抱智能制造，促进产业转型升级，全面支持供给侧结构性改革等。

二是助力中国企业在高科技领域转型升级。施耐德电气是能效管理和自动化、数字化领域的领先提供商，为企业提供能效升级、数字化的转型升级方案。施耐德电气能效管理示意如图1所示。

施耐德电气武汉工厂是国内首家应用智能制造技术的工厂，在2018年被工信部评为国家级"绿色工厂"，被达沃斯世界经济论坛专家委员会评为"灯塔工厂"。通过应用施耐德电气面向工业领域Eco Struxure架构，施耐德电气武汉工厂完成了数字化升级改造，在实现高度自动化的同时，使生产和运营流程进一步得到了优化，并将能效提高至更高水平，成为施耐德电气在中国的首个明星智能工厂。施耐德电气武汉工厂拥有世界领先的自动化生产线，可以24小时连续运行。通过精益生产数字化系统的应用，实现工厂的透明化、可视化、无纸化运营，有效减少非增值成本，产品质量问题减少15%，劳动生产力提升12%，设施基础能耗最高可节约30%。数字工厂通过对关键设备和设施的数据采集和分析，可减少计划外停机、提升过程的可靠性和设备维护的有效性。在绿色节能方面，施耐德电气武汉工厂使用光伏系统，采用太阳能发电减少碳排放，建设了400立方米的雨水存储设施，利用自然雨水实现厂区内的绿色灌溉与地面冲洗，节约水资源。

根据自身的成功经验，施耐德电气为其他企业提供智能化转型方案。例

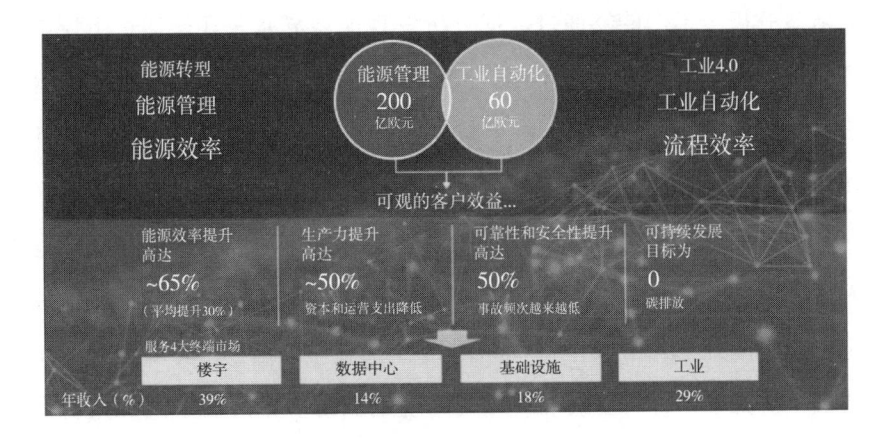

图 1　施耐德电气能效管理示意

资料来源：施耐德电气官网。

如为汉威科技提供"透明工厂"的智能制造解决方案，通过部署包括订单管理，执行与追溯管理，即时化绩效、任务、响应管理模块，以及 Andon 系统等，使来自不同系统中的客户数据、订单数据和生产制造数据实现了端到端的贯通，彻底破除生产现场的"黑箱"，将制造过程变得可视、透明，同时降低生产线人为差错率，对各级员工的 KPI 进行了有效梳理，对产品实现全程追溯。项目上线后，汉威科技工厂的生产效率提升了 12%，产能提升了 22%，人均产值提升了 14%，市场反馈的故障率降低了 25%。

采用施耐德电气 Eco Struxure 架构进行转型升级的中国企业包括中国建材、伊利集团等。根据施耐德电气提供的一组数据，中国建材集团下属水泥厂应用 Eco Struxure 解决方案后，总体能源效率提高 10%，劳力投入密集度降低了 60%，每个生产单位的能源消耗下降了 3%~5%，不到 2 年收回了投资成本，还将计划外故障大幅降低，延长了设备的使用寿命，增强了运营安全性。

伊利集团下属的工厂应用 Eco Struxure 解决方案后，实现了底层设备的互联互通、能源数据的实时自动化采集、能源使用的监控管理、能源信息的精益分析，不但能够通过数据分析发现能源异常，还能通过上层能源管理软件和底层自动化系统的配合真正堵住能源漏洞，运营效率提升了19%，能源成本降低了5%，每年减少的碳排放量相当于多种植了2.5公顷阔叶林。

又例如在钢铁产业，Eco Struxure 解决方案在宝钢热轧厂1880热卷库无人行车项目应用后，不仅提高了工作效率，同时实现操作人员减少90%，大大提升了人身安全性。2018年11月，施耐德电气与宝武集团深化战略合作关系，针对宝武集团所属的宝钢股份多个热轧车间无人行车项目，以及宝山基地冷轧C008镀锌线智慧管理平台项目展开合作，帮助推动宝武集团整体数字化升级及管理的智慧化创新。施耐德电气将运用其独特的透明制造理念以及完善的透明工厂解决方案，帮助宝钢实现智能制造目标。

此外，施耐德电气在生物制药领域也积累了丰富的实践经验。例如，通过 Modicon M580 ePAC，确保不同控制层级之间、各系统之间和系统内设备之间准确、实时的数据传输，以保障生产线控制的高效顺畅，并降低风险；通过部署柔性的批次配方控制和管理系统，强化客户从开发、放大及相关原材料，到临床样品制备，直至规模化生产的服务能力，应对一次性生物反应器灵活使用，及未来随业务增长模块化、多批次、多品种产品的共线生产和成本控制需求；还实现了根据大量采集的产线数据进行专业分析，并出具报告，形成电子化的标准工作指引（SOP），从而指导员工操作规范化，并降低员工培训成本。

2019年，施耐德电气基于自有的 Eco Struxure 架构与平台，融合IT与OT技术，为郑州创泰生物的大分子中试平台提供核心工艺的信息化及自控系统完整解决方案，助力客户打造单抗药品生产线，以高度智能化的系统部署，保障生产的安全、高效，以及灵活的生产需求。

三是开展碧波计划，为社会培养专业人才。碧波计划（Business, Innovation, People, Bottom of the Pyramid；BipBop）是由法国施耐德电气

发起的一项可持续发展项目，旨在将最安全、清洁的能源提供给社会，并向有需要的地区及人群，传播绿色电力和能源的相关知识与技能。该计划是施耐德电气在全球范围展开的一项可持续发展计划，通过提供安全的电气相关教育培训以及创业小额贷款来帮助贫困人群。2010年3月，施耐德电气与中国专收民工子弟的非营利职业学校北京百年职校，在北京和成都建立了两个电气实验教室，同时为在校的200多名电气专业学生提供专业课教学及节能增效教育，教师为施耐德电气的员工志愿者。优秀学生还将得到在施耐德电气毕业实习及工作的机会，施耐德电气希望通过对农民工子弟提供职业教育，帮助他们掌握一技之长、扶助农民工子弟进行创业等。施耐德电气计划在中国全国范围内支持百所职业技术学校，创新电气领域青年专业人才的培养模式，助力战略任务的人才储备。

（二）管理层背景多元化，女性高管表现突出

据施耐德电气2018年年报披露，该集团在全球共16位高层管理人员，都来自社会招聘，而非家族传承。作为一家跨国公司，施耐德电气作为社会企业的特点较为突出，为满足社会化、国际化的经营目标，管理团队也具有多元背景。

施耐德电气拥有国际化的研发团队，研发人员来自中国、法国、德国、芬兰、西班牙等各个国家，其中中国和法国团队各占40%。施耐德研发团队参与了多项全球标准制定，以及弧光保护等中国标准的制定，为能源自动化行业标准化助力。截至2020年6月末，仅中国团队专利申请就达20多项。

施耐德集团董事长兼CEO Jean Pascal Tricoire（赵国华）自1986年加入施耐德集团以来，历任集团国际业务部门高管、首席运营官、首席执行官，他会说中文，非常了解中国市场，从2009年开始担任France-China Committee（法中委员会）主席、上海市政府顾问、历届全球首席执行官委

员会成员,这位董事长的任命体现了中国在施耐德电气发展战略中的重要地位。

能源自动化全球研发副总裁董杏丽是施耐德电气女性高管的代表人物之一,她在电力系统自动化领域的工作经验达 17 年,目前是集团全球研发团队的负责人,获列福布斯中国"2020 科技女性榜 50 强"。

六 企业社会责任

(一)为社会培养女性工程师,积极推进性别平等

施耐德电气培养了较多的女性工程师、技术专家、高层管理人员等,在推动社会性别平等方面做出了贡献。截至 2019 年末,施耐德电气中国区的女性员工占比达到 40%,总监及以上级别女性管理者占比达到 32%。尤其在研发技术、工程等男性传统占优势的部门,也有较多的女性高管,女性研发人员比重达 27%,在工科、制造业的研发机构中处于很高水平。

作为推进性别平等的模范企业,施耐德电气积极参与联合国发起的 HeForShe 项目。制订了薪酬平等框架,目标覆盖 95% 的员工。具体措施包括设立全球多样性、包容性部门和相对应的指导委员会,设立区域性执行团队,确保性别平等政策在分公司所属的每一个国家都得到践行,以及设立全球人力资源信息系统,用于研究和复盘性别平等举措的实施效果等。

(二)为世界上的欠发达国家和地区解决供电问题

作为一家逐渐社会化的全球化企业,施耐德电气运用其专业,已累计为 10 亿人解决了供电问题,通过家庭太阳能、小型电网等分散式可再生能源为非洲、亚洲、中南美洲等的广袤农村地区提供电力,并创造了大量

就业。

施耐德的 Access to Energy 项目通过与当地微型电网运营商合作，为全世界的社区带来电力，其中包括印度、缅甸和尼日利亚等国家。在施耐德电气的努力下，企业客户能够在偏远和离网的工厂配备独立电力系统和太阳能道路照明。施耐德电气还在印度、尼日利亚等西非地区签订合作协议，销售家用和微型企业用太阳能设备。

（三）践行 SDG 联合国全球契约

联合国全球契约号召世界各地的企业在运营和战略中履行人权、劳工标准、环境和反腐败领域的十项公认原则，并采取行动支持联合国可持续发展目标，联合国全球契约旨在为负责任的企业提供领导力平台。该契约于 2000 年启动，是全球最大规模的企业可持续发展倡议。施耐德电气一直积极响应联合国的可持续发展目标和巴黎气候大会的要求，为全人类的可持续发展做出了贡献。

在节能环保方面，施耐德凭借基于 Eco Struxure 的产品和解决方案，助力全球客户减排 3100 万公吨二氧化碳。在循环经济方面，施耐德电气"运输包装纸板和托盘 100% 为可回收或认证物料"指标的完成度达到 60%。可回收或认证物料的比例稳步增长，加大对循环经济的贡献。

在员工权益方面，2018~2019 年度，施耐德电气许多员工年度学习时间达到 12 小时，其中有 30% 为数字化学习，近 20 个试点工厂和配送中心为员工提供数字化学习的机会，为实现工厂和配送中心数字化平台一体化打下基础。

施耐德电气已经成为联合国全球契约领跑者企业，曾入选道琼斯"全球及欧洲可持续发展指数企业"并荣获行业第二名、Equileap 2018 年度"全球企业性别平等排行榜"第 15 名，还荣登研究机构 Sustainalytics 发布的"企业环境、社会责任及公司治理"业绩排行榜工业榜第一名。

七 业务本土化

施耐德电气自1987年植根中国，先后成立了多家中法合资公司，一步一步适应中国市场，向本土化外资企业转变，并开展了一系列并购，扩大了在中国市场的业务规模。施耐德电气在中国本土化相当成功，集团在中国的经营和生产与中国本土企业牢牢绑在一起，与中国经济的总体发展目标密不可分，这也正是一个跨国企业正在向社会企业转型的过程。以下将对施耐德电气在中国的并购和本土化历程进行一番梳理。

1987年，施耐德集团在中国的第一家合资公司——天津梅兰日兰有限公司正式营业，1992年，施耐德集团全额收购法国梅兰日兰公司，并于次年调整在天津梅兰日兰有限公司中所持股份，以50.1%实现绝对控股。

1995年，施耐德电气与上海电气合资成立上海施耐德工业控制有限公司，施耐德电气（中国）有限公司持股75%，上海电气持股20%，施耐德电气工业股份有限公司持股5%。

1996年，施耐德电气与上海电气合资成立上海施耐德配电电器有限公司，施耐德电气（中国）有限公司持股80%，上海电气持股20%。

2002年，施耐德电气与台湾士林电机共同投资成立施耐德士林（苏州）变压器有限公司（SSTI），收购无锡普洛菲斯电子有限公司。施耐德（苏州）变频器有限公司（SSD）成立。

2004年，施耐德电气收购天津万高公司，成立施耐德万高（天津）电力设备有限公司（SWEEC）；与日本富士电机合资成立施耐德富士断路器（大连）有限公司（SFBD）。

2005年，施耐德电气独资成立艾佩斯（厦门）电力设施有限公司，与厦门华电开关有限公司合资成立施耐德电气华电开关（厦门）有限公司。施耐德电气中国研发中心在上海建立，中国成为继法国、美国之后施耐德在全球的重要研发基地。

2006年，施耐德电气与陕西宝光集团合资成立施耐德（陕西）宝光电器有限公司（SSBEA）。

2007年，施耐德电气与中国电气行业巨头德力西集团合资成立德力西电气有限公司，施耐德电气持股50%，德力西集团持股50%，实际控制人（受益人）为施耐德电气，节能增效战略全面实施。

德力西集团与施耐德电气于2006年12月17日签署了合资合作协议。商务部经过审查、听证等程序，批准了合资申请报告。合资公司定名为德力西电气有限公司，由施耐德电气与德力西集团各占50%股份，前者是低压电气产品领域的全球领先企业，后者则是中国输配电领域本土领先企业之一。2007年11月，德力西集团与法国施耐德电气公司以50∶50股权对半治理方式成功进行战略合作。

2011年8月24日，上海电气与施耐德电气（中国）签署了合同能源管理合资意向书，涉及能源管理、建筑楼宇节能。上海电气是中国装备制造业的龙头企业，在发展传统装备产业的同时，积极致力于高效清洁能源装备和新能源装备的发展，节能产品技术和应用涉及发电设备、燃气轮机、余热锅炉、电梯、空调及智能化系统等各个领域。2012年，施耐德电气与上海电气合资成立国内首家中法合资建筑楼宇节能服务公司——上海电气建筑节能有限公司，上海电气和施耐德电气分别拥有该公司注册资本的55%和45%。这是施耐德电气在全球设立的第一家合资建筑节能服务公司，也是上海市第一家具有国资背景的建筑节能服务公司。

2018年，施耐德电气与中信资产运营有限公司合资组建中信施耐德智能楼宇科技（北京）有限公司，施耐德电气（中国）有限公司持股51%，中信资产运营有限公司持股49%。新成立的合资公司将承载共同开拓楼宇智能化及综合能源服务市场，实现绿色智能与节能环保的战略布局的职能，并致力于成为全球领先的智能楼宇整体解决方案服务商。

附表　施耐德电气员工持股方案

Pla	Plan date	Number of beneficiaries at inception	Number of options at inception	Exercise price (in euros)
29	04/23/2007	43	166300	45.55
30	12/19/2007	542	1889852	42
31	01/05/2009	328	1358000	23.78
33	12/21/2009	391	1652686	34.62
			5066838	

Pla	Performance criteria	% of targets reached	Options cancelled by performance criteria[1]	Options outstanding at December 31, 2017[1]
29	50% of options – 2007 and 2008 operating margin and revenue	100	—	—
30	50% of options – 2008 and 2009 operating margin and revenue	—	887952	—
31	50% of options/100% for the management board – 2011 operating margin[2] and 2009 to 2011 EPS compared to a benchmark selection[3]	80	133760	156633
33	50% of options/100% for the management board – 2010 and 2011 operating margin[2] and 2011 share of revenue generated in the new economies	100	—	400350
		—	1021712	556983

* The data above are adjusted of the 2-for-1 share split, effective September 2, 2011 and the adjustment made in May 2014, May 2015, May 201G and May 2017.

(1) Number of options remaining to be exercised after deduction of all cancellations and exercises since plan implementation.

(2) Excluding restructuring costs.

(3) On the basis of a pre-defined and fixed list of 11 competitor companies.

资料来源：Schneider-Electric Financial and Sustainable Development Annual Report 2017。

（本文由北京大成企业研究院葛佳意编撰。）

后　记

"民营企业向社会企业转变研究"是北京大成企业研究院开展的重要研究课题。本书由北京大成企业研究院"民营企业向社会企业转变研究"课题组撰写，北京大成企业研究院副院长陈永杰为课题组组长，拟定全书思路并负责全书统稿。

第十、十一届全国政协副主席黄孟复对课题研究进行了指导，提出了不少重要意见。

"代序一"为根据黄孟复主席讲话整理，"代序二"以及研究报告《促进共同富裕的一条重要路径——民营企业向社会企业转变研究》《国有控股混合企业与社会企业》由陈永杰撰写，《关于社会所有制的讨论》由王碧峰撰写，《资本社会化的理论设想及实践探索》由高德步、陈中南撰写，《全球85个国家（地区）3万家企业股权及控制情况》由刘贵浙编译。企业案例由北京大成企业研究院徐鹏飞、刘贵浙、葛佳意编撰。国务院参事谢伯阳、北京大成企业研究院院长欧阳晓明参加了课题研究并提供重要意见，北京大成企业研究院赵征然、王红为课题研究提供了帮助和支持。珠海网灵科技有限公司提供数据库技术支持。

本课题受到潮商东盟投资基金管理有限公司的资助。特此致谢！

图书在版编目（CIP）数据

走向共同富裕：民营企业向社会企业转变研究／北京大成企业研究院编著．－－北京：社会科学文献出版社，2022.4
　ISBN 978－7－5201－9511－9

　Ⅰ.①走… Ⅱ.①北… Ⅲ.①民营企业－企业发展－研究－中国　Ⅳ.①F279.245

中国版本图书馆 CIP 数据核字（2022）第 047075 号

走向共同富裕：民营企业向社会企业转变研究

编　　著 / 北京大成企业研究院

出 版 人 / 王利民
组稿编辑 / 宋　静
责任编辑 / 吴云苓　张　超
责任印制 / 王京美

出　　版 / 社会科学文献出版社·皮书出版分社（010）59367127
　　　　　 地址：北京市北三环中路甲29号院华龙大厦　邮编：100029
　　　　　 网址：www.ssap.com.cn
发　　行 / 社会科学文献出版社（010）59367028
印　　装 / 三河市龙林印务有限公司

规　　格 / 开　本：787mm×1092mm　1/16
　　　　　 印　张：18　字　数：246 千字
版　　次 / 2022 年 4 月第 1 版　2022 年 4 月第 1 次印刷
书　　号 / ISBN 978－7－5201－9511－9
定　　价 / 98.00 元

读者服务电话：4008918866

▲ 版权所有 翻印必究